现代传播学精品教材

广告整合策划概论

GUANGGAO ZHENGHE CEHUA GAILUN

马中红 著

第4版

苏州大学出版社
Soochow University Press

图书在版编目(CIP)数据

广告整合策划概论 / 马中红著. —4版. —苏州：
苏州大学出版社,2013.5(2016.11重印)
现代传播学精品教材
ISBN 978-7-5672-0463-8

Ⅰ.①广… Ⅱ.①马… Ⅲ.①广告学－高等学校－教材 Ⅳ.①F713.80

中国版本图书馆 CIP 数据核字(2013)第 091440 号

广告整合策划概论 第4版

著　　者	马中红
责任编辑	刘一霖
装帧设计	刘　俊
出版发行	苏州大学出版社
地　　址	苏州市十梓街1号
邮　　编	215006
电　　话	0512-65225020　67258815(传真)
网　　址	http://www.sudapress.com
印　　刷	苏州工业园区美柯乐制版印务有限责任公司
开　　本	787 mm×960 mm　1/16　印张 20.25　字数 370 千
版　　次	2013年5月第4版 2016年11月第2次印刷
书　　号	ISBN 978-7-5672-0463-8
定　　价	39.00元

前 言

16年前,苏州大学中文系(新闻传播系)为了教学的需要,组织编写了《现代新闻学与传播学丛书》。考虑到教材多层次的适用性,我们一方面根据全日制普通高等学校新闻传播专业教学大纲的要求进行编写,另一方面有条理、清晰地编排知识点,尽量让读者"无师自通",从而方便自学者使用。教材出版后,不仅在江苏省普通高校全日制专业和自考专业中使用,而且得到了江苏省以外的许多高等学校的认可,国内一些高校甚至将它指定为新闻传播学专业考研的参考书。这套教材受到了普遍好评,16年来除增补的两种外已修订重版三次。

新闻传播学是与社会的发展紧密相连且实用性很强的学科。随着中国新闻传播事业的快速发展、改革开放力度的不断加大以及新媒体技术的突飞猛进,新闻传播学的知识在不断更新,学科也在不断完善。为了避免教材内容的"老化"和理论建设与社会发展相脱离的现象,我们决定再一次对丛书进行大规模的修订,并重新命名为《现代传播学精品教材》。本次修订主要根据以下原则进行:

● 尽量吸收国内外新闻传播学的新成果,结合新媒体技术的发展,引领学生了解学科发展的最新动态。

● 保持原教材便于自学的特点,厘清概念,指出知识点。

● 进一步强调教材的系统性,做到内容充实,资料丰富。

● 根据实际需要和本学科的发展,对内容和结构适当加以增删。

在初版教材的前言中我们曾说:"学科的发展是无止境的,教材的编写也只是阶段性成果,我们希望听到各方面的意见,在以后的修改中使之更加完善。"在新版丛书出版之时,我们仍坚持这样的愿望,让我们的教材在逐步完善的过程中更具有时代的特性和社会的适应性。

本丛书适用于全日制普通高校新闻传播学专业学生、新闻传播学专业自考学员以及新闻传播系统从业人员。

伴随着科学技术的高速发展,创新是这一学科永恒的主题,因此,关注这一学科理论与实践的发展将是我们长期的课题。同时,我们也期待着专家和同行的批评指正,以便我们在再次修订时补正。

《现代传播学精品教材》编委会
2013 年 4 月

目录 Contents

引　论　当代广告——一个整合策划的时代

第一章　广告整合策划的含义和特性

第一节　策划与广告整合策划　／22
第二节　广告整合策划的特性　／31
第三节　广告整合策划在广告运动中的作用　／37
第四节　广告整合策划的一般流程　／41

第二章　广告整合策划的基石——市场调查

第一节　广告市场调查的含义及内容　／46
第二节　广告市场调查的基本过程与方法／47
第三节　广告市场调查问卷设计　／56
第四节　网络调查方法　／57
第五节　广告市场调查报告书写作　／59

第三章　广告市场的综合分析

第一节　广告生态环境分析　／66
第二节　广告市场分析　／69
第三节　广告产品分析　／77
第四节　目标消费者分析　／84

第四章 广告目标设定策划

第一节 广告目标含义与意义 / 92
第二节 广告目标与企业营销目标 / 94
第三节 广告目标设定的方法 / 96

第五章 广告诉求主题策划

第一节 确定广告诉求主题 / 102
第二节 广告诉求主题策划的依据 / 103
第三节 广告诉求主题的创意 / 109
第四节 新媒介传播与广告诉求主题的创意 / 116
第五节 广告诉求主题的选择与修整 / 118

第六章 广告传播策略策划

第一节 广告传播策略的含义与原则 / 120
第二节 经典广告传播策略 / 124
第三节 创新广告传播策略 / 150
第四节 跨文化传播策略 / 161

第七章 广告媒介策划

第一节 大众媒介特性透视与消费者媒介选择 / 168
第二节 营销目标与广告媒介选择 / 184
第三节 对各种广告媒介的综合评价 / 189
第四节 媒介整合与媒介创新 / 194

第八章 泛广告传播策划

第一节 网络事件营销策划 / 203
第二节 主题促销策划 / 211
第三节 赞助活动策划 / 217
第四节 体育运动策划 / 224
第五节 品牌体验策划 / 236

第九章
整合营销传播策划

第一节 整合营销传播的基本概念与内涵 /248
第二节 整合营销传播策划思路 /256
第三节 整合营销传播作为一种方法 /261
第四节 新媒介环境下的整合营销传播 /269

第十章
广告整合策划书的撰写

案例链接：雀巢咖啡"天天享上"
2010年度广告策划书 /278

主要参考文献 /311
后记 /313

引 论

当代广告——
一个整合策划的时代

内容提要

　　引论部分系统回顾了广告策划理念在中国大陆提出、推广和发展的历史过程,简洁地描绘了中国大陆广告策划先后经历的阶段性发展的特征,即广告策划思想"零的突破"阶段、"以策划为主导,以创意为核心,为客户提供全面服务"阶段、CI 广告策划阶段、整合营销传播阶段以及新媒介策划阶段,较为详细地分析了不同阶段策划思想的起承转合关系和彼此的差异性,并初步勾勒出广告策划理念从无到有、从零碎到整合、从单一向整体、从经验主义向理性化发展的趋势,借此可以略窥中国广告大陆策划思想发展的全过程。

中国当代广告史上最具有划时代意义的一年当推1979年。[1]这一年的1月4日,《天津日报》率先在全国恢复了商业报纸广告——天津牙膏厂的蓝天牌牙膏;

1月28日,上海电视台播出了大陆第一条电视广告——参桂补酒;

3月8日,上海电视台播出了第一条外商电视广告——瑞士雷达表;

北京广告公司在王府井南口推出了10块巨大的户外广告牌;

上海广告公司在上海第一百货公司展出了第一个外商橱窗广告;

……

无数个"第一"标志着中国广告开始从30多年的"冬眠"中醒来,并且以"忽如一夜春风来,千树万树梨花开"的燎原之势揭开了中国广告新的篇章。

然而,复兴之初的广告业百废待兴。设备落后、人才稀缺、市场机制不完善,加之政府对广告态度的暧昧、大众意识中对广告的排斥以及广告观念的陈旧,犹如一道道屏障阻碍着已破土而出、欲待雨露滋润的广告业的发展。

尽管如此,作为一个新兴产业,一个"人才密集、智力密集、科技密集"的产业,得力于改革开放的大背景、经济体制的改革以及全球化的浪潮,经过30多年的发展,到今天已经蔚为大观,成为一个年产值超越几千亿元大关的重要产业。今天,我们回首1979年以来广告策划理念的发展,可以勾勒出这样一个大致的轮廓:零策划的突破—广告策划—CI策划—整合营销传播策划—新媒介广告策划,广告策划的观念从无到有,策划的呼声由弱渐强,策划的范围由小趋大,策划的手段渐趋多样化,策划的效益越愈明显。尤其是进入21世纪以来,在广告主、广告代理公司以及广告媒介的合力推动下,当代广告进入了一个全面的、崭新的、策划的时代。

一、零策划的突破

所谓"零",就是无。零策划就是无策划。在中国广告恢复之初的近10年中,广告业处于一个"零策划"的时代。

广告是什么?

在当时的广告人和广告主意识中,大致存在着两种比较极端的观念:其一是单纯地将广告理解为客观地传达商品本身的物质信息。所谓"做广告"就是为了向公众宣告我有什么产品,产品的性质、特征、功能与用途是什么,然后借助大

---

[1] 由于历史的原因,这里所说的中国广告在范围上不包括我国的港澳地区及台湾省,下同。

众传媒,用文字和简单的排版将这些信息告知公众即可。在这种观念的主宰下,"告知式"的广告作为广告作品的一种主要形态,存在于20世纪80年代的中国广告业中,上述天津牙膏厂的报纸广告就是典型之例。另一种观念却是将广告推向艺术化的极致。1982年中国广告界举办了"第一届全国广告装潢设计展览",这在中国的广告史上是一件非常重要的事件,从某种意义上来说,参赛及获奖的作品对起步之初的中国广告业具有示范效应。作为评委之一的周绍淼事后撰文介绍这次评奖的标准时谈到了两个方面:一是,认为"意境""趣味"是衡量作品设计水准的重要因素,广告作品首先应与齐白石的画一样具有深邃的"意境",要引人联想回味,而不能一目了然;二是,要匠心独运,别有情趣。

无论是"告知式"的广告还是"艺术式"的广告,在今天看来,都只是一厢情愿的自言自语,不无偏颇。前者站在广告客户的立场上,视点落在产品上,表现出唯利是图的急功近利心态;后者站在广告人或设计者的立场上,视点落在"自我"上,表现出自恋式的表现主义心态。

这一个时期,在广告的辞典中没有"科学",没有"消费者",它既不关心消费者的接受程度,也不考虑如何传播才能与消费者达成共识,促成信息的接受。国内对广告的要求仍仅限于商品资料的传达,至于广告的另一功用——打动消费者的心,引起或加强消费者对商品的需求——似乎仍未能清楚掌握。

我们将这一时代命名为中国广告史上的"零策划"时代。

所谓"零策划",意味着广告观念中尚未有策划的意识,无论是广告主还是广告人都还没有意识到广告是需要事先精心谋划和匠心运作的,广告基本处于一种自在自为的状态。具体而言,企业组织产品宣传推广时,表现为无目的、无计划,也无视消费者;广告人在设计作品时将企业的利益和消费者的利益置之一旁,沉湎于美术创作的快乐;广告推广活动缺少应有的规划性和系统性。换言之,广告还处在"跟着感觉走"的阶段,盲目、投机和零打碎敲的现象比比皆是。

不过,在这种策划意识普遍沉睡的现象下,也不乏一些先知先觉者,一些敢为天下先者,他们在不完全自觉的状态下开始尝试有计划、有想法地去做广告。比如,1979年,南京化妆品厂采用太湖珍珠粉配制生产了"芭蕾"珍珠膏,该产品在国内上市之后受到消费者的追捧,销量节节攀升。良好的市场前景引起了外商的关注。为此,江苏省外贸部门与南京化妆品厂决定开拓境外市场,并决定首先将该产品打入香港市场。香港是国际贸易城市,化妆品市场历来被美、法、日等国家的商品垄断,珍珠美容品类的产品已不下百种。因此,"芭蕾"珍珠膏要打入香港市场并非易事。南京化妆品厂首先找到一位愿意经销该产品的香港人,请他介绍香港市场行情以及香港人的消费习惯与心理,在此基础上制订出广告计划。这份计划书涉及了产品包装、促销方式和广告宣传手段等方面。譬如,他们依据香港市场上消费者的喜好,有针对性地研发了含珠量为5%的新配方,并且配以全新设计的纯白底色的包装盒,盒面印了一枚双手托着一颗珍珠的金色商标,这种创意给人以珍贵感和纯洁感。在商品试销香港市场期间,每盒珍珠膏中放入镶有珍珠的别针一枚,作为赠品,以此来提高商品的档次,迎合香港女士的购买心理。产品进入香港市场后,先后在香港的主要报纸投入广告,设计了精美的招贴广告,详细介绍了产品的成分、功能和疗效。江苏省外贸部门还在香港富丽华饭店举行了盛大招待会,邀请港澳各大报社记者、实业家、美容界人士以及社会各界名流参加招待会,造成先声夺人的气势。当时的香港《华侨日报》报道说:"国货宣传,有如此盛大场面,实难一见。"在一系列广告活动的推动下,香港市场出现了争购"芭蕾"珍珠膏的热潮。

在内销产品中也有一些引人注目的案例。广州市珠江衬衫厂在推销"熊猫"牌衬衫时,在广告时机、广告口号等方面注重了创新性和计划性,取得了较好的效果。1980年,该厂首先选择了适当的媒介作为突破口,在广播、电视上大做广告,并推出了平实、亲切、具有乡土气息的广告口号"熊猫牌衬衫,你着最啱"(啱,广州方言,意即合适),诉求点鲜明响亮,令人耳目一新。1981年,该厂在广告方式上全面翻新,广播广告、报刊广告、幻灯广告、印刷广告、户外路牌和霓虹灯广告齐头并进,进一步强化了"熊猫"衬衫的形象。同年,在广州市一些群众团体组织的一次移风易俗的集体婚礼上,每对新人都收到了作为赠品的"熊猫"衬衫,产生了很好的经济效益和社会效益。

这些广告推广活动的意义在于它们实现了中国广告"零策划"的突破,尽管这种"突破"还只是不自觉的行为,策划的意识还十分朦胧粗糙,但打破了中国广告复兴之初那种游击式的、无序的广告作业方式,广告策划端倪已现。

二、广告策划的兴盛

广告策划这一概念最初是由伦敦的博厄斯·马西来·波利特广告公司的创始人之一、广告专家斯坦利·波利坦于20世纪60年代提出的,这一广告理念提出后,逐渐影响了整个英国广告界,并传播至英国以外的欧美国家。美国以创作力见长的奇阿特·戴广告公司较早接受了这一理念,并广泛运用在广告推广活动中。随后,广告策划作为一种先进理念以及工作方法,迅速地在西方广告界普及开来。可以说,广告策划的提出是现代广告活动科学化、规范化的标志之一。

中国的广告策划始于20世纪80年代中期。尽管20世纪80年代初零星可见有关"以消费者为中心"的西方理论的介绍,但当时并没有引起广告界的真正注意。其原因之一是有关介绍太零碎、太模糊,难以构成对中国广告界的刺激。更重要的原因是,这一时期的中国还没有出现真正意义上的现代市场和由此培育出的现代消费者。直至1986年11月的成都会议上,为顺应市场发展的需求,中国广告协会专业公司委员会率先在广告界提出"以策划为主导,以创意为核心,为客户提供全面服务"的响亮口号,由此揭开了中国企业广告策划的序幕。

广告策划不前不后于此时提出,是有其多重基础和依据的。

(一)演进中的营销观念对广告观念的影响

20世纪50年代以来,市场营销的思想和观念有了很大发展。人们普遍认为,市场营销观念所发生的重大变化大致经历了四个基本阶段,即以生产为中心的阶段、以销售为中心的阶段、以消费者为中心的阶段以及强调消费者长远利益和整体社会利益的阶段。前三个阶段的观念,我们是熟悉的,我们国家的营销观念就是遵循着这样的规律,一个阶段接着一个阶段地发展起来的。第四个阶段的观念虽然目前还远未被我国市场营销业广泛接受,但也有企业和广告公司已开始接受这种观念,并身体力行地在营销和广告推广中贯彻这种观念,取得了良好的业绩。那么,营销观念的阶段性变化给广告观念带来了怎样的变化?它又是如何促使广告策划观念的盛行,改变广告形态特征的呢?

1. 生产观念支配下的广告观念

生产观念是指企业活动以生产为中心或以生产为导向的一种观念。也就是说,无论是企业的生产还是宣传均以其产品为着眼点。20世纪初的20年,滥觞于西方社会的许多企业活动就是以生产为中心的。我国在经济体制改革之前的计划经济时代,企业也普遍受到这种生产观念的支配,企业经营的主要任务是单纯地组织生产,销售是无须考虑的。

在生产观念支配下所形成的广告观念只能是"畅销产品何必做广告""好酒不怕巷子深""卖不掉的东西才做广告"。优质产品无须做广告来促进销售是天经地义的观念。而当时仅有的少数广告作品也只是企业的自我表现型广告:企业厂门或大楼的画面,生产设备或流水线的镜头,再加上厂址、法人姓名、联系电话、电报挂号……是一种告知式的广告。这样的广告不需要策划,人人会做。

2. 推销观念对广告的影响

推销观念是在社会产品数量和品种明显增加、市场供大于求的环境中出现的。此时,企业已从注重生产产品转向注重销售。推销观念认为,除非企业大力开展销售和促销活动,否则消费者将不会注意到也不会购买自己的产品。

推销观念对广告活动的直接影响是广告量的大幅上升和广告业的兴旺。推销观念大大提高了促销的地位，从而广泛而明显地强化了企业的广告意识，越来越多的企业开始愿意投资于广告，这促进了专业广告公司的出现和广告工作的职业化。

推销观念影响下的广告观念表现在：广告的目的主要侧重于反映产品的特点，力求详细介绍产品的功能和用途，为滞销产品找出路。由于将推销产品作为最高的目的，有时也带来了广告中不负责任的虚假夸大和欺骗宣传，使广告活动走入歧途。

3. 以消费者为中心的观念使广告全面改观

以消费者为中心的观念强调企业的一切活动以满足消费者的需求为前提和基础，通过更有效地满足消费者的需求来占领市场，获取利润。而前两个观念，无论是注重生产产品的观念还是注重推销产品的观念，其立足点都离不开产品本身以及生产产品的企业，市场以及市场上的消费者并没有真正进入他们的视野。

与此不同，以消费者为中心的营销观念倡导的是先明确市场，再设法去满足市场需求，而不是先有产品再找市场。在这样的观念影响下，广告观念发生了天翻地覆的变化。首先是广告运作日益依赖市场研究，离开了市场，广告就是无的放矢。其次，强调任何广告应该明确目标市场的特性和消费者的购买行为，有正确可行的广告策划。也就是说，做广告不再是人们所认为的那样，是单纯的设计或制作，而是市场调查、广告策划、广告制作、媒体实施等一连串业务活动的整合策划，因而更重视与其他促销手段的紧密配合和互补。在这种观念的影响下，消费者的行为和消费动机得到空前的关注，做广告从消费者出发又以消费者为归宿的观念逐渐深入人心。

4. 强调消费者长远利益和社会整体利益的观念将广告观念推向整合策划

进入21世纪以来，企业和品牌的生存环境发生了前所未有的变化，全球化经济、文化的广泛交流，跨区域市场资源的再分配以及消费者消费意识的成熟，使得企业营销的观念开始了再一次的飞跃，一些全新的营销概念如绿色营销、社会营销、关系营销、零距离营销等成为新的营销方式。在此观念的倡导下，广告观念也经历了质变的过程，比如从产品广告向形象广告转化，从功能策划向品牌策划转化，从单一策划向整合传播策划转化，从产品诉求向文化诉求转化等。一言以蔽之，广告从促销产品的观念走向了与消费者深度沟通、与社会和谐发展沟通的新观念。

纵观这个发展过程，可以清晰地看到，随着营销观念的不断更替，广告逐渐摆脱了恢复初期的"传统广告"而走向现代，广告的着眼点由企业和产品转向将消费者放在第一位，重视消费者的自我消费观念和消费意识，一切行动都以消费者"马首是瞻"。这就要求任何广告都要建立在充分调查研究的基础之上，以消费者心理为最大前提，从而确定产品定位、目标市场和诉求主题。与此同时，广告逐渐改变了单一硬性销售的面目，以多元的方式更深地融入到消费者和社会关系中。正因为此，企业对广告的要求越来越高，广告越来越难做，广告业对人才的要求也越来越高。许多中小公司靠零打碎敲终究将连温饱问题也解决不了。

毫无疑问，现代广告发展至今，所欢呼的已远非单纯的设计或制作，而是一种建立在尊重消费者，尊重社会和谐发展，同时又调动一切消费者资源和社会资源基础上的整合传播，它要求专业的广告公司不但能为广告主提供市场咨询，提出周密完善的广告策划、创意，还要成为企业广告的全权代理人，完成企业和品牌与消费者的沟通，与社会的沟通。专业广告公司不仅是广告工作的中心环节，也是企业和品牌的合作伙伴。

（二）广告代理制的迫切需要

"广告代理制"这一名词现在对我们来说已经不再陌生，它是在商品经济活动中，根据社会化大生产专业分工的需要，广告专业公司为广告客户提供全面服务，成为广告客户与广告媒介之间的桥梁的一种运作制机。当广告专业公司接受客户的委托之后，首先要根据市场情况为客户提供周密的广告策略或战略规划，经客户认可后，将所设计的广告策划通过媒介表达出来，并对客户的经济效益负责。即广告主把自己的广告宣传工作委托给专业广告公司去完成，广告公司则为广告主提供完成广告宣传工作所需要的一切服务。

实行广告代理制是目前世界上发达国家广告业的通行做法，是一个国家广告业成熟或发达的主要标志。在西方国家，广告公司全面代理客户的广告业务，媒体只与广告公司打交道，除制作分类广告外（如礼仪、征婚、挂失、招聘、书讯以及开业广告等），不再直接承揽广告业务。这是广告行业最合理、最科学的一种机制，能将广告的"三足"——广告主、广告公司、媒体部门安置在一个最合适的位置上。实行广告代理制也应该是我国广告行业正常、健康发展的唯一途径。通常而言，广告代理制有三种基本形式：

第一，单项业务代理，即广告主将某一项广告业务委托给广告公司代理。代理这种广告业务，广告公司为广告主提供的服务一般来说比较简单。

第二,以商品为对象的代理,即广告主将某一种商品或若干种商品的广告宣传工作委托给广告公司代理。它比单项业务代理复杂。代理这种广告业务时,广告公司要向广告主提供商品的市场调查,广告策划、创意和制作,媒体策略,广告监测和信息反馈等一系列广告服务。

第三,以企业为对象的代理,即广告公司为广告主提供企业形象和全部商品的广告宣传的一切服务。代理这种广告业务时,广告公司不但要负责广告主的所有商品的广告宣传工作,而且还要把广告主的企业形象设计和宣传商品的广告有机地结合起来。

以上三种广告代理形式中,后两种形式就是通常所说的全面代理或整体代理,是主要的广告代理制形式。在广告代理制下,广告公司起着双重服务的作用,居于核心地位:广告公司能超越不同媒体的特点,向广告主提供优质的服务,使广告主的广告宣传取得良好的经济效益和社会效益;广告公司又能通过优质服务,使广告主避免整体性差、针对性差、艺术性差的广告计划的实施,使他们的广告费能集中、合理地使用,从而以有限的资金取得较好的广告效果。

我国从1987年开始在广告行业提出广告代理制这一概念,当时业界的呼声非常高,但事实上,代理制的发展极其缓慢。1993年国家工商局核准在全国15个大、中、小城市搞广告代理制的试点,以期试点成功后可以将此作为一种制度全面推广。但是,令人遗憾的是,迄今为止,广告代理制尚未能作为一种法定的制度被全面推开来,而且从发展趋势看,似乎离这一制度渐行渐远了。

分析广告代理制不能顺利推广的原因,可以列出几十条。比如,广告业受制于经济体制的影响。长期以来,由于商品经济不发达,卖方市场无竞争,广告宣传无须代理,只停留在告知形式上,只讲数量而不讲策略和质量。再如,新闻媒体单位具有"先天"的绝对优势,广告主直接找媒体单位不但可以达到广告宣传"告知"的目的,而且往往能得到额外的好处和便利,无须通过广告公司代理。当然政府未能规范社会的广告行为,导致广告代理制难以发展也是原因之一。然而,排除了这些外部原因之后,我们就可以看到,广告代理制姗姗来迟的一个重要原因就是在推动广告代理制实施的进程中,为数不少的广告公司知难而退,甚至无法面对广告代理制。因为贯彻实施代理制需要相应的技术和人才条件,而当时大量的广告公司还只是停留在经营户外广告和广告的加工制作上。即便有所谓的代理,也只做一些最简单的代理,而且代理能力低、素质差,没有整合策划的人才和能力。应该说,推行广告代理制,得益最多的是广告公司,广告公司和广告人也可以借此改变自己的形象,得到应有的社会地位。那么,广告公司为什么要知难而退呢?实行广告代理制又需要什么样的广告公司呢?

实行广告代理制有一个重要的条件,就是作为代理的广告公司必须具备全面代理的能力,即能为客户的市场营销提供科学的广告策划,并为实现这一策划提供一系列专业的服务,如为客户提供市场调查、市场预测、广告整合策划、广告创作和实施、媒体策略和实施、广告监测以及非媒体广告活动的策划和实施等方面的服务。显然,这是一项系统工程,不同于通常所看到的零敲碎打的广告制作。如果我们依旧采取那种"各自为战""小而全,一脚踢"的个体式服务方式,就很难达到上述综合服务的要求。所以,广告代理制一方面会给广告公司带来巨大的利益,另一方面也将给广告公司带来巨大的挑战,即整合策划知识、能力、人才上的准备。

市场的需要、广告自身发展的需要,都使广告整合策划呼之欲出。也就是在这样的背景下,广告整合策划被作为重要的行业发展设想提上了议事日程。

在中国本土广告业中,最早自觉从事广告策划并取得一定成功的是北京广告公司和上海市广告公司。以北京广告公司为例,1984年,公司开始按现代广告运作模式改革调整公司的内部结构,并将"以创意为中心,为客户提供全面服务"作为公司的理念,策划制作了一系列在20世纪80年代中后期深具影响力的广告作品,如"ob"卫生棉条、"速灭杀丁"和"福达"胶卷等。我们不妨以北京广告公司策划的"ob"产品策划案为例来窥见当时广告策划的基本情况。

"ob"是北京第三棉纺厂与德国合资生产的新型妇女经期卫生用品,采用引进技术和设备生产,卫生清洁度达到国际标准。然而,"ob"在中国市场上的销售很不理想,产品大量积压。德方鉴于这种情况,表示信心不足,厂方虽然也出钱做了电视广告和报纸广告,但并无明显效果。于是,他们找到了北京广告公司,要求为他们想想办法。

北京广告公司接单后,先从几个角度对"ob"产品进行了大规模的市场调查。首先是产品调查。从性能上来说,"ob"完全不同于我国妇女习惯使用的卫生巾之类的经期用品,对广告公司的人来说更是个全新的产品。而要为该产品进行广告策划,不了解产品显然是不可能获得成功的。通过长达半个多月的查阅资料和实地考察,得出的结论是,"ob"这类产品在国外虽然不是一件新产品,在中国却不可能拥有像国外那样的普及率。但无论如何,它是一种科学的产品,有着体外用品无法代替的独特优点。其次是妇女卫生用品市场分析,包括市场规模和同类产品竞争情况分析。市场规模实际上是一个人口数量问题。根据当时国家统计局的统计数字,可以知道全国25～45岁的城市育龄妇女为3 456万人,按每人平均月消费0.50元计,得出该市场的销售总额为1 728万元。而当时"ob"产品全部销售出去的话,其销售额为24 696万元。为此,这次广告策划将广告活动的目标确定为将"ob"的市场占有率由目前的 0.714 5% 提高到 1.429 1%。通过调查,对竞争对手的情况有了进一步的了解,得出的结论是,对于"ob"来说,妇女卫生用品的市场竞争态势只是体外和体内两种类型产品的竞争。像"ob"这样的体内用品国内只有两家厂生产,而另一家的产品价格是"ob"的两倍以上,质量却并不比"ob"高,因此,该产品实际上无力与"ob"竞争。这样,要竞争的对象只是卫生巾之类的体外用品。而根据"ob"的生产能力,它不可能也没有必要去抢占这类产品在市场上的主导地位,只需要求得一席之地就可以了。再次是对消费者的调查。北京广告公司邀请了一部分年龄层次和职业层次不同的妇女,举行了几次小型的意见听取会,请她们谈谈自己对"ob"的看法。得到的结论是,虽然妇女们认为"ob"是一种科学的产品,但对它的特殊性能还不是很理解,对"ob"的安全和卫生程度还有一些疑虑。因此,在广告宣传中应着重强调"ob"区别于体外用品的独特优点,用令人信服的理由消除消费者的怀疑和不安情绪。最后,广告公司还调查了"ob"的流通渠道,及时向厂方提出了改进包装的建议。同时,他们也了解到,由于产品用途的特殊性,销售店无法在店头进行宣传,而购买者如对产品不了解,一般又不好意思询问售货员,就不会贸然购买"ob",从而提出了制作 POP 招贴画以及放在柜台上让顾客自取的产品说明书。

以这份详尽的调查分析报告为基础,北京广告公司制订了广告计划书。计划包括对企业的承诺、对消费者的承诺以及如何向消费者传达等方面。在如何向消费者传达方面,广告话题分为两部分,即"ob"对个人的贡献和对社会的贡献。主广告语为"ob 带给我舒畅和自信",用婉转的表现方式,教育消费者理解"ob",并放心地使用。

在确定了上述方针策略之后,北京广告公司为"ob"制定了全方位的媒体战略:一是对社会大众的知识普及教育,采用电视、广播、报纸、杂志等媒介,由医生介绍卫生常识,同时介绍"ob"的科学性及其独特优点。二是销售点的宣传工作,也是以教育和知识普及为主,采用 POP 招贴画和说明书。另外,确定了广告表现的原则:任何形式中不出现红色,不表现产品使用中的形状变化以及庄重的风格。

这一广告计划全面推出以后,取得了意想不到的效果。据柜台统计,广告推出后的第二天,营业额增加了 12 倍还要多。

从以生产为中心转向以消费者为中心,中国的广告创意和设计呈现出新的景象,企业形象和品牌形象也得到了重视,更重要的是一批本土广告人开始探索依据整体市场营销策略有针对性地展开全方位的现代广告策划,进而促进了中国广告向高质量、高品质的发展。

三、CI策划的兴起

CI起源于20世纪60年代的美国,起初定义为企业标识(Corporate Identity),它尤其强调企业标识中的视觉识别部分,也即VI(Visual Identity)。20世纪70年代日本引进CI之后,内涵也随之起了变化,企业标识演变为企业形象(Corporate Image)。日本式的CI除了重视美国式CI中原有的视觉识别以外,更强调企业的理念识别MI(Mind Identity)和行为识别BI(Behavior Identity)。

1974年,苏州轻工职工大学的袁维青教授在《包装装潢》杂志上首次向国内推介了CI。但是,直到1987年,中国并没有一家企业运用过CI,广告业界也鲜有人关注过CI这一概念。1988年,这是CI在中国划时代的一年。这一年,在中国设计界创立了首家以CI战略为经营理念的私营设计机构——新境界设计群。新境界设计群成立之初,创意、策划、设计了广东太阳神企业的CIS(Corporate Identity System)识别系统,广东太阳神企业便当之无愧地成为中国第一家使用CIS的企业。当太阳神那象征"太阳与人"的红色圆形与黑色三角形经由媒体的宣传和推广而深入人心并为企业带来滚滚财源时,CIS开始被中国企业家认识并迅速接受。

严格来说,发轫于1988年、盛行于20世纪90年代上半期的中国CI策划,是从美国式和日本式的CI中汲取了部分元素,以适应中国改变了的市场竞争机制提出来的。这一时期的CI导入主要是一种广告策略的更新,这种更新大体在两个方面进行:一是借CI的整体化意识及其视觉基本元素的定格将企业广告宣传统一起来,加强视觉冲击力。二是建立企业形象广告和产品广告之间的视觉统一性,并借助不断明晰和深化的企业理念将广告行为的短期性降低到最低限度。因此,这是特殊意义上的中国式的CI。

所谓CI,是指将企业的经营理念与精神文化,运用整体传达系统(特别是视觉传达设计),传达给企业体周围的关系或团体(包括企业内部与社会大众),使其对企业产生一致的认同感与价值观。换言之,也就是结合现代设计观念与企业管理理论的整体性运作,以建立企业个性,突出企业精神,使消费者产生深刻的认同感,从而达到促销目的的策划。与一般的广告策划相比,CI的策划更全面、更系统,也更有特性,具体体现为:

其一,需要对市场营销有更深入全面的了解和掌握,需要将产品和企业上升到文化的层面。

其二,在策划过程中,职责的划分不单涉及广告、宣传部门,还关涉整个公司的所有部门,上下皆兵。

其三,在企业中情报传达的对象不单指向消费者,同时对公司内部员工、社会大众和机关团体告知信息。

其四,企业情报传达的媒体并非专注于大众传播媒介,而是动用与公司有关的所有媒体。

其五,不是短期的即兴作业,而是长程规划、定期督导管理的组织性、系统性作业。

我们可以简要地了解一下"太阳神"的CI策划。

广东太阳神集团的前身是广东东莞黄岗保健饮料厂,一家规模很小的民间股份制乡镇企业。"太阳神"的前身商标是"万事达"牌生物健口服液,20世纪80年代初开发并投放市场,但因当时欠缺具备CI基础的企业形象,在市场上一直默默无闻。1988年,其经营者委托广东两位设计师设计商标,由广州新境界设计群负责整合策划、设计并导入CI。

在"太阳神"的CI策划方案中,最著名的首推其视觉部分(VI)的设计。醒目的黑三角上,圆形的红色太阳鲜艳夺目,热力四射,象征一个企业蓬勃向上、勇往直前的精神和气概。这套VI经由各类媒体广告的大力传播,曾经家喻户晓,妇孺皆知。

除VI部分外,太阳神集团的整套CI方案在理念(MI)部分、行为(BI)部分也做了卓有成效的工作。比如,在其MI中,提出了集团的一系列理念:

最高宗旨(最高价值观):提高中华民族的健康水准。

经营理念:以市场为导向,以科技为依托。

管理理念:以人为中心。

发展理念:以专业经营为中心,市场专业化,科研市场化。

团队精神:真诚理解,合作进取。

……

在太阳神集团CI策划中,值得注意的还有其企业文化的建设。从1991年开始,太阳神集团新年第一天均公开发布新年献辞。太阳神的员工和全国各类人群都可以在当地的主要报纸上看到太阳神集团的新年献辞。第一次的献辞内容是太阳神商标的设计创意,这一文本后来还被标准化并在有关太阳神产品的简介中被广泛使用。第二年和第三年献辞的内容及功能有了进一步拓展,尤以第三年的特点最为突出:"不满,是人类永远向上的车轮!"这一口号成为太阳神人1993年最高的经营管理哲学,并且进一步丰富和发展了企业的理念系统。

毋庸讳言,中国的CI实践对于大部分企业来说,直到今天仍然是局部的、探索性的、不成熟的,真正成功的案例并不多见。不过,CI策划的推广对中国广告的策划意义十分重大,它在根本上改变了广告的性质、基础与功能,将广告变成整体的、长远的、多元统一的、科学与艺术结合的行为。

四、整合营销传播

1996年,中国广告界刮起了IMC风。所谓IMC,是指英文Integrated Marketing Communication的缩写,我们通常将其译成"整合营销传播"。IMC的基本观点是将企业的一切传播活动一元化,即一方面把广告、促销、公关、直销、CI、包装与新媒介等一切传播活动皆归属于广告活动范围内;另一方面使企业能以统一的传播资讯传达给消费者,即"Speak with one voice",用同一种声音去说。

整合营销传播理论是对广告策划、CI策划的进一步发展和提升。

如前文所述,广告策划是在以消费者为中心的市场营销观念下产生的广告观念,强调在对市场、产品和消费者作系统全面调查的基础上开展一系列的广告运作。而随着市场经济的发展,消费市场出现了许多变化,比如一方面是大工业化生产导致商品堆积如山,供过于求;另一方面消费者越来越挑剔,越来越难以把握,消费的分众化现象极为明显。市场、企业和消费者之间的关系越来越微妙,企业在媒体投放大量广告,很可能"波澜不惊",而一个花费不多的事件(Event)促销倒有可能奠定一个产品的品牌基础。

在这样的市场背景下,IMC被适时地介绍进中国的广告界,并迅速得到企业和广告代理公司的认同。IMC的核心内容体现在两个方面:

第一是强调深度沟通和互动沟通。

IMC的提倡者,美国西北大学的D.E.舒尔兹教授说,过去营销和传播的座右铭是"消费者请注意",现在则应是"请注意消费者"。前者是企业对消费者的吁请,企业是信息的编码者和发送者,而消费者则是被动的接受者;后者却是企业对自身的提醒,要求企业换位思考,将立足点转移到消费者的立场上,更彻底地转向以消费者导向为主体的营销和传播理念。事实上,IMC从理论上已经离开了传统营销观念中占中心地位的4P's理论,转而强调4C's理论。因此,学界普遍认为,IMC的理论基础来自于4C's理论。

那么,传统的4P's和现代的4C's有何区别呢?

4P's 理论是由美国密执安州立大学教授 J. 麦卡锡于 1960 年提出的。在长达 30 多年的历史发展过程中,这一理论无论是在营销理论中还是在营销教育中均占有重要地位。所谓 4P's,是指四个重要的组合因素,即产品(Produce)、价格(Price)、渠道(Place)和促销(Promotion)。简言之,建立于 4P's 基础上的营销理念是企业生产出消费者需要的产品,以合适的价格,建立销售通路,采取系列促销手段完成产品的销售,其核心思想无疑是为企业创造最大的利润空间,销售就是最大的目的。

20 世纪 90 年代以来,随着国内外市场的变化发展,4P's 受到了质疑,甚至有人认为 4P's 作为传统的营销理论已经过时。与此同时,营销领域越来越多的人转向由美国学者劳特朋(Lauteborn)教授于 1990 年提出的 4C's 理论。

所谓 4C's,也是指四个重要的组合因素,即消费者的需求与欲望(Consumer needs and wants)、消费者愿意付出的成本(Cost)、购买商品的便利(Convenience)和沟通(Communication)。4C's 理论的提出引起了营销传播界及工商界的极大反响,从而也成为后来整合营销传播的理论基础。

4C's 与 4P's 究竟有什么不同呢?迄今为止国内看法不尽相同,但公认 4C's 比以往的营销理论更强调与消费者沟通的重要性。

从营销理念上讲,如果说 4P's 理论以及此前的所有理论都采用了由内而外的模式,即一切从企业生产、销售出发,继而惠及消费者的话,那么,4C's 则是彻底转变了这种模式,而转向由外而内的模式,即先从消费者着手,努力寻找他们显在的或潜在的需求,然后再针对其需求找出他们所需要的产品或服务。而对消费者展开广告宣传的目的是正确地将广告信息传达给他们。之后,D. E. 舒尔兹教授在 4C's 的基础上,进一步发展出了 5R,并且以 5R 作为 IMC 的理论基础。所谓 5R,是指与消费者建立关联(Relevance)、注重消费者感受(Receptivity)、提高市场反应速度(Responsive)、关系营销越来越重要(Relationship)、赞赏回报是营销的源泉(Recognition)。相比于 4C's,5R 更加突出了消费者的核心地位,甚至可以说,营销的核心理论已从以销售为目的转向以关系为目的。换言之,与消费者建立深度沟通和互动沟通,与消费者建立长期的、双向的关系,并且能维系这种不散的关系,才是企业营销的上上策。

第二是所谓的"用同一种声音说话"。

IMC 的理论认为,现代社会媒体的发展和市场经济的完善为传播手段的多样化提供了必备的条件,企业营销也不可能再采用单一传播的方式,传统的广告、公关、促销、CI 设计等固然很重要,但其他营销手段,如产品设计、包装、定价、通路、数据库营销、直效营销、事件营销、媒体报道与评论、人际传播、商品展览展示、消费者服务等，都可以作为重要的传播手段加以运用，而且只有将这些营销手段结集在一起，"一站办妥"（One stop shopping），才能为大型的、国际性的客户提供比较全面的推广、服务，解决客户多方面的难题。与此同时，也只有令这些传播手段以"同一种声音说话"，才能使商品或服务的定位、形象及性格更统一、更系统，而且也只有"用同一种声音说话"，消费者才能更清楚地接收，更透彻地明白企业所传递的推广信息。

  20世纪90年代以来，IMC成为国际广告界的主流理论，并被一些跨国大公司成功运用。如微软公司1995年推广Windows 95产品时，利用整合营销传播跨越全球，覆盖20多种语言，获得了巨大成功。再如转败为胜的"一加仑双包装"案例：1970年以前，在美国市场上牛奶的包装物主要有三类，即纸盒装、塑胶瓶装和玻璃瓶装，其中纸盒装牛奶拥有大约80%的市场占有率，可谓一枝独秀。然而进入20世纪80年代以来，市场情况和消费者的购买习惯都发生了很大变化，纸盒装牛奶好景不再。据市场调查显示，牛奶的使用者们更愿意购买带把手、便于搬运、倾倒和小孩拿取且不会渗漏的塑胶瓶装牛奶。尤其是一加仑的大容量包装更是受到消费者的青睐，因为大容量包装可以供全家饮用几天，家庭主妇还能透过透明的瓶子，看看还剩下多少牛奶。由此，占纸业市场领导地位的国际纸业公司（International Paper，IP）及其他纸业公司的市场迅速萎缩，一时陷入了困境。怎么办？IP公司运用整合营销传播方案，力挽狂澜，转败为胜。

  我们来解读"一加仑双包装"这个案例，以进一步理解IMC理论的精髓。

  首先，IP公司成立了一个专案小组，成员既包括了公司内部的加工事业部、纸板包装部、营销服务部和传播部的相关人员，也包括了公司的广告代理商、公关公司、直效行销等方面的专业人士。专案小组经过广泛的市场调查，详尽分析并进而确认目标消费者中谁是牛奶的购买者，他们为什么买牛奶，他们的需要、欲求、信念和态度又是如何的。

  根据对目标消费者的分析，专案小组得出了消费者购买牛奶的原因有两个：一是大容量包装，二是有营养价值。也就是说，如果牛奶产品能满足消费者的这两个需求，就能唤起他们潜在的购买欲望。由此，IP公司双管齐下，一方面，IP的产品开发小组着手解决纸盒的大包装问题；另一方面，公司实验室的科学家与食品包装专家着手研究包装与营养之间的关系问题。其结果是得出了两个重要的发现：

  第一个发现是开发了一种简单的机器，即用一个纸质把手，将两个半加仑的纸盒紧密牢固地黏合在一起。如此一来，解决了大容量包装携带不方便的问题，更重要的是，这两个靠纸质把手联结的纸盒解决了一加仑纸盒包装壁纸厚度不够、容易膨胀的问题,而且,它可以被当作"一个单位"来定位和销售。新的包装在日后的推广活动中被命名为"一加仑双包装"。我们可以清晰地看到,这个新的包装设想来自对消费者需求的深度了解,为消费者提供了看得见的而塑胶瓶不具备的利益:每次打开一包半加仑饮用,可以保持另一包的新鲜。

第二个发现是在营养保存方面。研究表明,如果牛奶曝露在光线下,就会破坏维生素成分及味道。透明的塑胶瓶子会让大部分的光线透过,而不透明的纸盒包装则阻挡了94%的光线。这个发现理所当然地发展成了IP公司说服消费者购买纸盒装牛奶的"足以令人相信的理由"——纸盒装牛奶能更好地保存牛奶的营养价值,而塑胶瓶装则做不到!

其次,纸盒包装的优点需要被转化为消费者的利益点,而且在传播的过程中,面对不同的目标消费群需要采用不同的诉求策略。IP公司适时地利用了整合营销传播策略展开攻势,他们将目标消费群锁定在三类对象身上,即家庭主妇、超级市场和其他间接的受众,并采取了不同的诉求主题、媒体安排和活动策略。

家庭主妇:这个群体的消费者为了维护孩子的健康,更希望买到货真价实的鲜奶,甚至可以这样认为:在她们的下意识里将牛奶等同于母亲的角色。针对这一情况,广告代理公司确定广告的诉求核心为"同样一加仑,含有更多维生素"。为"孩子与母亲"的电视广告注入情感信息,期望提高品牌的知名度;采用营养专家作为新闻事件的代言人,让消费者从一个客观、中立的立场上看到有关牛奶、灯光、维生素和营养的正确评论,赢得可信度。媒体整合方面,公关策划部请了值得信赖的专家雷薇小姐作为"消费者营养专家"的资讯评论人,分别以广播、电视、报纸报道的方式采访她。与此同时,还开展了丰富多彩的促销活动:在针对消费者的广告中,同时列出配合活动的超级市场,提供折扣优惠券;在超市橱窗上张贴大型海报,在店内提供宣传小推车、特别印制的购物袋与牛奶纸盒等,传达纸盒装牛奶含有更多维生素的信息。

超级市场:当时的超级市场正面临着一个令人尴尬的情景,那就是鲜奶的消费者正在逐渐衰退。IP的广告代理商决定借此市场疲软之际,在一系列广告传播活动中,强调鲜奶消费者的衰退和使用塑胶瓶有关,以此扭转超级市场的抗拒心理。广告定位在对牛奶采取正面的诉求,不断提醒消费者:牛奶对孩子们十分有益。代表性标题是"消费者营养专家,增加15%的牛奶销售"。媒体方面:利用零售业中间商的杂志传播关于"包装和营养"的议题资讯;采用销售展示会,以增进他们在目标市场上的合作;提供超级市场广告津贴等。

其他间接的受众:包括对牛奶等农牧产品进行严格管理的联邦和州政府在

内的有关单位,奶酪农业和农场主组织,关注森林产品、石油、奶酪农业、食品零售业等连锁产业的证券分析人员等,他们都可能在各种场合对传播计划产生间接或潜在的影响。因此,传播计划以结盟的方式,争取他们加入鼓吹使用纸盒的行列,或希望他们保持中立,不要扯后腿。

整合营销传播的结果显示,IP 公司有力阻止了纸盒奶品市场无情缩小的趋势。市场测试表明:在不同的地方,支持塑胶瓶的比例从 59% ~61% 降至 35% ~43%,而支持纸盒的比例由 39% ~41% 提升至 57% ~65%,并且整个牛奶市场的销售量平均增长了 10%。

由此案例我们可以看出整合营销传播的基本要则:

其一,问题存在于消费者中间,答案也存在于消费者中,只有与消费者充分沟通才能找到解决问题的核心方法,这是发展整合营销传播的起点。

其二,针对营销链上的每一个环节,从中间商到消费者,需要确定每一目标对象的需求,并且有针对性地传达单一诉求。同时,要求不同诉求信息能整合在同一个层面上。

其三,所有传播要素,包括广告、公共关系、直效行销、促销和新闻发布等,需要经过系统整合后,以同一种信息传播方式面对消费受众。

其四,从组织管理上来说,所有与解决问题和发展计划有关的企划、研究人员、产品研发人员、代理商、外部研究公司专家和法律顾问等人员均须紧密结合,全力合作,因为这是信息整合执行的人事保障。[1]

五、新媒介时代的广告策划

何谓新媒介,众说纷纭。我们认同以下说法,即"指在计算机信息处理技术基础上出现和受其影响的媒介形态"[2]。这里包含了两个要诀条件:其一,是新出现的;其二,是基于数字技术的。据此核心要义来考察,中国新媒介历经20世纪80年代的互联网探索,90年代以后的网络普及,再到如今数字技术的广泛使用等发展时期,基于互联网、智能手机、IPTV、交通移动电视、户外大型液晶屏等数字化技术的产品无所不在,其影响也无远弗届,尤其是移动互联网正在彻底改变我们的生活方式、思维方式、消费习惯、媒介接触以及价值观念,从而改变当下的广告策划态势。

---

[1] 关于此案例更详细的信息可参见:唐·舒尔茨等.整合行销传播.北京:中国物价出版社,2002:262~279;卢宏泰等著"IMC 系列文章".国际广告,1996(9)~1997(10).

[2] 新华社新闻研究所.中国新媒体发展研究报告 2007-2008.新华出版社,2009.1.

自1969年互联网在美国诞生,1987年9月北京计算机应用技术研究所建成第一个电子邮件节点并成功向德国发出第一封电子邮件起,中国互联网的发展可谓"一日千里"。据CNNIC发布的《第30次中国互联网发展状况统计报告》显示,截至2012年6月底,中国网民数量达到5.38亿,互联网普及率为39.9%。手机网民规模达到3.88亿,用手机接入互联网的用户占比由上年底的69.3%提升至72.2%。网络使用还从城市各乡村蔓延,在2012年新上网的网民中,农村网民比例达到51.8%,这一群体中使用手机上网的比例高达60.4%。

1994年10月,美国著名杂志《热线》(Hotwired)首开网络广告先河,推出了包括AT&T在内的14则广告主的图像和信息,点击率高达40%,这是广告史上的一个里程碑。中国互联网上的第一个商业广告却要晚至1997年3月,Chinabyte网站获得了IBM为AS400宣传所付的3 000美元。然而,短短10年间,互联网广告已经铺天盖地。据产业经济研究院《2012—2016年中国互联网广告行业投资分析及前景预测报告》的数据显示,2008年中国网络广告市场规模达到180.6亿人民币,2009年中国网络广告市场规模达到207.3亿元,2010年中国网络广告市场规模达到321.2亿元人民币,比2009年增长54.9%。2011年中国网络广告市场规模进一步增长到511.9亿。

互联网的广告形式也千变万化,从最初Web1.0时代的横幅广告(Banner)、文本链接式广告(Link)、按钮广告(Logo)、墙纸广告(Wallpaper)、插页广告(Spot)、电子邮件广告(E-mail)、背投广告(Super Pop—under)和导航广告(Navigation)发展到Web2.0时代的搜索引擎关键词广告、博客播客广告、电子杂志广告、游戏广告、社会化媒体广告和3D广告等,不一而足。

新媒介技术的发展,新传播平台的使用,新广告形式的推出以及新一代互联网技术下成长的消费者对广告策划而言意味着什么?

广告策划必须整合广告受众。新媒介技术最大的特性是赋权给受众或曰消费者,普及的互联网络设施、低廉的网络使用费用和多种多样的联网终端让成千上万的受众获得了主动获取信息、传播信息乃至生产信息的权力。在一个"人人都有麦克风"的传播环境中,忽视受众、轻视受众、不尊重受众的广告策划必将被受众漠视甚至唾弃。

广告策划必须高度关注传播过程的多变性。与传统媒体时代广告投放效果的可控性相反,新媒介传播中获得高度自主权的受众借用一系列新的媒介传播工具,比如人人网、微博等社会化媒体,微视频、微电影等可视化手段以及恶搞、起哄、围观等方式将信息接收和再生产、再传播合二为一。所谓"成也萧何,败也萧何",广告信息的策划者如果对传播过程中信息的走向缺乏足够的预测、干涉、防备以及化险为夷的预案,传播效果失控几乎难以避免。

广告策划必须整合多种传播平台。从某种意义上来说,随着新媒介技术的发展,广告的创意、设计、制作和发布已经不再是传统意义上的"广告"了,我们需要重新定义广告。广告已经从报纸、电视、广播和杂志这些大众媒体中突围,变身进入我们的日常生活,像空气和水一样弥漫在周围。任何一种物理介质都可以成为广告信息的载体,而任何一种文本样式也都可以成为广告信息的载体,这使广告策划必须充分意识、利用并整合和优化这些传播载体。

广告策划必须获得新技术的支持。最初的广告策划充满着主观主义和个人主义的色彩,广告策划者常常被打造成一个灵感四溢、拯救品牌于水火之中的个人英雄。进入科学理性的策划时代之后,我们转而强调广告策划的程序性和科学性,强调洞察消费者,但由于"洞察"更多侧重于对消费者心理的揣摩和行动的观察,难免失之主观。新媒介技术的全面发展,一方面催生了海量的信息,数据显示,今天的互联网上,每60秒钟就会产生20万个微博,谷歌每秒就会处理200万个搜索请求,Facebook每秒会产生80万次信息交流……这些数据打包在一起,就成为这个时代客观反映人、事、物的统合体;另一方面,每个互联网使用者的每次上网、浏览、下载、播放、交流、购物等行为都留下"蛛丝马迹",从而使数据分析技术下的分众传播、精准营销的概念从以往的模糊畅想渐变得轮廓分明。

因此,今天的广告策划,不仅需要打破广告、营销、传播、公共关系等的界限,还需要策划者能熟练使用各种新媒介技术,能通过博客、播客、社区、搜索等形式充分与广告主和广告受众互动,并能根据受众的上网习惯、上网历史等分析出与广告主和产品信息的相关度,从而实行有效而精准的广告策划。

在这个意义上,我们说这是个广告整合传播的时代。

第一章

广告整合策划的含义和特性

内容提要:

本章梳理"策划""广告策划""广告整合策划"等概念的基本含义;分析广告整合策划最显著的基本特征,介绍现代广告整合策划的主要内容和类型。同时,将广告整合策划的研究特性放入企业的营销目标和广告运动中进行考察,进一步明确广告策划的地位和作用。最后,简单介绍现代广告整合策划最常见的工作流程和方式,帮助读者了解广告代理公司完成一项广告整合策划工作所必需的基本组织结构。在引论中我们已经考察了中国广告策划的发展历程,在这一过程中,策划的含义由最初的模糊到后来的逐渐清晰,由早期的泛论到后来的专指,再由狭窄意义上的理解向宏观的应用发展,昭示出广告策划在企业经营活动中的重要性。也可以这样说,企业或者品牌的推广离不开广告的策划。但是,另一方面,随着传播语境的变化,仅有单一的广告策划是远远不能够满足企业和品牌的需求的。因此,广告的整合性策划、综合性的营销传播活动就应运而生了。

第一节 策划与广告整合策划

"策划"一词随着现代科学理论和科学方法的发展逐渐成为使用频率颇高的热门词汇。同时,不同的历史发展阶段、不同的学科门类、不同的使用者也都出于现实的需要,赋予它不尽相同的理解和阐释,使"策划"成为一个变动不居、与时俱进的词汇。20世纪80年代,中国现代广告复苏后不久,"广告策划""广告企划"等概念便随着海外广告理论的译介出现在广告的学术理论、实务活动以及大学的讲台上。时至今日,无论是业内还是业外,言广告则必言策划。

那么,究竟何为策划呢?现代广告策划作为一种理论或一种活动又具有怎样的特性呢?今天广告界所言的策划指的又是什么呢?

一、策划的词义

通常我们认为,"策划"一词直接来源于20世纪80年代以前港台地区的广告理论,而港台地区的这一广告术语来自对英文的翻译。

事实果真如此吗?为了完整地理解策划、广告策划以及由此而来的一系列广告概念,我们有必要进行词源意义上的追问。

追问之一:汉语典籍中有"策划"一词吗?

据《汉语大词典》的考证,在我国古籍中,"策"和"划"是两个被独立使用的词,而且词义非常丰富。仅"策"一词的解释就多达19种。"策"同"册",最早是指古代书写的一种文字载体,即竹、木计事著书,成编称之为"策"。后又经历了不断的演变。从词性上来看,"策"既可以用作名词,又可以用作动词。前者如《礼记·仲尼燕居》中记载的"若无礼,则田猎戎事失其策,军旅武功失其制"。《说文解字》注解说:"策,谋也。"唐代韩愈《送张道士序》中也写道:"臣有平贼策,狂童不难制。"可见,当"策"用作名词时,指的是计谋或谋略。后者在古籍中也频繁地出现,如《孙子·虚实篇》中写道:"策之而知得失之计。"北魏郦道元著《水经注·渭水一》中记载:"青龙二年,诸葛亮出斜谷,司马懿屯渭南,雍州刺史郭淮策亮必争北原而屯,遂先据之,亮至,果不得上。"诸如此类表明,当"策"用作动词时,指的是揣测、猜度和预料。

与"策"相仿,"划"一词在古籍中也是一个多义词,且还是一个多音词和多形词,"划"等同于"画"。当"划"读作上声时,被解释为开辟、割、摩擦、拨水等意思,如划火柴、划水等。当"划"被读成去声时,可以理解为划分、筹谋以及笔画之义。《广韵·入麦》中记载:"划,划作事。"这里的"划"就被读成去声,解释为筹谋。现代汉语中的"出谋划策",便在这个意义上阐释了"划"和"策"两字。

在中国古籍中,据说,把"策"和"划"合在一起使用,最早见于《后汉书·隗嚣传》,传记中写道:"天智者睹危思变,贤者泥而不滓,是以功名终申,策划复得。"后来,两字合用的现象越来越普遍,如唐代元稹在《奉和权相公行次临阙泽》中也写有"将军遥策画(划),师氏密讦谟"的诗句。宋代司马光在《乞去新法之病民伤国者疏》中写道:"人之常情,谁不爱富贵而畏刑祸,于是绅大夫望风承流,竞献策画各为奇巧。"清代魏源所著的《再上陆制府论下河水利书》中也记载道:"前此种种策画,皆题目过大,旷日无成,均可束之高阁。"可见,对于"策划"的理解,越往后也就越接近今天的解释。

在今天的辞典和辞书中,通常将"策划"解释或描述为谋划和计谋,如《辞源》就把"策划"解释为筹谋、计划;《辞海》则解释为计划和打算。也就是说,"策划"一词,通常被理解为一种事先的筹谋活动,是策划者运用自身的知识、经验、能力对某一即将到来的事物的预测和计谋。

追问之二:"策划"一词的外来语是什么?

通常,在追溯"策划"一词的词源时有两种说法,一是指 strategy,一是指 planning,而且这两种说法现在并存于营销广告类的辞典和学术著作中。在由曾担任过《牛津英语词典》顾问之一的行业专家杰里·M. 罗森堡(Jerry M. Rosenberg)编写的,被《纽约时报》称为"国内领先的商业词典"的集营销、广告、销售与消费行为于一体的权威性词典《营销广告词典》(Dictionary of Marketing and Advertising)中,在 planning 词条下,分别罗列了"market planning""strategic planning""tactical planning"三个词组,因此,很自然地被译者译成了"策划"一词,"指一种有组织的活动,并且要求从目标说明入手,预先设定组织的活动方向和过程"[1]。而 strategy 一词被译成"战略",指"影响一个组织长期绩效的方向性决策的指导方针"[2]。也就是说,与 strategy 仅指一种长期的战略不同,planning 既包含了战略的成分,也涵盖了短期的战术性成分。《牛津高阶英汉双解字典》中也将 plan 解释为计划、规划、方案(Arrangement for doing or using sth., considered or worked out in advance),

---

[1] 杰里·M. 罗森堡.营销广告英汉词典.周政文等,译.北京:机械工业出版社,2004:189.
[2] 杰里·M. 罗森堡.营销广告英汉词典.周政文等,译.北京:机械工业出版社,2004:253.

事情顺利进行、按计划实行(Go according to plan)以及策划、筹划或详细安排某事物(Consider sth. in detail and arrange it in advance);而将 strategy 解释为战略、部署(Planning and directing an operation in a war of campaign),策略、谋略或管理(Planning or managing any affair well)。因此,这两个词在英语中也是可以彼此互解的,如果硬是要将它们区别开来,那么 strategy 在策划的方向和目的性上或许更宏观、更长远些,而 planning 或许就指微观的、短期性的策划。

事实上,古今中外对于策划概念的阐释众说纷纭,迄今为止没有一个统一的看法。"策划"既可以被特指为某种独特的想法或特别的构想,也可被理解成为达成某种目的而实施的计划。在国外,比较典型的说法就有 William H. Newman 等所持的"事前行为说",Harold D. Smith 等的"管理行为说",Harold Koontz 和 Cyril Donnell 等的"选择决定说"和 Herbert A. Smith 等的"思维程序说",等等。"事前行为说"认为,所谓策划就是为有效掌握将来、展望未来,合理求取对策。"管理行为说"认为,"策划"与管理乃属一体,策划在本质上是行动的先决条件,能影响管理者的决策、预算、沟通意见、调整对策等。"选择决定说"则认为"策划"乃思维之过程,是决定行动路线之意识,是以目的、事实及深思熟虑所作的判断为基础的决定。"思维程序说"所持的观点是,所谓"策划"是对将来的一种构想,是人类通过其思考而设定目标,为达成目标而进行的最单纯也是最自然的一种思维过程。

相对而言,美国哈佛企业管理丛书编纂委员会对"策划"所下的定义综合了策划各方面的特征,比较具有说服力。他们认为:策划是一种程序,在本质上是一种运用脑力的理性行为。基本上所有的策划都是关于未来的事物,也就是说,策划是针对未来要发生的事情作当前的决策。换言之,策划是找出事物因果关系,权衡未来可以采取的途径,作为目前决策的依据,亦即策划是预先决定做什么,何时做,如何做,谁来做……策划的步骤是以假定目标为起点,然后订出策略、政策以及详细的内部作业计划,以求目标之达成,最后还包括成效之评估及回馈。而返回起点,则开始了策划的第二次循环。

二、广告整合策划的含义

由引论部分对广告策划观念发展轨迹的描述可以看出:一方面,尽管目前企业界、广告界对广告策划的议论多起来了,但对于什么是广告策划,它的科学含义是什么,并不十分清晰明了。另一方面,策划观念及其理论也不是与广告活动同时形成的,它既是市场经济发展的产品,也是现代广告活动规范化、科学化的标志之一。因此,广告策划的含义也是动态的,处在不断的充实和发展的过程中。

在谈论什么是广告策划之前,我们有必要了解一下比广告策划范畴更广、更综合的另一个策划概念——企业策划。企业策划是伴随着工业革命和机器大工业的出现,生产力的极大发展和社会生产关系的深刻变化而产生的。由于市场竞争日趋激烈,企业在经营活动中稍有不慎,便会在这种竞争中败北,迅速破产。为了自身的生存和发展,企业不得不对自己生产经营活动的各个方面进行周详、细致的策划。于是,19世纪末20世纪初,出现了以企业为中心的产品策划、促销策划、竞争策划和整合策划。

在企业策划蔚然成风之际,20世纪60年代,一个名叫斯坦利·波利特的广告人率先提出了"广告策划"这一概念。斯坦利·波利特是英国伦敦博厄斯·马西来·波利特广告公司的创始人之一,他将"广告策划"的思想视为企业策划的核心内容介绍给广告业,并且不遗余力地加以推行。这一思想提出以后,逐渐影响了整个英国广告界,继而进一步传播到英国以外的国家和地区。美国以创作力见长的奇阿特·戴广告公司较早接受了这一观念,随后,广告策划的观念及工作方法迅速地在西方广告界普及开来。

而我们今天所说的"广告策划",与斯坦利·波利特时代的理解相比,有了更多的现代的、科学的色彩。

我们还是回到上文所说的 strategy 和 planning 两个词的解析上来。所谓语言是思想的符号,不同的表述所代表的正是两种不同的思想。米切尔·李·罗斯恰尔(Michael L. Rothschild)在《广告》(Advertising)一书的介绍部分中列出了这样一张表:

Decision sequence framework:
Situation Analysis
↓↓
Objectives and Positioning
↓↓
Strategies
Advertising
Message
Media

Promotions
Public Relations and Publicity
Brand Name, Packaging, and Point of Purchase
↓↓
Budget
↓↓
Implementation
↓↓
Evaluation

由此表可知,strategy 是一个比较宽泛的概念,而在行文中,plan 的概念则相对具体得多。比如,谈到媒体策划时用 media plan 而不是 media strategy。而 strategy 则包含了诸如 inputs to message strategy, broad classes of creative appeals, specific execution styles, copywriting, layout and print production, broadcast advertising and production, advertising assessment techniques 等内容。

另一本在西方国家非常著名的广告学专著,由 S. 瓦特森·丹尼(S. Watson Dunn)等撰写的《广告在现代营销中的角色》(Advertising: its role in modern marketing)却恰恰相反,将 strategy 置于 planning 之中。比如,该书的第三章为"advertising campaign planning: strategy and tactics",而 environmental considerations, general marketing considerations, strategic research inputs, the setting of objectives, the advertising budget, message and media strategy, the plan in action, measuring the effectiveness of advertising, adjustments to the campaign 等都包括在 planning 之中了,其意义甚至比米切尔·李·罗斯恰尔的 strategy 还要宽泛。

由此我们可以看出,不同的学者对 strategy 和 planning 的理解不尽相同。迄今为止,该如何定义广告活动中的"策划"也尚未得出一个统一的结论。从狭义的意义上去理解,策划就是对某一个特定广告活动的筹谋和规划,比如针对某个特定节日展开的促销活动的策划,针对某个电视广告创意展开的策划等。而从广义的意义上去理解,企业的所有活动,从产品设计、品牌建设、市场推广活动到公共关系的展开、媒体的组合运用以及贯穿在广告活动全过程中的对广告效果的测定,都可以被认为是"策划"。

当然,大部分学者在探讨何为广告策划时,为求稳妥,通常持一种中庸的态度和立场,将 strategy 和 planning 合二为一。台湾著名的广告学者樊志育先生在《广告学原理》中就不用"广告策划"一词,而选用了"广告计划"这样的表述方式。他指出:以广告活动持续时间之长短,可分为 2~5 年的长期计划或 6 个月到 1 年的短期计划。长期计划以广告战略为主导,在进行的同时不断地加以调整。短期计划是每一年间反复的计划,广告战术的比重较大……简言之,广告计划就是计划用什么作为广告表现,用什么媒体去传播,在质的方面追求广告表现的冲击力,在量的方面以有限的时间与空间追求刊播的效果。同时他认为广告计划(Advertising planning)和广告企划意义不同。前者具有期间性,后者则指单一的广告企划,虽然都有计划的意味,但后者的范畴较小。谈广告计划必须关联到广告活动,舍广告活动便无所谓计划。而所谓的广告活动,系指在某一主题之下,制订广告计划,并按计划实施。[1] 很显然,这里所谓的"广告计划"是一个综合性的概念,既不同于广告活动,也不同于单纯项目的计划工作。

综上所述,笔者认为,所谓广告策划,可以在整合策划和单一策划两个不同的层面展开理解。而且,在广告实务中,整合策划与单一策划犹如一个硬币的两面,很难将它们决然分开。

所谓整合策划,就是指对广告的整体战略与策略的运筹规划,是对提出广告决策、实施广告决策、检验广告决策的全过程作预先的考虑与设想。整合策划往往是为规模较大的、一系列的、为同一目标所做的各种不同的广告组合而进行的策划,有时甚至是超越了广告本身而谋求与其他营销手段合作的策划过程。因此,整合策划并不是指广告活动中某个具体的设计制作业务,而是指企业广告决策的形成过程。

相对整合策划而言,单一策划要简单些,往往是指为一个或几个单一性的广告所进行的策划,不仅时间跨度比较小,而且规模也比较小,内容比较单纯。但单一策划往往是整合策划的组成部分,其策划的宗旨和目标指向应该与整合策划相一致。

例如,可口可乐公司是最早进入中国市场的跨国公司之一,其传统的全球经营哲学是 3A 原则(Availability, Affordability, Acceptability),即要让消费者买得到、买得起、乐意买。为此,可口可乐公司推出了本土化战略 2L3O 理念(Long term, Local, Optimism, Opportunity, Obligation),即长期、本地化、信心、机会和公民责任。但是,当面对中国文化、中国消费者时可口可乐公司如何策划他们的本土化战略呢? 我们可以看到,可口可乐公司本着"本地化思维、本

---

[1] 樊志育.广告学原理.上海:上海人民出版社,1994:90~91.

地化营销"(Think local, Act local)的理念,对可口可乐产品从名称选择、产品品牌矩阵组合、产品的包装组合、分销渠道到传播策略,进行了全面的重新策划。"本地化"是一个战略原则,而围绕此原则展开的整合营销活动就是最典型的宏观意义层面上的一场整合策划运动。

在"本地化"原则指向下的传播策略策划就是一个中观意义上的整合策划运动。为此,一系列精彩的策划方案应运而生:

修改可口可乐公司的全球性广告战略,注入中国文化因素;

调整在中国的品牌形象;

起用本土明星代言广告;

广告形象融入丰富的中国元素;

公关活动的本土化;

促销活动培育"中国的可口可乐";

……

而微观层面或者说单一意义上的策划,可以是某个具体的广告传播方案。比如,可口可乐在进入中国的大部分时间里,最初公司总是以最典型化的美国风格和美国个性来塑造自己的品牌形象。从1999年开始,可口可乐公司开始执行本土化策略,在此后的每年春节,相继推出了名为"风车篇"(1999年)、"舞龙篇"(2000年)、"泥娃娃阿福篇"(2001年)等的品牌形象,在拍摄场景、视觉元素使用、形象代言人、情景画面等方面,充分体现出中国文化和中国气氛。2003年,可口可乐启用中国国际影星章子怡作为其最新的品牌形象代言人,并通过电视广告《爱情篇》《出击篇》演绎出可口可乐"抓住这感觉"的全新沟通策略。2004年在雅典奥运会开始之前,可口可乐选择田径选手刘翔和体操选手滕海滨拍摄了《要爽由自己》的广告片,最终两人均获得奥运冠军。2008年,可口可乐公司又展开了一系列与奥运相关的营销活动。2010年上海世博会,可口可乐作为赞助商以其"欢聚世博,乐在可口可乐日"的主题活动又创了一个新的品牌营销高度。

作为一个国际品牌,在既结合当地文化又不失自己国际一流品牌形象的战略决策上,可口可乐公司经由一系列精心的策划活动,获得了令人瞩目的成就。更值得骄傲的是,自1999年起,这些活动的策划者由亚特兰大总部改为了在中国的广告公司。

由上述案例可见,广告策划可以是一个或大或中或小的概念。单一性的广告,经过策划,可以增加广告的说服力。但是,要使企业及其产品与服务在消费者心目中占有一定的地位,往往需要整体性的广告策划。因为,只有经过整体性的广告策划,才能使广告目标更集中,更有系统性和连续性,从而将广告的作用和效果充分发挥出来,这正是广告策划的意义所在。因此,在本书中,笔者更倾向于将策划视为"广告整合策划"。

广告整合策划是一项综合性工程,它涉及企业生产、营销和传播过程中多方面的问题。根据前人的理论阐述和笔者的实践体会,我们将广告整合策划的内容分为五大部分。换言之,广告整合策划由以下"五大支柱"构成:

第一,市场调查及分析。

所谓市场调查,就是要确定向什么市场、什么人进行何种方式的调查,然后根据调查所得进行分析研究,从而明确目标市场、消费对象和竞争对手的情况。

市场调查是进行广告整合策划的前提和基础。只有对市场、产品和消费者有了透彻的了解,对相关的市场信息和数据有了充分的把握,才能去发展一系列的广告战略和策略。否则,所谓广告整合策划就是闭门造车、纸上谈兵,广告策划者则是两眼抹黑、无的放矢。

当然,调查工作头绪纷繁,调查渠道不易打通,调查结果还要受到调查人员素质和经验的限制,困难之多,可以想见。因此,很多广告公司不愿意费神费力去从事扎实的市场调查工作,有的干脆对此忽略不计,以经验代替调查,以拍脑袋代替分析研究。然而,这是一种对广告客户不负责任,对自己也不负责任的行为。相反,如果我们身体力行,尽心尽力去做好调查工作,今后在此基础上所发展出的各类广告策划就是有根有据、切实可行的,而且,也正是在这一点上,最能体现专业广告公司的策划能力和对广告主提供全面服务的诚意。

第二,广告战略和策略方案的制订。

战略和战术是不可分割的两部分,广告整合策划成功与否,一半取决于战略,一半取决于战术,也就是广告策略的策划。从内容上来说,战略和策略的策划主要包括以下几个方面:

(1) 广告目标。根据产品的营销战略,确定广告的目标,即明确通过做广告要达到什么目的。

(2) 广告对象。根据产品研究和市场调查结果,确定谁是产品的消费者,确定广告信息的传播对象,或针对消费者需求"量身定做"产品或信息。

(3) 广告诉求核心。根据产品的特点、消费者心理来确立广告信息传播的重点。

(4) 广告策略。采用何种传播策略方式将广告信息传递至消费者,并使消费者乐意接受。

(5) 广告表现。根据广告所要达到的目标和诉求重点确定最恰当的广告的表现形式。

第三,广告媒介策划。

根据广告目标,合理选择广告媒介的投放策略,优化媒介之间的组合,开发新颖的广告媒介,使媒介的投入产出比尽可能最大化。

第四,与公共关系和促销活动的配合。

这是广告现代性和整体性的一个表现。广告策划中除了市场调查、广告战略策略以及媒介的策划以外,还包括与企业公共关系和促销活动的配合。

第五,广告效果测定安排。

广告效果测定是全面验证广告策划实施情况的必不可少的工作。广告公司的工作水平、服务质量如何,整个策划是否成功,广告主是否感到满意,都将作为广告效果来测定。和市场调查一样,广告效果测定费时费力、不太容易,但这是完整的广告策划所不可缺少的一个重要环节。有效的广告效果测评对整合策划过程提供了反馈,并对下一阶段的策划提供有价值的改进信息。这样,每一个广告策划的过程都会得益于先前的实践者,构成一个良性循环的过程。

三、广告整合策划的主要类型

为了进一步理解什么是广告的整合策划,我们可以换一个角度来考察,即从广告实务入手,以大中型广告公司的业务范围为限,梳理广告公司最常见的广告策划业务包括哪些类型。

表1-1 广告公司常见广告策划业务类型

策划领域	策划类型	策划性质
商业策划	公司创业策划	整合性策划
	品牌策划	整合性策划
	CI策划	整合性策划
	产品策划	整合性策划
	营销策划	整合性策划
	广告策划	整合性策划
	促销策划	单一性策划
	公关策划	单一性策划
	危机策划	单一性策划
	竞争策划	单一性策划
	会展策划	单一性策划

续表

策划领域	策划类型	策划性质
政府形象策划	城市形象策划	整合性策划
	政府形象策划	整合性策划
	形象工程策划	整合性策划
	文化创意策划	整合性策划
社会活动策划	体育运动策划	整合性策划
	文化艺术策划	整合性策划
	节日庆典策划	单一性策划
	新闻策划	单一性策划
	公益性活动策划	单一性策划
	筹资募集策划	单一性策划

商业策划是传统领域的策划内容。随着中国政府职能的转化,与政府形象相关的一系列策划内容成为今日策划的新的焦点。围绕2008年北京奥运会所展开的各个层面的活动,从申奥、奥运会标记征集、奥运标识系统使用权拍卖到奥运吉祥物的选择、奥运系列产品的延伸开发等,无不充满了策划的元素和因子。同时,我们也应该清醒地意识到,商业策划、政府策划和社会活动策划的分类方式是极其粗放的,因为,在市场化的大舞台上,角色串位、你我相融也是一种势在必行的发展趋势。

第二节 广告整合策划的特性

了解了广告整合策划的基本含义和常见类型后,我们有必要进一步探讨广告整合策划的基本特性。所谓"特性",也就是指广告整合策划的本质属性。也只有从这样的角度去理解广告整合策划,我们才有可能更深刻、更准确地把握广告整合策划的精髓。

一、鲜明的目的性

无论何种类型的广告策划,都带有某种明确的目的性。广告整合策划意在针对特定的消费者,运用心理的与生理的、感官的与理智的、直接的与间接的、近期效用的与未来收益的种种广告策略,解答消费者迫切需要解决、了解、关心和感兴趣的问题,以充分调动他们的需求欲望。因此,策划的目的性就要求我们通过策划,围绕某一活动的目的性特征这个中心,努力将各个要素、各项工作由无序转化为有序,由模糊变成清晰,从而使该活动顺利圆满地完成,并且更具针对性。

台湾华侨银行是台湾第一家民营银行,在华人世界曾经众口称誉。但是,20世纪90年代中期,由于操作衍生金融商品失利及内部董事们为利益起纷争,再加上媒介无情报道后,引起挤兑风潮,银行经营陷入困顿,员工士气低落,股票跌至有史以来最低点。在此情景下,重振华侨银行的命题被提上了议事日程。这是一件千头万绪的事情。如果没有明确的目标,没有明确可行的目的,那将是一团乱麻。

在积极的调研和研讨之后,一个新的传播目的被清晰地提炼出来,即"有华人的地方就有华侨银行",将华侨银行发展成为以华人经济圈为中心的现代的、国际化的银行。换言之,有利于达成该目的的传播手段是可行的,而无利于达成该目的的传播手段,哪怕最具创意,也只能忍痛割爱。

为建立华侨银行的新形象,为其负责整合策划的台湾智得沟通公司提出了全方位传播的策略。其一,对华侨银行的视觉识别进行重新规划设计。设计的核心理念是"传薪、创新",创意取材借用了郑和下西洋时率领宝船旗舰,拓展中国海外贸易,促进中西文化交流,奠定华人海外发展机会的历史事件,创造出了华侨银行新的标志:"以中国'宝船'图形为主,简化其原船形,以简洁笔触,使标志展现出现代化、国际化的视觉魅力,再配以中国人向来视为吉祥、健康及财富的金、银两色(黄色、灰色)为标准色,除了代表华侨银行为金融服务业,也象征着其为民生利、生息、生益。"[1]其二,全面导引CS顾客满意策略。有"华人的地方就有华侨银行",这不是一句空话,赢得华人的心依托的是"以服务顾客为乐,以顾客满意为荣"的经营理念和全员上下为此付出的努力。为此,华侨银行调低了柜台高度,以拉近与顾客的距离;免收存款户金融卡跨行提款手续费7万新台币;率先在各分行内设立咖啡交谈处,平添一分温馨体贴的感觉;同时,还根据不同年龄层次消费者的爱好及个性,推出12星座系列上学卡、SINO卡、珍宝卡、钻石卡、血型卡、高尔夫球卡等多种信用卡,处处为顾客设想……其三,广告沟通策略。定期发行"侨银通讯",作为沟通内外、传达公司信息的媒介;拍摄制作企业形象的电视广告、广播、报纸、杂志广告和DM广告,向海内外华人圈发布。其四,华侨银行通过诸如公关、事件等传播策略,通过名为"扬帆万里,航向

---

[1] 张百清.脱胎换骨重新出发,扬帆万里.中国广告,2003(4).

新世纪"的新闻发布会向海内外推出了"新企业识别体系",进一步强化了公司这套整合策划的目标,取得了令人瞩目的成就。

由此可见,任何一个整合策划活动,对内会牵涉代理公司各个工作部门,对外会关涉许多相关的部门或单位。如何使分散的力量整合起来,形成合力,无疑依赖于策划的目的。目的性越明确,越能事半功倍;反之,策划过程中如果目的性芜杂或偏离了既定的目标,则一定是耗时、耗力、耗财,事倍功半,甚至于形成的策划方案非但解决不了实质的问题,还会误导企业的经济行为。

二、新颖的创造性

创造性是一切发明活动共同的特征。从某种意义上来说,广告也是发明活动,它充满了挑战,它既不能重复历史上已有的经典案例,又不能重复广告人自己曾经创造的案例,因为广告需要与时俱进,时时出新,需要标新立异,是一项充满了创造性的思维活动。

创造性思维活动是一种发散性思维方式,一般具有以下特征:其一,求异。创造性思维通常表现为对常规现象、现存原则持质疑和分析的态度,而不是人云亦云,随波逐流。其二,敏锐的洞察能力。善于分析事物间的相似性与相异性,寻找事物间的联系,从而做出新的发现和发明。其三,丰富的想象力。这是创造性思维的重要环节,它可以不断地创造新的表象,赋予抽象思维以独特的表现形式。

创造性思维是一切广告策划生命力的源泉所在,它贯穿于广告整合策划活动的方方面面和策划过程的始终。围绕着广告整合策划目的性而发展出的创造性思维可以化腐朽为神奇,可以点石成金。

例如,在汽车行业内,每年都有上百万的汽车被制造出来,进入宣传和销售环节。大多数消费者在购买过程中对汽车本身无法进行太多的理性判断,因此,选购和消费通常都带有较多的感性色彩。如何在情感上亲近购买者,诱发他们非理性决策的可能性,从而迅速做出购买决定?汽车不是快速消费品,它将伴随购车者长达数年,如果销售只是一味胁迫性地强加说服,那购车将变得毫无乐趣。2010 年 Lan 被任命为本田欧洲区经理,掌管和监督 27 个地区市场。自2003 年以来,他一直在英国本田工作,并且运行了多个出色的品牌创意营销活动。2011 年,他推出了第一个电视与 iPhone 程序结合呈现的广告。策划人员试着在店里给顾客做实验,去搜集他们的感受、情绪等,记录下一些生理数据,像呼吸、心跳、皮肤温度、肌肉温度等,同时也用视频记录下这些。之后他们与一些顾客做了深度的交谈,看看走进店里以后究竟是什么会刺激到顾客,对他们产生影响,从而最终有了购买的决策。最后,生理数据和访谈结果都证明,情绪的波动是快于理性的速度的,也就是说,顾客是先受外界刺激产生情绪起伏,然后理性才开始起作用的。这次推广将营销做成了一个非常有趣的活动,创意人员选择机器人作为本田的形象,以往大家会选择一个成功男子的形象,但现在他们决定本田应该是陪伴成功男性的一个机器,随时能够帮助解决问题。这次营销活动涉及与iPhone的合作,如果你有iPhone,可以去App Store找一个"抓取"程序。之后你把手机放在电视屏幕前晃动,就可以抓取到屏幕上的机器人动画形象。这是手机与电视的跨界合作。受益于iPhone的普及率,这个程序的下载量十分高,趣味推广也大受好评。这也证明了,科技与创意结合,连营销也会变得不一样。

再例如,杭州,一个美丽优雅的城市,以其悠久的历史和深厚的文化底蕴,每年都吸引着成千上万的中外游客。相较于美丽的西湖,旖旎的西溪却较少被人知晓。被称为"杭州之肺"的西溪湿地是罕见的城中次生湿地。这里生态资源丰富、自然景观质朴、文化积淀深厚,是目前国内第一个也是唯一的集城市湿地、农耕湿地和文化湿地于一体的国家湿地公园。湿地内景物繁多、相映成趣、浑然天成,而西溪人文更是源远流长。西溪自古就是隐逸之地,被文人视为人间净土、世外桃源。得益于冯小刚导演,自从2009年电影《非诚勿扰》上映,西溪湿地因为作为电影某些场景的拍摄地而声名大噪,与这部电影紧密地联系在了一起。片中芦苇密布、桨声满湖的西溪湿地,让观众念念不忘。在冯导的镜头下,西溪湿地、江南会、心源茶楼……这些景色融合了古朴优雅和现代时尚,呈现了别致而又纯正的汉文化。影片中,随着葛优所乘小船的不断前行和导游的详细介绍,西溪美丽、原生态的环境给观众留下了深刻的印象。葛优的一句"西溪,且留下",更是为其做了最响亮的广告。电影公映后,湿地的游客比以往增加了四成左右。可以说,这是一次成功的植入,然而这并不仅仅是一次简单的植入,在广告创造手法上,可以称其为"无缝拼接"——将所要宣传的内容与电影情节毫无硬伤地融合在一起,着实考验导演的功底和创意策划人员的严谨。广告的植入没有破坏电影的完整性,电影的情节也完好地呈现了所要宣传的内容,在创意结合上,可谓完美。如此一来,杭州西溪湿地几乎没有吆喝便招揽了众多观光客,为旅游产业的新发展增添了亮丽的一笔。

三、严密的逻辑性

广告理论界和广告业入行不久的人往往对策划有误解,认为所谓策划就是创意,创意就是灵感,灵感就是点子,点子就是脑子转得快。这种说法虽然不无道理,但却是对现代广告整合策划的一种片面的理解。上文我们强调了广告整合策划需要创造性思维,需要那种电闪雷鸣般的闪烁的思想火花。但是,创意、灵感、点子并非空穴来风,有效的策划创意来自于科学理论的指导和严格的逻辑程序。

不错,早期的广告策划中,曾经出现过一些凭个人能力、才干、经验、阅历等因素从事策划活动并取得成功的策划人,但是,他们中的大部分江郎才尽后灰飞烟灭了。而且,广告策划活动过分依赖策划者个人的因素,往往会增加策划方案的不可靠性和偶然性,而这样的风险是企业不愿意也无法承担的。

为了保证广告策划方案的合理性和高成功率,现代广告整合策划在充分利用策划者个人财富的同时,还特别强调按部就班和创意及其执行过程的逻辑性,要求策划小组按照一定的程序,发挥团队的作用去从事广告策划工作。尽管按这样的要求去从事策划活动,比起"灵机一动"要耗费更多的时间和更多的精力,但能有效地减少广告整合策划的失误,保障策划的合理性和高成功率;同时,也正是在这一点上,体现出广告整合策划的现代性。

尽管广告整合策划的类型多种多样,每一个策划项目的内容也不尽相同,但其策划的逻辑程序有一定的共性。一般来说,广告整合策划大都要经历以下几个步骤:市场调查和分析,确立广告策划的近期和长期目标,发展广告的一系列策略,拟定广告策划的初步方案,评价方案,调整和修正方案。

例如,凌仕(LYNX/AXE)这个在欧洲已有27年历史、占据"欧洲男士品牌销量之王"宝座的品牌,于2011年上半年在中国引起了众多媒体的"围观"。作为联合利华旗下最大的品牌之一,凌仕此次进军中国市场推出了其最畅销的男士魅动香氛系列及醒体沐浴露系列。凌仕步步为营,打响了一场与众不同的芳香之战。

凌仕对进军中国进行了周密的备战。没有消费者基础、面对完全不同的市场环境,这是凌仕进入中国面临的困难。策划团队首先需要明确产品概念,知道什么样的产品是消费者容易接受的。其次是产品的情感设计,根据当地市场特点调整创意,在欧洲和美国,凌仕的目标消费群以青少年向成人过渡这一阶段的人群为主,但在中国,由于种种原因,需要重新圈定目标消费群。做好消费群体定位后,宣传平台的确立成为重要任务,而这一年龄段的年轻人接受信息的主要渠道以网络为主。宣传阶段也分不同阶段和不同节奏进行。经过这一系列的攻势,策划团队成功打造了一股席卷同类产品市场的"凌仕效应",将"男性专用沐浴露"这一概念定位深入人心。

四、有机系统性

广告整合策划是一项系统工程。而格式塔理论告诉我们,整体大于部分之和。因此,对于这样一个系统工作,策划时将各部分有机地整合起来,以谋求各个组成部分、各个子系统相互协调统一,从而保持总体的最优化,是广告策划者必须重视的一个原则。

田忌赛马的故事生动形象地说明了系统中各部分力量优化组合的价值。战国时期,酷爱赛马活动的齐威王常常与王公贵族们以此取乐。通常,参赛马群被分成上、中、下三组进行比拼,齐威王的将士田忌在比赛中总是名落孙山。有一次,谋士孙膑对田忌说道:"齐之良马,集于王厩,而君欲与次第角胜,难矣。然臣能以术得之。夫三棚中有上中下之别,诚以君之下驷,当彼上驷;而取君之上驷,与彼中驷角;取君之中驷,与彼下驷角。君虽一败,必有二胜。"孙膑的建议超越了只关注单局比赛胜败的短视目光,而从整体性、全局性衡量得失,从而使田忌获取了最终的胜利。

这样的系统思想在当下的广告整合策划中具有特别的价值。中国企业在市场经济的浪潮中经历了种种考验,付出了昂贵的学费后,逐渐意识到企业品牌建设的重要性。品牌策划最需要的就是整体性和系统性思维,需要从长计议。而为谋求在竞争激烈的市场中胜出,采用大肆降价、打折的促销手段,无疑是对品牌的极大伤害。

诺基亚有多款智能手机,迎合各类消费者的价位、款式、颜色;苹果仅有一款,从 iPhone 1 到 iPhone 4,价格却一直居高不下。我们常常可以看到很多手机与通讯公司联手,推出定制机,裹挟着各种套餐服务或者隐性收费,而苹果手机却从来不曾有过这种行为。高端产品意味着高标准、高质量和高信誉度,是拳头产品,在消费者心目中是不可替代的,这也是苹果所走的高端路线,它没有因为竞争对手的层出不穷、价格优势而动摇自己的品牌战略,反而在竞争中坚持自我,甚至采用饥饿营销,以不变应万变。事实上,饥饿营销始终贯穿着"品牌"这个因素,其运作必须依靠产品强大的品牌号召力。一个没有影响力的品牌要是限量限产,提高价格,不仅不符合实际,还可能会丢掉原来的市场份额。苹果创始人乔布斯一贯强调精品战略,从苹果的 LOGO 设计到每一个技术环节都要求精益求精。随着时间的考验,文化的积淀,价值的提升,苹果在产品和营销上的整体性成功为我们提供了深刻的启示。

五、现实可行性

广告整合策划是一种创造性的活动,但绝非脱离现实的凭空设想,更不是纸上谈兵。策划的基础是市场调查、竞争对手调查以及对消费者的深刻洞察,因此,一切有违市场规律,无利于竞争或背离消费者生活或心理需求的策划方案不管有多完美,都是不足取的。任何策划,如果不立足于现实,对现实工作不起作用,那么,这种广告策划就是毫无意义的,充其量只能算是一种美好的幻想,一种一厢情愿的愿望。

广告整合策划的现实可行性还要求策划者必须在现实所提供的条件的基础上进行谋划。如果策划方案脱离了环境所能提供的条件,那创意也只能是空中楼阁。比如,策划方案的经费预算超越了企业的广告预算范围,超越了企业能够承受的极限,或者是投入产出不成正比;再如,客观条件和技术条件不具有可行性,在今天利用飞机超低空飞行和定点跳伞为企业或活动进行促销已经不是什么新鲜事,但是,这样的策划方案如果放在若干年前,那就只能是一种美好的期望,因为无论是技术还是审批手续都会使具体的实施者望而却步。

现实可行性还表现在广告整合策划方案的合理合法。广告是一种戴着脚镣起舞的艺术,为广告进行策划,当然也会受制于种种现实的道德原则和法律规范,受制于整个社会环境。换言之,广告整合策划活动不能损害社会公共利益,不能助长社会不良风气,更不能为利益驱动而无视国家的法律法规。否则,广告整合策划的结果必然遭到社会的排斥,反过来损害企业的公众形象。这样的事屡见不鲜。

第三节 广告整合策划在广告运动中的作用

广告整合策划是一项系统工程,牵涉到企业形象塑造、品牌创建以及市场营销的方方面面。一方面,广告整合策划的价值越来越得到企业的肯定和认同,企业的广告运动也越来越离不开广告整合策划;另一方面,我们也必须清醒地意识到,广告整合策划不是万能的,它不可能令企业起死回生,不可能令品牌死灰复燃。在企业营销的总棋盘中,广告整合策划是一粒不可或缺的重要棋子,但我们也不能过分夸大广告整合策划的作用。

一、广告整合策划在广告运动中的核心价值

广告整合策划在整个广告运动中具有先导性和决定性的作用,具有不可小觑的核心价值。这一点是毫无疑问的。我们可以从两个层次来加以认识:

第一个层次,从广告整合策划在广告运动全过程中的地位以及与广告运动中其他方面的相互关系来加以认识。在现代广告运动中,我们通常把过程粗略地分为广告市场调查、广告整合策划、广告设计制作、广告媒体投放和广告效果测定五个部分,这五部分之间的关系如图1-1所示。

图1-1　广告整合策划与其他各部分的关系

从图1-1可见,广告整合策划处于广告运动的第二环节上,起着承上启下的作用,十分关键。一方面,广告整合策划必须以广告市场调查为前提和基础,甚至从广告整合策划的流程来看,市场调查与广告整合策划的第一步浑然一体,广告调查涉及市场调查、产品调查、用户调查、竞争对手调查、广告媒体调查等,广告调查的成果是为广告整合策划所利用;另一方面,广告整合策划又是广告调查的指挥棒,对广告调查起着规范和约束的作用。任何调查总有一定的目的、限度和范围,大海捞针般的滥花开支既不必要也不现实。广告整合策划决定着调查的目的和范围,决定着调查的深度和广度。离开广告整合策划指导的广告调查将是不经济的,也是没有意义的,只有围绕着广告整合策划的广告整合调查才是有价值的调查。

广告整合策划也决定和指导着广告设计制作,换句话说,广告设计制作仅仅是广告整合策划所决定的意图的具体体现。因此,广告设计制作必须在广告整合策划所确定的基本原则、战略与策略的指导下进行,体现广告整合策划的意图和构思,为广告的整体效果和利益服务。同时,广告设计制作中的一系列具体要求也需要经过精心的策划;离开广告整合策划,广告设计制作就将变成无本之木、无源之水,成为一种盲目行动。

广告整合策划不但决定了广告费用投放的大小,还决定了广告费用的去向,即媒体投放的计划。媒体投放的科学性来自于广告整合策划,依赖于广告整合策划中战略战术的部署和广告策略展开的方式。离开广告整合策划的媒体投放将是无计划、无目的的浪费。

广告整合策划还将预先确定今后测定广告效果的基本原则。衡量广告的是非标准、质量标准和成败标准应当在广告策划中加以明确,今后广告效果的测定将围绕广告策划所决定的这些基本原则来进行。否则,广告效果的测定也将失去实际的意义。

从广告运动全过程的五部分构成,我们可以比较强烈地感受到广告整合策划的决定性作用。我们不妨假想:如果只有广告调查,没有广告整合策划,那么,广告调查就会失去方向,也将失去服务对象,广告调查取得的各种资料数据就会呈现出无序性,广告调查也将成为一种徒劳的活动。如果只有广告设计制作,而没有广告整合策划,那么,广告设计制作很可能成为一件纯美术作品、纯书法作品或纯音像制品,它所传播的就不一定是我们预先所期待的那种商品信息,可能是"混血儿",也可能是"畸形儿"。如果只有广告媒体投放,而没有广告整合策划,那么,媒体投放就可能充满多种偶然性成分,就可能像一幢沙滩上建起的高楼,或是像一艘没有操作舵的航船,更多地带有幻想的成分。如果只有广告效果测定,而没有广告整合策划,那么,广告效果测定的是非成败标准便会模糊不清,广告效果的测定就会变成一种数字游戏。

由此可见,广告整合策划在广告运动全过程中具有不可或缺性。

第二个层次,可以从广告整合策划所要确定的广告运动的基本原则、方向、战略、策略、媒介、表现手法等重要内容来认识这种核心价值。

通过广告整合策划,最终所要决定的是:为什么要做这种商品的广告,广告对谁说话,说什么话,如何说话,选择什么时机说话,通过什么渠道和媒体说话,怎样才能使话说得漂亮、说得打动人心,也就是说怎样做才能使广告更有效,等等。这些内容如果不能确定,那么,企业做广告就完全是无的放矢。正是通过广告整合策划,才能产生一系列的策划成果,包括广告目标确立、广告对象选择、广告主题创意、广告文案设计表现、广告策略方式部署、广告媒体投放安排、广告时机选择和广告效果测定等。

当我们把广告运动视作一个系统时,广告整合策划在这个系统中具有无可替代的核心地位和核心价值。但是,换一个角度,当我们站在更高的位置,把整个企业的营销活动视作一个系统时,广告运动只不过是其中的一个子系统,因而,广告整合策划就必须从内部系统中的核心位置调整为服从于和服务于更高一层的企业营销活动的总体策划。

二、广告整合策划服从企业营销活动目标

虽然我们了解一个产品、一个企业可能是从了解它的广告开始的,但是,在

企业营销活动中起决定作用的是企业根据营销环境以及自身的经营特长所做出的企业营销决策及相应的目标。

企业营销环境大致可以分为不可控环境和可控环境两大部分,它们合力影响着企业的营销,也影响着广告的整合策划。

企业营销环境的外部因素可以归纳为政治、经济、文化、科技、竞争、法律等方面。这些因素极易对企业的生产和营销造成巨大影响,而且一般而言企业对这些因素带来的风险影响往往是不可控的。企业为了适应这些外部环境因素的变化,只能适时、适地地调整其内部的可控因素,以实现预定的营销目标。比如,随着国内消费者收入水平的提高和汽车工业的发展,人均拥有汽车的比例在逐年增加,但是城市客观存在的道路交通条件的有限性很可能抑制消费者的购买欲望;国际油价的节节攀升也限制了大排放量汽车的销售,而国家重新调整小排放量汽车上路的政策,又促进了低廉汽车的销售。

企业内部可控因素主要体现在产品、价格、促销和渠道四个方面,它们的组合即是市场营销组合。市场营销组合是企业在一定时期、一定目标市场销售一定商品的市场营销策略的组合。促销作为市场营销组合的四个方面之一,又由若干个部分构成,主要包括广告、人员销售、公共关系、特种推销方法等。由此可见,广告只是企业促销的措施之一,是作为市场营销组合的一个有机组成部分而存在和发挥作用的。它不能孤立地发挥作用,而只能从市场营销环境分析出发,服从企业的营销目标,作为市场营销组合的因素之一而发生作用。

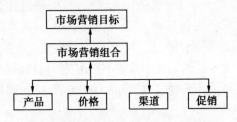

图 1-2 广告在市场营销组合中的作用

具体而言,广告整合策划的服从性主要体现在以下几个方面:

其一,现代营销学告诉我们,市场营销组合具有整体性、协调性和多变性,亦即市场营销组合中的各种策略与措施是一个有机组合,各个局部应当配置妥当,才能形成最佳组合,发挥最佳效果;同时,这种组合又要根据环境的变化适时地调整,以保持总体协调,适应外部环境。广告作为市场营销组合中的一项策略措施,同样要服从这种整体性、协调性和多变性的要求,服从市场营销目标的总体要求。

其二,广告要处理好与市场、产品、价格、渠道等各项策略的关系,避免孤军作战,自行其是。事实上,一个企业的市场、产品、价格和渠道是广告整合策划和广告设计制作的基础和前提。没有适当的目标市场,广告就成了无头苍蝇,失去传播对象;没有适当的产品,广告就缺乏宣传的主体;没有适当的价格,广告便无力回天,甚至没有任何价值;没有适当的渠道和通路,广告也就无法明确应涉足的区域和市场。因此,广告整合策划必须与适当的目标市场、适当的产品、适当的价格、适当的渠道相匹配、相适应。广告整合策划必须服从营销策划的整体,而决不能让广告与市场、产品、价格和渠道各行其是。如果你是在销售一种性能卓越的汽车,你的广告创作战略就要突出其在路上行驶的表现,而不是把车子停在路上表现其如何美观。如果你是在宣传一种豪华美观的汽车,那就不必在广告中体现其如何翻山越岭、跋山涉水。如果你的产品是专供儿童使用的,而在你的广告片中却没有儿童喜爱的形象和情景,那也将是不相称的。如果你的自行车是专供越野健身用的,那就应该突出道路的崎岖难行,车子如何越险前行,而不应该让车子行驶在平坦宽敞的大马路上。如果某种产品是一种比较好的产品,但还不是第一流的产品,这时候在广告整合策划中就不能把它说成是第一流产品,在比较级与最高级之间有一段距离,在心理感受上也有很大的差别。如果硬说成是第一流的,无疑是一种失败,因为消费者会感到这是一种欺骗。人们常说,好的产品是好的广告的基础,这是很有道理的。有了好的产品才能为广告整合策划提供活动的天地。同样道理,有了适当的市场、价格和渠道的策划,才有可能为适当的广告整合策划创造条件。从某种意义上讲,广告整合策划是对产品策划、市场策划、价格策划和渠道策划的高度凝练和集中。

第四节 广告整合策划的一般流程

广告整合策划是一个相对复杂的工程系统,因此策划过程中的各个部门、各个成员之间既要分工细致,又要通力合作;既要各尽其职,又要高度沟通。同时,策划人员要善于利用各方面的资源,物尽其财,人尽其用,才能更好地完成一个策划方案。

需要说明的是,不同的广告代理公司在具体展开广告策划实务时其流程不尽相同,这与公司的规模、实力、结构体制、工作流程以及命名方式等有关。通常而言,一个广告整合策划的展开由以下一些阶段和步骤构成,这既是大多数广告代理公司的作业流程，也是符合广告整合策划思维特点和具体实施特征的内容。

第一阶段：市场分析。如表 1-2 所示。

表 1-2　市场分析

步　　骤	执行部门/渠道
一、了解任务和要求	AE 填写任务书
二、市场背景资料： 1. 市场发展阶段、相关政策、趋向（同行同类产品状况） 2. 市场占有率、市场容量与潜力分析 3. 品牌份额、份额、产品状况、分额 4. 主要竞争对手情况：占有率/知名度/影响力/营销策略/广告费/诉求点/促销活动等；产品状况：价格/特点/优势/外观；售点状况：开货单/POP 状况/销售政策/促销员状况等 5. 消费群体状况：分布/收入/年龄/职业与行为特征 6. 消费者心理状况：关心点/潜在需求/排斥点等 7. 常用媒体/广告投放状况及分析	市场调查与媒介部 市场调查（信息中心、剪报、图书馆） 市场调查（信息中心、剪报） 市场调查（信息中心、剪报） AE（广告主、图书馆、剪报） 公开出版物，如 IMI 等、市场调查部进行抽样调查 策划部（深度访谈、现场观察与访问） 媒介部与广告主
三、广告主背景资料： 1. 企业背景（发展历程及现状） 2. 近期规划及策略 3. 项目可行性分析及相关资料、进行程度 4. 广告主相关人员状况	AE（与广告主深度访谈、资料采集）
四、品牌资料： 1. 品牌体系、产品体系、知名度、理解度及美誉度 2. 产品销售的季节与地域特点 3. 产品详细资料、研发背景与计划 4. 以往媒体投放与宣传资料（印刷品或广告片） 5. 产品功能分析和消费者偏好度 6. 产品营销基本策略 7. 销售渠道：分销商、代理商与零售商、商场销售政策、售点建设状况 8. 曾有的主要促销活动 9. 营销组织：营销人员状况、售点分布、促销队伍及状况 10. 主打产品：主要产品优势、特征、价格、外观等	主要由 AE 和市场调查部通过资料采集以及抽样调查来获取

第二阶段：策划过程。如表 1-3 所示。

表 1-3　策划过程

步　　骤	执行/渠道
1. 策划小组讨论市场调查及背景材料,得出初步结论,确定策划基本方向 2. 与客户讨论市场调查报告,并交流市场状况与基本市场策略 3. 确立基本定位与目标市场战略 4. 确立具体实施方案 5. 整合策划方案及完成表现样本方案 6. 策划小组讨论策划执笔人的初稿并与客户进一步沟通基本市场策略 7. 策划初稿进入修改阶段 8. 特邀专家讨论 9. 策划文本的再次修改、打印与装订 10. 客户负责人参加广告策划汇报讨论会,确认广告预算	研究市场背景资料、广告主背景资料及品牌资料 与客户沟通 与专家沟通 与客户沟通

第三阶段：策划执行。如表 1-4 所示。

表 1-4　策划执行

步　　骤	渠　　道
1. 广告媒介策划、投放及监控 2. 广告效果的事前、事中、事后调查	与媒介部协调完成 市场调查和媒介部联合完成

第二章

广告整合策划的基石
——市场调查

内容提要：

广告市场调查是广告整合策划的"前奏曲",也是广告整合策划的基石。准确可靠、丰富翔实的市场资料是广告整合策划行之有效的必备条件。而有效的广告市场调查取决于明确的可以量化的广告市场调查目的,取决于调查程序设计的科学合理性,同时也取决于调查方法的正确选择、调查技巧的妥善利用以及强有力的实施执行等。其中,尤其值得关注的是广告市场调查问卷的设计、抽样调查样本量的选择以及市场调查结果初步的分析方法。

广告整合策划的目的是将企业营销的构想反映到具体的一系列广告活动的计划中去。为了达到这一目的，在进行广告策划之前，就必须对整体的营销环境有一个全面、深入的了解，这就是广告策划的基石——市场调查，包括调研及分析。

市场调研及分析作为广告策划的基础工作，首先需要通过多种多样的调查手法对广告产品的生态环境、产品自身、目标市场和目标消费者进行细致、扎实的调查，在获取翔实调查资料的基础上准确、深入地分析市场情况、产品特征和消费者心理及行为习惯等。这三项分析的作用是：找出应该对之进行广告宣传的对象，确定在广告中应如何最好地反映本企业产品或服务的特色，确定以怎样的方式劝说目标对象，令他们信服。换一种说法，广告策划的基础工作是进行情报的收集和分析，从而将营销环境的有关信息有条理地汇总起来，输入到广告整合策划的决策圈中去。广告整合策划中的一系列决策都是根据这些信息并结合企业整体营销计划而综合做出的。

第一节　广告市场调查的含义及内容

广告调查指与广告活动有关的部门或单位为实现广告目标所做的一切调查，包括市场调查、媒体调查及广告效果调查。当然，广告市场调查是广告调查的核心内容。

何为广告市场调查呢？迄今为止还没有一个统一的表述。而且，一般论者习惯将此分成市场调查和广告调查两个概念，如樊志育的《市场调查》，黄升民等的《广告调查》。不管两者的称谓有什么区别，其侧重点都在于企业营销市场的调查。既然广告是企业营销过程中的一个部分，广告的调查也就是市场调查的一个有机组成部分。

完整地理解广告市场调查的含义，它应该包括三个层次：

微观意义上的理解是指对广告活动内部有关事项的调查。所谓广告市场调查，是为了探求广告对广告接受者的影响而做的调查。换言之，是为了测验广告的效果，利用各种方法所从事的测验或调查。[1]调查的内容包含了广告信息调查、广告媒体调查和广告效果测定三个部分。

---

[1] 樊志育.市场调查.上海：上海人民出版社,1995:122.

中观意义上的理解是指伴随着广告活动所进行的一切调查活动。调查的内容包括广告传播者、广告信息、广告物、广告媒体、广告受播者五个部分。[1]

宏观意义上的理解,不仅以"市场"为对象,而且往往将市场营销的每一阶段,包括营销环境的内部、外部分析,产品功能设计的确定等为决策者所需要的信息,均纳入调查研究的范畴中,在比较广义的范围内讨论广告市场调查。近年来,由于市场营销观念的不断发展,尤其是"整合营销传播"理论的推广和实施,广告活动的范围出现了革命性的变革,广告研究的对象正在进一步向企业营销的其他领域渗透。比如奥美"品牌管家"概念的提出,再比如央视提出的企业、广告代理公司、媒体间长期的"关系营销"等,已不是传统广告活动的概念所能包括的。事实上,企业的广告行为与营销行为之间的界限非常模糊,很难也没有必要将两者截然分开。在此背景下,所谓的广告调查,意义就更为丰富,也更能切合实际的需要。

广告市场调查的核心内容主要体现在以下几个方面:

生态环境的分析——对市场所在地的大环境进行调查,通过调查了解与企业广告活动有关的政策方针、经济导向、社会文化、风俗习惯等。

市场分析——通过调查,分析谁是产品的消费者,可能购买产品的消费者人数有多少,他们通常在什么时间、什么地点、什么情况下购买以及产品在市场上的竞争情况如何。

产品研究——所广告的产品和其他竞争品牌相比,是否具有特色?如果有,在这些特色中哪一点是最具魅力的?如果没有,能否赋予其魅力?经过调查和分析,要找出产品真正的魅力所在,这种魅力就是广告的诉求点。

消费者研究——现代广告不仅要满足消费者已存在的需求,更重要的是要发掘消费者内在的、潜伏着的消费欲望。消费者在想些什么,他们需要什么,什么是他们真正关心的信息,什么是能打动他们的信息,他们通过什么途径获取这些信息、处理这些信息,这些都是通过市场调查要解决的重要问题。

第二节 广告市场调查的基本过程与方法

有效的广告市场调查的步骤如图2-1所示。

---

[1] 黄升民等.广告调查.北京:中国物价出版社,2002:26.

图 2-1　广告市场调查步骤

下面我们通过案例来说明这些步骤和方法。

2001年下半年,欧莱雅(苏州)公司在全国高校内发动了"2001 L'OREAL 工业策划大赛"。大赛的目的是为欧莱雅公司现有的一套美容用品"美宝莲"(含唇膏、粉饼、指甲油)进行产品外观设计,以使产品能在最大范围内被年轻女性喜爱。笔者有四位学生组成了"创意一般"小组参与此次竞赛。

一、确定调查的基本目的及必要的调查内容

第一步要求负责市场调查的策划小组为调查制定出基本目的和调查内容。

通常,在确定调查目的和内容时,策划人员需要了解以下几项内容:

(1) 企业近期及长期的营销目标;

(2) 企业目前营销及广告中的问题;

(3) 企业对本次调查的期待,也即企业希望解决什么问题;

(4) 同类产品总体市场情况。

前三项内容可以通过阅读企业相关的资料,如企业的基本状况、企业的宣传材料、企业的年度报告和总结等获得,同时,也是更重要的,可以通过与企业营销相关人员的沟通来获取。第四项内容可以通过政府、行业和专业调查机构公开的数据来获取。

接下来,在着手进行调查之前,可以提出几个假设目标,然后根据现有资料和企业的营销目标选出最主要的广告目标进行调查。这一步工作是有百利而无一害的,通常来说,目标越明确,调查得出的结果也就越清晰。如果欧莱雅公司提出的调查目标是"如何使包装赢得妇女们的心",那么对参赛小组来说,调查目标偏大且又比较模糊。因此,他们将此细化为"如何使包装赢得年轻女性的心",将调查的范围由庞大的女性群体缩小为年轻女性,并进一步细化为16~25岁的青年女子。

抓住"年轻女性"后,调查小组确立了以下调查的细分目标:

(1) 目标消费群喜欢"美宝莲"现有包装吗?如果喜欢是因为什么?如果不喜欢又是因为什么?

(2) 目标消费群喜欢拥有什么样包装的化妆品?包括色彩、款式、质地等。

(3)目标消费群使用和携带化妆品的习惯。
(4)目标消费群对广告产品的性能、价格比的态度。

当然,并非所有的调查项目都需要列出这样具体的目标,但每个调研项目应有一个确定而明白表述的目标是必需的。调查目标需要简洁地说明为什么要做这次调研,调查计划的其他方面和执行调研的系列任务都是由此目标出发的。换言之,对于实现该目标无益的调查就不应该执行。执行上述调查项目时,如果考虑"美宝莲"产品在中老年妇女和少儿市场的包装,就纯属多余了。

在确定有效目标时应注意避免两种情况:一是笼统的、无所不包的大目标。市场调查需要的是集中、清楚的目标。二是预先臆断的问题或做出的决策。市场调查的起点是一个问题而不是需要做出一个决策。

二、拟订周密、详细的调查计划

市场调查的第二阶段是制订出能最为有效地收集所需信息的计划。调查小组不可以简单地对市场调查员说"随便找些学生来,问问她们是否喜欢'美宝莲'现在的包装或她们喜欢'美宝莲'被如何包装",而需要有更系统、更科学的安排。

在拟订调查计划前,需要了解企业对调查项目最终所能带来的市场效果的期待与企业对调查所需费用的预测之间的关系。这一点非常重要,但往往被调查者们忽视。

"2001 L'OREAL 工业策划大赛"所需原始数据由欧莱雅公司提供给每个参赛小组。假设公司不做市场调查,不进行产品包装设计改革的话,此产品的年利润是 100 万元。如果这项活动能改进市场营销状况及促销计划,公司年获利最多可达到 150 万元,这时公司愿意用来进行这项市场调查和产品包装改进的经费最多不会超过 50 万元。如果调查费和改进费高于 50 万元的话,就不值得做了。

一般而言,市场调查的计划包括确定资料来源、调查方法、调查手段、抽样方案和联系方法等内容。

(一)资料来源

调查计划首先需要确定通过什么样的途径来获取有效的市场信息。通常,一手资料和二手资料的采集方式是最常用的。

所谓"一手资料",也被称为"原始资料",是指为当前特定的调查目的而收集的原始信息。"创意一般"小组的做法是先与一部分女大学生单独或成组交谈,以了解她们对"美宝莲"现有产品的一般认识和大致想法。接着确定正式的调查方法,排除其中的错误,然后赴上海、无锡、苏州等城市做实地调查。

二手资料就是为其他目的已收集到的信息。二手资料是市场调查的起点,虽然,有时二手资料并不能直接回答现在所面临的问题,但其优点是成本低,立即可供使用,且能协助解决市场调查中的许多问题。

二手资料的来源主要包括以下几种:

企业内部资料,如销售数据、销售预测报告、公司盈亏表和以前所写的调查报告等;

政府出版物,包括政府的统计部门与各个行业对应的主管部门或各级各类政府部门收集、编辑和公布的有关资料,如人口普查报告、世界银行报告等;

公开出版的期刊、报纸、书籍等所提供的信息,如《IMI 消费行为与生活形态年鉴》《中国广告年鉴》等;

专业调查机构的商业性资料,如 A. C. 尼尔森公司提供的有关零售产品与品牌的数据,央视—索福瑞公司提供的有关收视率情况的数据资料等。与上述二手资料采集途径不同的是,这一类资料往往是需要付费购买的。

二手资料采集的新趋势是数据库营销。所谓"数据库",是指为满足某一部门中多个用户或各种用户的需要,按照一定的数据模型在计算机系统中组织存储和使用的互相联系的数据集合。用于市场调查研究中的数据库概念是一个收集和管理大量市场基础信息的综合数据资料来源。数据库营销就是指建立在大型的记录消费者和潜在消费者个人情况及购买方式的计算机文件基础上的营销方式,"尤其是当数据库包含了顾客的人口统计、消费心态、购买情况、品牌态度或产品种类态度的时候,它便成为了策划未来营销与传播活动的基础"[1]。

(二) 调查方法

市场调查研究人员通常将调查的方法分成定量调查和定性调查两大类型。顾名思义,"定量"和"定性"两个词意味着前者是基于数量,后者是基于性质的。定量调查是对一定数量的有代表性的样本进行封闭式的问卷访问,然后对数据进行整理和分析的调研方法。换言之,定量调查是关于市场或市场的消费者人口的测量方式。与定量不同,定性调查是以小样本为基础的开放式的、探索性的调研方法,是通过描述性的方式对市场进行试探性研究的工具。比如,当调查主

---

[1] 威廉·阿伦斯.当代广告学.丁俊杰,译.北京:华夏出版社,2000:56.

题具有不确定性时，调查人员如不知道问什么详细的问题，做些深度访谈或小组讨论可能有利于为问题的答案提供一些理解和解释。

定量调查和定性调查都包含了异常丰富的调查手段。我们择其常用的手段作简要说明。

(1) 观察法。

观察法是指通过观察被调查对象及其背景而收集所需资料的一种方法。"创意一般"小组通过对化妆品销售地点——商场的观察，了解消费者与商店服务员之间的对话，了解前来"美宝莲"柜台咨询、购买以及未购买的人数，她们对"美宝莲"产品的意见、评价等。这种随机的调查方法有时会带来意想不到的效果。与这种方式有异曲同工之妙的是"秘密购物"，调查者伪装成买者或询问者进行暗访，主要用来检测销售过程的有效性和消费者满意度。调查者有时秘密观察，有时公开询问，通过假设的提问和购买体验发现问题。

(2) 专题讨论法。

专题讨论法是欧洲和美国用得最广泛的定性调研技术。指邀请小群被访对象(6~10人)，在一个有经验的主持人引导下，花几个小时讨论一种产品或一项服务。"2001 L'OREAL 工业策划大赛"的专题讨论会上，主持人可以由"你喜欢使用化妆品吗"这样一类比较广泛的话题切入，然后将话题逐步转移到对各种品牌化妆品质量、服务、包装等特殊的话题上来。主持人要能调动现场的气氛，消除一些人的腼腆害羞感，同时阻止某些人主导、控制会议的想法，使会议始终保持轻松愉快的氛围，鼓励与会者敞开思想讨论。同时，主持人要保持话题的焦点，不要无限制地跑题，否则就不能称其为专题讨论了。

(3) 问卷调查法。

这是为了了解人们的认识、看法、喜好和满意程度而设计的一种调查方法。"创意一般"小组对近百名16~24岁年轻女性调查的结果显示，这一群体的特征为：无固定收入，但有一定的购买能力；爱好看书、听音乐、散步、聚会、聊天，爱看港台剧、MTV，关注流行趋势；在流行和实用之间比较看重流行；买东西时价格是主要的考虑因素；她们知道欧莱雅，但评价度不高。这些信息如果没有官方的记录或实地问卷调查是很难得到的。

(4) 实验法。

这是一种最科学的调查方法，是指选择多个可比的主体组，分别赋予不同的实验方案，尽量减少外部的变量，从而得出结论的一种方法。实验法的目的是通过排除观察结果中矛盾的解释来获取因果关系。例如，"创意一般"小组可以将自己设计出的新包装试用装对不同的小组进行测试，如果每个测试小组得出的结论相似,可以说明新包装具有胜出的可能;如果得出的结论不一致,在排除了被测试者不同职业、不同文化教养等外部因素之后,就得从设计本身找原因了。这种测试可以从多个角度进行。实验法还可以通过仪器来进行。通过仪器进行市场调查虽然在中国还不是一种常用的方法,但在调查业先进的国家已被视为一种最科学化的调查方式。例如,通过视速仪能以百分之几秒或几秒的间隔在测试前展示一个广告,在每次展示后,要求主体描述他所能回忆起来的细节。央视—索福瑞公司对电视收视率的调查正在以当今世界上最先进的电视观众测量技术"人员测量仪"逐渐替代"日记卡"形式,使调查数据更科学、更公正。菲利普·科特勒在《市场营销管理》中介绍亚太地区行为记录仪的使用情况如下:

自从引进了A.C.尼尔森公司的行为记录仪后,新加坡的广告业与媒体现在能够迅速获得电视收视情况的准确信息。

行为记录仪是带有屏幕显示和遥控手柄的电子盒式自动监测设备。电子盒接到电视机上,家庭的每个成员都单独使用遥控手柄上的一个按钮。某个成员每次看电视时都按下自己的按钮来记录所看的节目。收集的数据通过电话线传输到中心计算机上,每晚进行处理。

行为记录仪比起日记有多种优点。收集数据的质量更为准确,这是因为收视人不必回忆他们所看的节目。同样,写下所看节目而带来的笔误也消除了。由于数据是用电子方式收集的,24小时之内就可以分析最新数据。使用的方便性也使得数据收集更为可靠。[1]

在设计广告市场调查方案的过程中,调查问卷和调查样本的抽取有着重要的意义和价值,这将在有关章节中专门论述。

(三) 合理抽取调查样本

抽取调查样本简称抽样,是指按照一定的程序,从调查市场中相同性质的人口总体中抽取一部分进行调查,并运用数理统计的原理和方法,对总体的数量特征进行估计和推断。总体和抽样是一个相对的概念。所谓总体,是指提供所需信息的人的全体。比如,针对"创意一般"小组的调查项目,可以设定苏州市所有16~25岁的女性都是这个"年轻女性"市场总体中的一员。在实际的市场调查业务中,由于时间、预算以及获取总体市场数量的可行性等限制,一般不可能对总体市场中的每一个样本(成员)进行普查,而只能抽取其中的部分具有典

---

[1] 菲利普·科特勒.市场营销管理.北京:中国人民大学出版社,1998:136.

型性的样本进行调查,在调查的基础上推导出总体市场的情况。要保证调查结果的科学性,调查样本的抽取就具有和问卷调查同等重要的作用。

市场调查抽样方案的确定,关涉以下内容:

(1) 定义同质总体:确定可提供信息的有关个体或全体所具有的特征,即向哪一类人调查。同质总体可以根据地域特征、人口统计特征、产品使用情况、认知程度等方面进行确定。在欧莱雅的调查中,虽然样本总量不多,但定义的同质总体非常清晰,如苏州市、16~25岁的女性。

(2) 选择调查方法:资料采集的方法对抽样的过程有非常重要的影响。是采用定量调查方法还是定性调查方法,对抽样的选择是完全不一样的。

(3) 抽样程序:如何选择答卷人?通常我们采用的是概率抽样和非概率抽样两种方法。概率抽样包含了简单随机抽样、分层随机抽样和整群抽样三种形式;非概率抽样包含了随意抽样、估计抽样和定额抽样三种形式。

(4) 样本规模:调查多少人。大规模样本比小规模样本的结果更可靠,这是不言而喻的。但是没有必要为了得到可靠的结果而调查整个或部分目标总体。如果抽样程序正确的话,不到总体百分之一的样本就能提供很好的可靠性。下面是随机抽样时样本规模确定的方法,见表2-1。

表2-1 随机抽样时样本规模确定方法一览表

最大容许误差 \ 置信度 \ 样本规模	90%	95%	99%
1%	6765	9604	15589
2%	1691	2401	4147
3%	752	1067	1843
4%	423	600	1037
5%	271	384	664
6%	188	267	461
7%	138	196	339

采用其他非随机抽样方法,样本量应大于表中所列的量。由于计算比较麻烦,杨李荣在《传播研究方法总论》一书中提出可以采用一个普通的原则来界定样本规模的大小,即大样本、小样本的原则。大样本是指样本量较大的样本规

模,抽取的样本量一般应占总体数量的 5% 或以上或者是样本量不足总体样本量的 5% 但是大于 500 份的抽样样本。而小样本是指相对于总体市场来说比较小的样本规模,一般指样本量不到总体数量的 5% 或小于 500 份的抽样样本。也就是说,要获取误差率低的理想调查效果,应尽量使样本量保持在总体数量的 5% 以上;若达不到 5% 的样本量,也最好在 500 份以上。

"创意一般"小组确定的抽样对象和数量代表了 16~25 岁人群的基本特征:学生 44 人,售货员 8 人,IT 行业 4 人,自由职业者 6 人,私营企业主 6 人,其他 12 人,是一个非常小的样本规模,因此,就不能保证调查数据的准确性。

(四)联系调查对象

接触被调查对象通常有三种方式:邮寄、电话或面访。邮寄的方式通常是在被调查对象不愿意接受面访或访员会曲解其回答时可以采用的最好方式。不过,邮寄的问卷需要简单清楚,而且回收率低,回收也很慢。电话访问是快速收集信息的最好方法,而且成本很低。缺点是不容易获得对方的合作,而且不能询问较为复杂的问题。面访,即面对面的交谈是最常用的方法,访员能提出较多的问题,并能记录下被访对象的情况,问卷的回收率非常高,只要执行得好,可达 100%。但面访的成本比较高,调查结果正确与否往往受到调查员技术熟练与否及诚实与否的影响。

(五)安排调查日程

广告市场调查是一个为期不短的过程,合理地安排调查的日程有利于保障调查过程的顺利进行。通常而言,调查日程安排包括:广告市场调查方案设计、广告市场调查的实施时间,调查结果的输入、整理、分析时间,调查报告的起草、客户审阅、反馈、修改、定稿等。

(六)经费预算

用于广告市场调查的经费预算是一个重要的部分,能否对经费预算做出合理规划,也从一个侧面衡量着调查人员的专业素质。通常而言,一份调查的经费预算可以列入以下内容:问卷印刷费、调查人员交通费、访员误餐补助费、统计数据录入费、调查礼品费、调查报告费用以及机动费用等。费用支出的细目可以视调查项目和要求的不同而调整。但是,一般而言,支出细目的细化要优于笼统报价。

三、采集信息，实施调查

这是重要但也是难度最大的一步。问卷调查时遇到的困难主要在于：被调查对象不在家，必须重访或更换；某些人拒绝合作；一些人的回答有偏见或不诚实；还有一些人在回答某些问题时有偏见或不诚实。在采用实验法调查时，实验方案要统一形式，并能控制外部因素和参与误差。现代计算机和通信技术的发展使采集方式变得多姿多彩，如国际互联网、在线数据库、电子媒体、交互式终端等，使市场调查的方式得到了革命性的突破。

四、分析研究信息

市场调查的下一步是从调查数据中提炼出与调查目标相关的信息。通过编辑、整理、汇总所收集到的资料，以归纳法或演绎法等方法予以综合分析研究，得出调查结果。也可以应用某些高级的统计技术和决策模型来发展更多的信息，比如 SPSS 软件和 Excel 应用软件。

SPSS 是 Statistical Product and Service Solutions 的英文缩写，意思是"统计产品与服务解决方案"。大量成熟的统计分析方法、完善的数据定义操作管理、开放的数据接口以及灵活的统计表格和统计图形，让 SPSS 成为长久不衰的统计软件。[1]

Excel 应用软件即 Microsoft Excel，是微软公司的办公软件 Microsoft Office 的组件之一，是一款试算表软件。Excel 是微软办公套装软件的一个重要组成部分，它可以进行各种数据的处理、统计分析和辅助决策操作，广泛地应用于管理、统计财经、市场调查等众多领域。Excel 相比于 SPSS 来说，比较容易学习和掌握。

这些软件的操作需要拥有一定的统计学知识。

五、撰写调查报告

要撰写有效的调查报告最重要的是心中要有读者。而报告的读者是各种各样的，有的需要简单易读的报告，有的需要详尽而准确的报告。无论如何，一份好的调查报告必须解答主要问题、有清晰的结构、做出解释性结论。报告的阅读者最不喜欢的报告是不解答主要问题，冗长不堪、废话连篇或闲聊乱侃；结构不清，

---

[1] 薛薇.基于 SPSS 的数据分析.北京：中国人民大学出版社，2011：2.

缺乏主线;解释轻率天真和得不出坚实的结论;专业术语、表格、报告结构围绕问卷而不是围绕调查目标,不提供必需的注解,不了解委托人所从事的行业和心理。

第三节 广告市场调查问卷设计

在定性调查尤其是定量调查中,问卷设计是一项极具重要性又富有挑战性的工作。问卷设计合理,可以令市场调查事半功倍;反之,则会影响到调查结果的科学性和公正性。问卷的设计虽然难度非常高,充满了创造性,很难有模式可以借鉴,但掌握一些最基本的技巧可以帮助我们规避陷阱,设计出一份合格的调查问卷。而优秀问卷的设计更多依赖于市场调查组织者的经验和判断力。

市场调查问卷的设计从总体上来说要符合如下一些基本要求:

(1) 问题与问题间有严密的逻辑关系。一份调查问卷多则几十个问题,少则十来个问题,如果缺少内在的逻辑顺序,整个问题将给人杂乱无章的感觉。所谓逻辑顺序,既指问题排列应该由易渐难,先封闭题后开放题;也指同一范围内的问题应该归类排列,并且由大到小,既体现出不同类的问题之间的并列关系,又表现出同类问题之间的递进关系。

(2) 问题的设计须简洁明了,但又能提供较大的信息含量。一份普通的商业调查问卷,问题的总量应该控制在 15 个问题以下,或被调查者在 15 分钟之内能回答完毕。因此,每个问题设计时都应加以核对,确定它对调查目标是否有用。应该坚决地剔除对调查目标没用的问题,因为它会拖长答卷的时间,使答卷人不耐烦。由于一份问卷所提问题有限,要获得足够的市场信息就有赖于每一个问题所能体现出来的信息含量,以便对此展开分析时具有评议、分析和综合说明的可能,可以透过一个问题看到若干现象。

(3) 要尽可能避免一些令人难以回答、不愿回答或不需要回答的问题。比如,涉及个人私密性的一些问题,如年龄、收入、家庭、情感、性等,如果不是调查项目非获取不可的信息,就属于令人不愿回答或不需要回答的问题。即使是非获取不可的信息,也应该对被调查者个人的身份加以保密或不出现关于个人身份的信息,如姓名、性别、籍贯等。

(4) 问题的形式也会影响到答卷。一般来说,问题可以分为封闭式和开放式两种。所谓封闭式问题是指事先已确定了所有可能的答案,答卷人只需从中选择一个或几个答案。开放式问题允许答卷人用自己的语言回答问题,因为答卷人的回答不受任何限制,往往能揭示出更多更有价值的信息。

另外,问卷设计要注意完整性,比如开头的礼貌性措辞和结尾的致谢语;避免使用多义词语和含糊不清的句子,避免采用带有暗示答案的问题。另外要注意的是,尽可能避免对所调查对象的名称加以突出。

下面,对"创意一般"小组问卷初稿中的部分问题展开讨论:

A. 你的收入是多少(以百元计)?

(调查者无须知道细到百元的收入数额,被调查者也不想这么精确地告诉别人自己的收入。而且问卷也不宜直截了当地询问涉及个人隐私的问题。)

B. 你是偶尔还是经常使用化妆品?

(如何定义"偶尔"和"经常"?没有统计的定量标准,导致语义模糊。)

C. 你喜欢使用"美宝莲"产品吗?是( ) 否( )

("喜欢"是相对而言的。另外,被调查者会真实回答吗?而且"是"与"否"是回答本问题的最好形式吗?)

D. 在评价化妆品时最显著和决定性的因素是什么?

("最显著"和"决定性"因素的提法过于书面化,不一定每个被调查者都能理解。)

E. 你认为"美宝莲"现有的包装是同档次产品包装中最好的吗?是( ) 否( )

(带有明显暗示性、倾向性的问题,会混淆视听。)

第四节　网络调查方法

网络调查又称"互联网调查""在线调查"。网络调查是一种以各种基于互联网的技术手段为研究工具,利用网页问卷、电子邮件问卷、网上聊天室、电子公告板等网络多媒体通信手段来收集调查数据和访谈资料的一种新式调查方法。[1]

随着传统调研样本难以采集、调研费用昂贵、调研周期过长等一系列问题的暴露,加上目前中国网民数量不断递增,在线调查的高效便捷的特性不断增强,网络调查越来越受到青睐,在市场调查中也得到了广泛使用。

---

[1] 赵国栋,黄永中.网络调查研究方法概论.北京:北京大学出版社,2008:104.

一、网络调查的特性

与传统调查相比,网络调查的优势是非常突出的,主要表现在以下几个方面:

一是它的互动性,这种互动不仅表现在消费者针对现有产品发表意见和建议,更表现在消费者对尚处于概念阶段的产品的参与,这种参与将能够使企业更好地了解市场的需求。

二是网络调查的及时性。网络的传输速度快,一方面调查的信息传递到用户的速度加快,另一方面用户向调查者传递信息的速度也加快了,这就保证了市场调查的及时性。

三是网络调查的便捷性和经济性。无论是对调查者还是被调查者,网络调查的便捷性都是非常明显的。调研者可以在其站点上发布其调查问卷,而且在整个调查过程中,调查者还可以对问卷进行及时的修改和补充,而被调查者只要有一台计算机、一部电话就可以快速方便地反馈其意见。

四是网络的匿名性特点可以让参与者放松心理戒备,提供比较真实的回答。

五是互联网可以超越空间限制,使调查很容易地覆盖到广泛的地域,甚至是跨国。

二、网络调查的方式

网络调查的方法多种多样,而且一直处于不断发展之中。目前比较流行的有电子邮件调查、下载式交互调查和基于网页的调查,其中又属基于网页的调查应用最广泛。网络调查方式的分类可以见图2-2。[1]

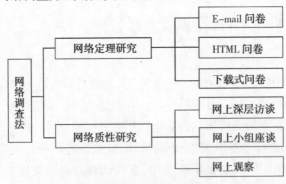

图2-2 网络调查研究的方式

---

[1] 赵国栋,黄永中.网络调查研究方法概论.北京:北京大学出版社,2008:105.

随着网络技术的发展,网络调查的方式将会越来越丰富。

三、网络调查在市场调查中的应用

在市场调查中,网络调查可以用于客户满意度调查、广告研究、经销商调研、新品测试等。网络调查受到很多品牌的青睐,成为他们了解市场、进行市场调查的重要方法之一。现在已有很多专门的网络调查机构,比如 Harris Interactive、CR-Nielsen 等。

新浪微博提供了"投票应用",微博上的每个用户都可以发起微调查。微调查通常都是简单的选择题,用来调查网友的态度。在微博营销火热的今天,品牌官方微博当然不会放过这个调查机会。不过限于每个用户的影响力,微调查的参与人数不确定,导致调查结果的代表性也不高。人气微博用户和加 V 认证的微博用户发起的微调查有时可以引来非常可观的人数的参与。比如在新浪微博上,由名为"全球 iPhone 官网"的微博 ID 发起的微调查"2012 年各大品牌旗舰手机,你最想要哪个",短时间内就有 3 715 名微博网友参与。

由父母网和 Nielsen-CCData 合作的"2012 Parents 品牌之星——中国婴童品牌消费调查活动"是一项在线网页调查,感兴趣的网友通过点击网页链接进入调查系统就可以开始答题。截止到 2012 年 11 月 14 日,在两个月内有近 3 万人参与了该网络调查,参与人数非常可观。

第五节　广告市场调查报告书写作

通常,书面广告市场调查报告合理的结构方式为:

标题页

标题页也可以称为报告的封面。封面,需要创造一种专业形象来引起阅读者的兴趣。标题必须清楚地说明是关于什么的报告。同时,如果需要的话,还可在标题页标上其他信息,如调查执行单位或个人、调查赞助人、完稿日期等。

目录

报告的目录是描述报告结构的一张图,它是全部主要的和次主要的标题、页码的清单。

摘要

10页或10页以上的报告应有一个摘要，概括包括序言、调查报告正文、结论在内的文件主体中的全部突出的重点。毫无疑问，摘要是报告中最重要的部分，某些人可能只读这一部分。

序言

序言用来叙述报告产生的背景资料，如为什么做此调查、调查目标和方法等。

调查结果

这是报告的主体部分，提供调查人员收集的所有相关事实和观点，但不包括对调查的结果作任何的暗示。为了强调所提供的资讯来自于第一手资料或第二手资料，报告中可适当地以引语、引用等形式直接表明被调查者的观点，由此还可增加报告的活泼性和个性。"创意一般"小组在她们的调查报告中写道：

调查结果显示，目前"美宝莲"产品存在以下一些不足之处：大部分被访者认为"美宝莲"的唇膏外包装款式不出众，外形粗糙而且缺少变化；包装材料颜色单一，色调呆板，手感不好；唇膏的双层盖子设计不科学，取用不方便，产品整体形象与产品更新换代定位不相符，给人档次不高的感觉。对于粉饼而言，大部分被访者比较喜欢体积小、薄、轻的粉盒，造型精致、时尚；包装材料最好能使用纯色、亮色或水晶透明色；粉扑要柔软耐用。大部分被访者比较看好小体积包装瓶的指甲油，她们认为，容量过多一则不美观，二则易干。玻璃瓶外形不能太笨重，包装材料使用透明色。也有一些被访者认为如果指甲油的瓶子扁平点或成管状会更加时尚。

结论与建议

结论与摘要同等重要。结论应该是调查人员对大量客观信息的一种提炼，提供对调查主题的新发现，必要的时候还可提供解决问题的途径。SWOT的方式是非常有用的，它包括四个方面的内容：优势(Strengths)，指委托调查的公司在产品的管理结构、产品的范围和质量、顾客基础和分配、价格、促销、服务等方面的长处是什么；弱点(Weaknesses)，指在上述相同的方面存在什么问题；机会(Opportunities)，在调查过程中是否发现了什么对委托调查公司和其产品有益的事，比如竞争对手出了什么事，市场增长有多快，政策方面的有利性等；威胁(Threats)，SWOT分析的重要一点是确认是否存在一定限度内的威胁，如果有的话，是什么威胁，存在于什么地方。美国国际商用机器公司(IBM)在中国的市场定位是：在电子商务时代，凭借提供整体解决方案与系统整合，成为电子商务时代的市场领导者。IBM 的这一准确市场定位在很大程度上有赖于公司的 SWOT 分析,见表 2-2。

表 2-2 IBM 的 SWOT 分析表

外部环境分析 / 内部环境分析	机　会	威　胁
	(1) PC 普遍进入家庭 (2) 网际网络逐渐兴起并主导市场需求 (3) 客户更需要整体解决方案	(1) 各种网络相关产品区隔公司兴起 (2) 微软占有 PC 系统 S/W 市场 (3) 硬件价格下降
优　势	优势机会策略	优势威胁策略
(1) 经深度培训过的专业人才 (2) 广大的客户群 (3) 优势的研发能力	(1) 成立全球服务事业部门,着手提供整体解决——系统整合 (2) 创新并持续推出符合网络需求的产品	(1) 增加策略研究与并购有潜力的公司,以增强网络与整合能力 (2) 投入研发数据库系统与 NT 的中间设备以及配合 Linux 的研发投入
劣　势	劣势机会策略	劣势威胁策略
(1) 组织庞大,不易管理 (2) 对低价或 PC 相关产品的管理策略比较外行 (3) 思想上,仍有人难脱中大型硬软件是重要收入来源的窠臼	(1) 将人员往有潜力的市场区隔调整,并配备所需人力 (2) 将人员按整合模型混合编组与区隔编组来开拓市场 (3) 逐渐导向以网络为基础的整体方案的公司	(1) 裁汰数万不适任员工,并将组织改为矩阵式 (2) 强调 W.E.T 思想教育与绩效管理 (3) 积极与低价产品的大型渠道建立关系

SWTO 分析也可用纯文字的方式表达,如中国电信案例:

中国电信的优势(strength)和劣势(weakness)分析

自 20 世纪 80 年代中期起,中国电信经历了近 20 年的高速发展,已经形成了规模效益。尽管此间经历了邮电分营、政企分开、移动寻呼剥离、分拆重组等一系列的改革,但在中国的电信业市场上,中国电信仍具有较强的竞争和发展优势。主要表现在客户资源、网络基础设施、人才储备、服务质量等方面:

A. 中国电信市场引入竞争机制后,中国电信与中国移动、中国联通、中国网通等运营商展开激烈竞争。中国电信南北分拆后,在保留原有大部分固定电话网和数据通信业务的同时,继承了绝大部分的客户资源,保持良好的客户关系,在市场上占领了绝对的优势。1.79亿的固定电话用户,1 500多万的数据通信用户,为中国电信发展业务、增加收入奠定了良好的基础。

B. 中国电信基础网络设施比较完善。中国电信已建成了覆盖全国,以光缆为主、卫星和微波为辅的高速率、大容量、具有一定规模、技术先进的基础传输网、接入网、交换网、数据通信网和智能网等。同时 DWDM 传输网、宽带接入网相继建设数据通信网络和智能网不断扩容。中国电信的网络优势已经成为当前企业发展的核心能力,同时具备了向相关专业延伸的基础和实力。

C. 中国电信在发展过程中培养和储备了一大批了解本地市场、熟悉通信设备的电信管理和技术的能力较强、结构合理的管理和专业人才。同时中国电信还积累了大量丰富的运营管理经验,拥有长期积累的网络管理经验、良好的运营技能和较为完善的服务系统。

D. 中国电信日趋完善的服务质量。中国电信成立了集团客户服务中心,为跨省市的集团客户解决进网需求;中国电信还建立了一点受理、一站购齐的服务体系,最大限度地方便用户;紧接着中国电信推出了首问负责制,解决了企业在向用户提供服务过程中的相互扯皮、相互推诿的问题;另外,中国电信还设立了服务热线(10000)、投诉热线等,建立了与用户之间的沟通服务,提供互动式服务。

虽然中国电信具有一定的发展优势,但我们应该辩证地看待这些优势。辩证法告诉我们,优势和劣势都是相对的,即在一定的条件下,优势很可能就转变成劣势。中国电信虽然拥有丰富的客户资源、完善的网络设施以及大量的储备人才,但缺乏现代企业发展所必需的战略观念、创新观念、人力资源开发管理、人文环境建设以及与此相适应的市场制度环境。业内人士认为,中国电信拥有资源优势,但缺乏资源运作优势。一旦不慎,优势很可能就转变成劣势。目前,中国电信的劣势主要表现在以下几方面:

A. 企业战略管理与发展的矛盾。一方面是企业决策层只重视当前战术和策略,忽视长远战略,湮没在日常经营性事物中,不能统观大局;另一方面企业缺乏应对复杂多变环境的企业运作战略策划人才。这个问题是当前实现企业持续发展、保持长久竞争优势的核心问题。

B. 企业内部创新与发展的矛盾。面向计划经济的职能化业务流程、管理模式和组织模式已经呈现出与快速发展的不适应,并逐步成为制约电信企业参与全球化竞争的主要因素。ERP、管理和组织模式的改革创新以及企业特色人文环境的建设是实施企业发展战略应考虑的焦点问题。

C. 中国电信现有的基础设施不能为用户提供特色服务。中国电信虽然拥有比较完善的网络基础设施,但这大都不是根据市场的实际需要建设的,而是为了满足普遍服务的需要。

D. 拆分让中国电信由主体电信企业降级到一个区域性的电信企业。新中国电信的主要阵地将固守在南方市场,而北方市场将由新中国网通占领。即使受到拆分影响,但中国电信的实力仍然最强,只是苦于无全国网络,无法开展全国性的业务。

中国电信的机会(Opportunity)和威胁(Threat)分析

我国国民经济的快速发展以及加入WTO,将为我国的信息化建设和通信发展提供前所未有的发展机遇。同时也为中国电信提供了巨大的机会,主要表现为:

A. 国民经济的持续快速发展,形成了潜力巨大的市场需求,为中国电信提供了更大的发展空间。据有关研究报告测算:中国到完成加入WTO的各项承诺之后的2005年,其GDP和社会福利收入将分别提高1 955亿元和1 595亿元人民币,占当年GDP的1.5%和1.2%。本地经济比较优势的重新配置资源所带来的巨大收益将进一步增强当地经济实力。而且入世将推动外资的引进和内需的拉动。入世后各地将极大改善投资环境,法律透明度提高和国民待遇的实现将吸引大量外来资本,本地企业实力将得到提高和增强。企业电信消费水平随之提高。劳动力市场结构的调整和转移必然带来社会人员的大量流动,同时拉动巨大的通信需求,话务市场将进一步激活。

B. 电信业法律法规不断健全完善,电信业将进入依法管理的新阶段,为中国电信的发展创造公平、有序的竞争环境。随着电信业法制的健全,政府的经济职能将发生根本的转变,政府会把企业的投资决策权和生产经营权交给企业,让企业经受市场经济的考验。这意味着政府将给中国电信进一步松绑,给予应有的自主权,有利于中国电信按市场经济规律运作。

C. 中国政府大力推进国民经济和社会信息化的战略决策,为中国电信的发展创造了历史性的机会。"三大上网工程"(政府上网、企业上网、家庭上网)造就了我国消费能力强劲的信息产业市场,为我国信息产业市场创造良好环境的同时,使我国成为全球最大的信息产业市场之一。

D. 中国加入WTO后电信市场逐步对外开放,将加快企业的国际化进程,有利于企业的经营管理、运作机制、人才培养与国际接轨。同时可促进中国电信借鉴国外公司的管理经验,积极地推进思维、技术、体制创新,提高产品档次,降低成本,完善服务质量,改进营销策略,增强核心竞争力。

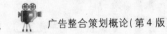

E. 电信市场潜力巨大。首先，我国经济发展不平衡，地区之间、消费层次之间的差异决定了电信需求的多层次和多样化，而通信技术的飞速发展，促进电信企业的网络升级换代和业务的推陈出新，在固定电话网与计算机通信的融合点上开发新业务的潜力巨大，可激发出新的消费需求。因而，从总体上看，我国电信市场孕育着巨大的需求潜力。其次，从固定电话看，中国电信平均主线普及率只有13.8%，远低于发达国家的平均水平。主线收入、盈利水平和市场规模也与发达国家的平均水平相差甚远，发展的空间和潜力仍旧巨大。最后，从中国电信的其他业务看，互联网和固网智能网业务的市场规模和盈利能力将随着企业外部环境层次的提高而不断扩大。

F. 移动牌照的发放。信息产业部部长吴基传曾经在公众场合说过，中国将拥有四个综合电信运营商，他们能够经营固定、移动、数据和其他各种基础电信业务，这意味着将再发两张移动牌照。目前，移动通信领域是潜力最大，也是竞争最激烈的通信领域，将成为各电信企业的必争之地。一旦中国电信拿到了移动牌照，那么移动领域将是中国电信的又一主营业务。

正所谓机会与威胁同在。任何事件的影响都是相对的，中国电信在迎接巨大机会的同时也将面临巨大的威胁，具体表现在以下几个方面：

A. 电信市场竞争格局由局部转向全面、简单转向多元。首先，在竞争趋势方面，国内市场竞争将由价格竞争向核心能力创新竞争过渡。在过渡期间，市场份额的抢夺将成为市场跟随者的发展重点。其次，入世后的国际资本竞争压力也将逐步增大。国外电信运营商将通过兼并、联合和收购等方式实现全球服务化的速度不断加快。中国电信市场的 ICP、EMAIL、数据库、传真、视频会议等增值业务首当其冲地受到较大冲击，对电信企业的稳定增长产生影响。

B. 中国电信人才流失较为严重。国内外许多公司采用高薪、高福利等政策吸引中国电信人才，造成中国电信人才严重流失。这一现象至今仍未得到解决。人才的流动是竞争的必然结果，是关系到中国电信生存发展的关键问题。因此，如何体现人才价值、发挥人才潜能，是中国电信必须正视的一个问题。

C. 非对称管制对中国电信的影响。中国电信在经营许可、互联互通、电信资费、电信普遍服务等方面受到相对严格的行业管制。在目前的中国电信市场上，管制的不平等已经制约了中国电信的发展，在日趋激烈的电信市场竞争形势下，不尽快进行改革，中国电信只有一死。新的中国电信公司不久后也将通过上市进行机制转换，实现与中国联通、中国移动相同的机制平台，从而开展有效的公平竞争。[1]

---

[1] 案例根据智库 http://wiki.mbalib.com/wiki/SWOT 分析改写。

第三章

广告市场的综合分析

内容提要：

如何依据广告市场调查所得的有关数据和情况，对企业和产品的生态环境、市场状态、竞争对手情况、产品特征、消费者心理动机以及消费者行为习惯等方面的信息和资料进行全面的、系统的、有的放矢的分析，是广告整合策划过程中至关重要的一步。本章提供上述内容分析的角度和思路，分析的具体方法和手段，以及如何根据分析所得为广告整合策划提供有效、翔实的市场实况。

科学、充分的市场调查可以提供准确翔实的数据和市场情况,这是广告整合策划的基石和出发点。但是对于广告整合策划而言,仅有这一步是远远不够的。从策划的角度来看,冷冰冰的数据本身并不能说明任何问题,因为数据是"死"的。而且,数据调查并不是广告策划者的专长,大多数数据资料可以通过向市场调查公司购买而轻易获得。那么,广告策划人员的价值何在呢?

我们的回答是:广告市场的综合分析。

所谓广告市场的综合分析,是指根据所得的调查数据,围绕策划的目的和对象,进行合理的想象和推理、科学的归纳和提炼、大胆的判断以及综合决策,最终明确企业和产品所面对的生态环境、市场状态和竞争态势,明确企业和产品的优劣状况以及目标消费者的心理动机、行为习惯等,为进行广告整合策划提供一系列弥足珍贵的参照信息和充足依据。这是广告策划者的价值之一,而且这种价值是咨询公司、市场调查公司所无法取代的。

第一节 广告生态环境分析

广告生态环境分析是指对所有广告的产品或企业的人文环境、社会环境和市场环境进行分析研究。企业广告的传播行为并不是在真空环境中进行的,目标市场的人口统计资料、政治经济状况、文化习俗以及特殊的社会事件都有可能影响广告的传播。因此,对广告生态环境的分析也就成了广告综合分析的第一步。广告生态环境的分析主要包括自然生态环境分析、科学技术环境分析、社会文化环境分析、社会经济系统环境分析等方面的内容,其目的是辨别目标市场的宏观生存环境,趋利避险,及时抓住有利趋势,发现机会,合理规避风险。

一、自然生态环境的调查分析

自然生态环境是企业广告传播最外层的环境因素。虽然大多数情况下它与企业的广告运动未必有直接的必然联系,但是企业生产、营销所面临的外部自然生态环境会影响到企业的价值取向,从而影响广告的传播。

比如,20世纪90年代以来,全球面临的共同问题是自然环境的日益恶化,如空气和水的污染、温室效应、各种自然灾害等。保护我们的生态环境已不再是环保主义者个人或组织的事,而是所有有良知的企业和公民的共同责任。企业的生产和营销取向由此转向绿色、环保,并以倡导环境保护为己任。泰国的TOA涂料公司10多年来的广告所强调的只是这种涂料不含诸如铅、水银等有害物质,停留在产品功能的诉求上。近年来,随着外部生态环境的变化,企业的广告策略也随之进行了调整,比如在广告中侧重宣传涂料产品对自然环境如何安全的价值观,并且通过系列公益广告,呼吁消费者和社会对自然环境、生存环境给予精心呵护,由此塑造了公司自身绿色环保的良好形象。

除了全球性的自然生态环境外,目标市场特有的自然环境也是需要加以关注并分析的,即将特定地区的地理环境、气候条件、自然资源、山川河流以及季节更替规律等纳入到广告整合策划者的视野中来。中国地大物博,自然生态的区域性差异非常大。因此,适应甲市场的产品、营销策略和广告策略就未必适应乙市场,反之也成立。

二、科学技术环境的调查分析

被誉为"现代营销学之父"的菲利普·科特勒在《市场营销管理》中表达了这样的观点:"人类生活中最戏剧性的因素是技术。"我们也有理由认为,20世纪以来的技术发展也是企业营销和广告传播中的戏剧性因素,任何一项新技术的产生和应用,总能给广告传播带来戏剧性的变化。比如,LBS[1]等新兴媒体传播技术的发明和应用就在不断突破和刷新人类想象的可能性。有人曾这样总结百年来娱乐工具的几大变化:收音机——永不消逝的电波,留声机——前无古人的变革,电影——百年辉煌的美梦,电视机——孤独求败的霸主,游戏机——惊心动魄的幻觉,卡拉OK——制造偶像的魔术,电脑——包罗万象的怪兽,网络游戏——烧钱机器的诱惑。虽然说的是娱乐,但收音机、电影、电视、录像机、互联网络、游戏机、数码产品等新媒介的发明和投入使用,也戏剧性地改变了广告的命运——改变了广告运动的某些游戏规则,这是不言而喻的。另一方面,新技术、新发明的应用,对于那些与此产业有关的企业和产品而言,"新"往往是亮点,也是广告传播的诉求点,如国内VCD行业、家电行业、IT及数码行业都先后走过这样的传播路线。

因此,关注科学技术环境的变革,关注变革给企业和产品带来的商机,关注变革给现代社会和百姓生活带来的心理变化、习性变化,都是广告策划者的基本功。

---

〔1〕 LBS(Location-Based Services),又称为"基于位置的服务",它是由移动通信网络和卫星定位系统结合在一起提供的一种增值业务,通过一组定位技术获得移动终端的位置信息(如经纬度坐标数据),提供给移动用户本人或他人以及通信系统,实现各种与位置相关的业务。

三、社会文化环境的调查分析

在全球经济一体化的背景下,对目标市场和特定区域的文化特点、风俗习惯、民间禁忌、生活方式、流行风尚、民间节日和宗教信仰等社会文化环境因素的调查分析显得尤为重要,它可以为确定广告的传播方式与途径等提供事实依据。

就文化差异而言,社会文化环境不但决定了传播沟通信息的方式不同,而且影响了广告创意和策略的方方面面。研究表明,对时间持有非线性观念的文化区域,如美国,更能接受符号化的、戏剧对白式的、没有清晰结论的信息传播;而持线性观念的文化区域,如中国、韩国等更趋向于使用可靠的信息来源,相信合理的论据和清楚的可视化信息。韩国是一个口头传播比其他传播方式更有效的国家,某个消费者或权威人士的证明书比电视和报纸广告更具说服力。与此相似的是,中国消费者也非常信赖人际传播和口头传播这样的沟通方式。

社会文化环境还会影响到跨国公司全球化战略下广告传播的本土化。比如,可口可乐公司在本土文化中的广告词为"无法抓住那种感觉(Can't beat the feeling)",在日本改成了"我感受可乐(I feel Cola)",在意大利则化为"独一无二的感觉(Unique Sensation)",而在智利却演变为"生活的感受(The Feeling of Life)"。有时,文化的差异直接决定了广告传播策略的胜败。例如,宝洁公司的佳美(Camay)广告在本土文化中传播时获取了巨大的成功,但在日本投放时并不奏效,反而引起了反感。这个广告表现某个男人抱怨某个女性的外表,而这种直率的表现是日本人无法接受的。在另一个版本中,一个日本丈夫在他妻子洗澡时出现在浴室里,这也是有违日本的文化习俗的。"DeBeer"也有一个在西方国家深受欢迎的电视广告,但在日本传播时却收效甚微。广告表现一对夫妇身着晚礼服,妻子在接受作为礼物的钻石时,微笑并深情地亲吻丈夫。而传统的日本妇女在接受钻石时往往会落下几滴眼泪,假装对丈夫花费了一大笔钱而感到恼怒。文化的错位使得这样充满了浪漫情怀的电视广告受到日本妇女的冷遇,直到广告被改为这样的创意才获得预期的市场效果:一位疲惫不堪的工薪者和他辛勤劳作的妻子待在他们的小屋中,丈夫送出钻石礼物时,妻子愤怒地对奢侈浪费的丈夫大声咆哮。

四、社会经济系统环境的调查分析

广告业与其他行业互动发展的同时,也以自身的发展推动着整个社会经济的发展。欣欣向荣的广告业,不仅带动了生产和消费,促进了市场繁荣,为广主直接创造了良好的经济效益,也为社会经济的发展作出了不可磨灭的贡献。这一点是大家有目共睹的,但这里所说的社会经济系统环境的调查分析,并非着眼于广告与社会经济的相互关系,而是关注社会经济的发展态势对消费者购买力的影响。

当社会经济又好又快地健康发展时,社会系统可以提供很多的就业岗位,消费者的收入就会有一定保障,在广告的刺激下,他们的消费欲望很容易被激发。当销售量上涨时,企业的广告预算也就会很充足,广告策划者就有很多发挥的空间。而当社会经济发展态势不景气时,若遇上金融危机或经济风暴,企业就会进行减薪裁员,社会失业率自然就会提高,白领们的收入也就会缩水,这将直接导致奢侈品市场消费能力的萎缩。此时,企业的广告预算也会大大降低,针对这一情况,广告策划者的策划思路和创意方向也就要随之而变化。从这个意义上来说,对社会经济系统环境的调查分析是十分必要的。

第二节 广告市场分析

市场分析是指对某产品实际购买者和潜在购买者集合的分析研究。市场分析的目的是找出产品广告宣传所针对的对象。为此,广告策划者首先要明确产品的市场在哪里,进而了解目标市场的特性和同一目标市场上的竞争状况。

一、市场细分

以前我们有一种误解,以为企业生产的产品可以满足社会生活中一切人的所有需求。随着经济的发展、人民生活水平的提高和消费观念的变化,消费者购物时已经越来越强调个性化,因此任何产品都不可能是适用于任何人的。这种对产品使用范围的限制有许许多多的原因,比如产品性能上的限制、产品价格上的限制、产品销售渠道上的限制等。为了使广告不盲目地向所有人推销,就必须对市场有一个细分,从而找出有可能使用本企业产品的消费对象,这样才可能集中有限的时间、财力、人力对这些目标消费者进行有效的宣传,做到以最小的代价获取尽可能高的利润。

市场细分就是根据总体市场中不同消费者的需求特点、购买行为和购买习惯,把市场分割为若干个相类似的消费者群,其中每一个消费者群就是一个子市场或者称为细分市场,然后选择其中最合适的一两个或两三个作为目标市场,从而决定在何地出售商品、做广告,用什么媒体做广告,以及怎样做广告等。

市场细分的目的就是要找出目标市场。

如果我们把所有地区的所有消费大众的所有购买汇合起来看做一个大市场,那么,市场细分就是要把这一个大的市场分割成许许多多小的市场。而这种分隔是需要根据一定的依据来进行的。购买产品的消费者之间总是存在这样或那样的差异,如他们在产品需求、采购实力、地理位置、购买态度和购买时间上都可能不同,这些变量就可以作为细分市场的依据。

最简单的细分方法是按地域分布和需求分布两个标准,对总体市场进行横向的切割和纵向的切割,从而将一个大市场细分成若干个小市场。

从地域分布上看,消费者分散居住在很多地区,而任何企业销售产品都只可能在若干地区内进行。比如,南方的气候温和潮湿,即使三九严冬,室外的气温也只在零度左右,因此,护肤品中的防裂抗寒类产品就没有很大的市场。相反,北方有漫长的严冬,有刺骨的寒风,这类护肤品在日常生活中就成了不可或缺的东西,因而有着广阔的市场。所以,通过地域上的市场细分,首先可以明确企业产品可以在哪些地方销售。

根据消费者对产品的客观需要和对产品价格的接受能力,我们可以细分出许多市场,这就是将消费者的需求作为一个标准来划分的方法。任何企业销售的产品都只可能适合某些消费者的客观需要,而这些消费者中,肯定又有一部分人因不能接受这种产品的价格而不去购买此种产品,也就是说,这些人不可能成为真正的潜在消费者。比如,对城市中的青年女性来说,化妆品支出是一笔很大的开支,每月她们都会拿出相当一部分钱来购买化妆品。但是,即便如此,每个女性也会根据自己的收入情况,选定适合自己的化妆品消费价位。如果某种化妆品的价格超过了她们的承受能力,那么即使有内在的需要,她们一般也不会成为这个品牌的真正消费者。所以,从需求的标准出发去细分市场,可以明确地了解企业产品可能满足哪些等级的消费者的需要。

如果我们将地域分布上的横向细分和需求分布上的纵向细分结合起来看,那么,一个总体市场就可以被网状地细分成很多小的区域市场。在这些区域市场当中,一定有若干块小市场无论在销售所及的地点上,还是在消费者的需求上,都非常适合某个企业产品的销售。因此,通过对市场的细分,一个企业就可以比较清楚地找到适合其产品销售的市场——目标市场。

我们还可以根据人口、心理、行为等依据来细分市场,从而找到目标市场。

人口细分。人口细分就是按照年龄、性别、家庭人口、家庭类型、家庭生命周期、收入、职业、受教育程度、宗教、种族、国籍等人口变量对市场进行划分。这是一种简单易行的划分方法,而且由于特定消费者对产品的需求、偏好、使用率与人口变量有着密切关系,人口细分便成为细分市场时最常用的一种方法。

心理细分。按心理特征细分市场时,可根据购买者的社会阶层、生活方式和个性特征将市场划分为不同的细分市场,因为即使消费者处于相同的人口细分市场中,他们在心理特征上也未必是相似的。

行为细分。行为细分就是根据购买者对某一产品的知识、态度、使用情况和反应,将市场划分为若干消费群体。实践表明,行为变量是进行市场细分的最佳出发点。行为变量是指时机、追求的利益、使用者地位、产品使用率、忠诚程度、购买准备阶段、购买态度等。

KB & P[1]公司是轩尼诗白兰地酒公司的广告总代理。在 KB & P 公司接受任务时,正是轩尼诗白兰地系列酒销售日趋下跌之时。KB & P 公司在拟定的调查计划中将目标受众虚拟为 25~34 岁的特定群体,即年轻的成功人士,他们有较高的文化、较高的收入,喜欢有品位、有文化的享受。但是,经过实地调查和研究之后,他们发现轩尼斯·马爹利酒更适合 40 岁以下的成年人,促销实践也证明,目标受众正确的年龄段应该是 30~35 岁,而不是最初拟订的 25~34 岁。

目标市场所描绘的那些消费大众是企业产品现有或潜在的消费者。为了配合企业的整体营销计划,广告必须针对目标市场中的消费者去做。这种针对性会体现在广告整合策划的各个阶段和环节中,比如广告战略和目标的设立、广告文本的创作、广告媒体的选择等。

当然,在对市场进行细分时,细分的依据可以有很多种,有必要的话还可以将市场分得更细。无论以何种标准或依据来细分市场,菲利普·科勒特提出,有效的细分市场都应该具备以下特征:

(1) 可测量性,即细分市场的规模、购买潜力和大致轮廓可以被测量。当然,有些细分变量是难以测量的。例如香烟市场上,为了与父母抗争而吸烟的青少年这一细分市场就难以测量。

(2) 可盈利性,指细分市场的规模足够大,有足够的利润来吸引公司为之服务。细分市场应该是现实的或潜在的最大的同质市场,值得公司为它投入广告费用和促销费用。例如,若在香烟市场上为患有哮喘的人定制产品并投入宣传,那将会得不偿失。

(3) 可进入性,指公司能有效地进入细分市场并为之服务。假如一家生产

---

[1] KB & P 即 King, Brown & Partners, Inc.。

音像制品的公司发现自己的品牌被一些外资企业中外国籍的雇员喜欢,那么除非他们在一定的地区居住和购物,并且受一定的传播媒体影响,否则就很难接近这一群体。

(4) 可区分性,指细分市场之间从概念上讲是可识别的,并且对于不同的营销组合方案具有不同的反应。如果已婚妇女和未婚妇女对于家用物品的销售反应相似,那么她们将不构成两个相互独立的细分市场。

(5) 可行动性,指公司能系统地制订有效的广告计划和宣传计划来吸引细分市场,并为之服务。例如,一家保健品生产企业虽然可以识别出10个以上的细分市场,但由于生产能力、资金规模等因素,无法为每个细分市场制订相应的计划。

二、目标市场分析

通过市场细分的方法,可以清楚地找到企业产品应该指向的目标市场。更进一步讲,不论是做广告工作,还是做推销工作,都必须对目标市场进行更细致的分析,以确定目标市场的性质。下述指标是进行目标市场分析时要特别关注的:

(1) 现有及潜在消费者的人数;
(2) 现有及潜在消费者的年龄结构;
(3) 现有及潜在消费者的受教育程度;
(4) 现有及潜在消费者的收入水准;
(5) 现有及潜在消费者的民族或籍贯背景;
(6) 现有及潜在消费者的居住分布情况。

此外,企业还应该对目标市场中消费大众的生活方式、储物习惯、购物季节性变化规律等进行充分的了解和研究,否则,无的放矢,必然造成损失。例如,月饼市场的竞争一年比一年激烈,每年离中秋节还有两三个月时,月饼生产厂家就开始忙碌起来,如分析和展望市场销售情况,准备开炉生产,制订广告计划等。每年,在苏州市场大致有200多个品牌的月饼存在,香港、广州、上海加上苏州本地面包房、西饼屋生产的月饼都加入了这个竞争的行列,每到中秋前,月饼大战就会呈现白热化的状态。那么,苏州的市场容量有多大呢?消费者的消费方式究竟有了哪些变化呢?如果厂家在没有调查分析的情况下,依然大批量地生产甜腻的苏式月饼,而不顾这些年来苏州人口味的变化,那么,其必定逃脱不了市场厄运。另外,有些月饼生产企业无视老百姓的实际购买能力,产品的包装也脱离实际的需要,一味追求高档、豪华、气派,其结果也不言而喻。

对目标市场性质的深度分析有助于推出准确可行的营销策略、广告策略和公共关系策略。

号称美国快餐业第一品牌的肯德基是百胜餐饮国际集团旗下的一家集团公司。1986年9月,肯德基开始考虑打入人口最多的中国市场,发掘这个巨大市场所蕴含的潜力。但诸多难题使肯德基的决策者犹豫不决。对这家公司来说,面前的中国市场是完全陌生的。肯德基的纯西式风味能否为中国消费者所接受?又如何选定一个特定的投资地点?这些都需要进行深入细致的市场调查才能给出可以参考的答案。

肯德基经过全面、深入的市场调查,确认进入中国市场必须以大城市作为目标市场,主攻北京,然后是上海、杭州等地。"攻占大城市",这是肯德基选定的第一个策略。第二个策略是确定选址的标准。肯德基的选址首先是对商圈的划分与选择。商圈的划分主要以吸引消费者的消费能力为衡量标准,选择商圈,也就是确定目前重点在哪个商圈开店,主要目标是哪些。其次是对聚客点的测算和选择,主要内容是要确定这个商圈内最主要的聚客点在哪里,选址时一定要考虑人流的主要线路会不会被竞争对手截住。第三个策略是对目标消费群的选择和分析。肯德基以家庭成员作为目标消费者。推广的重点是较容易接受外来文化、新鲜事物的青少年,一切食品、服务环境都是有针对性地设计的,这是因为年轻人比较喜欢西式快餐轻快的就餐气氛,并希望以此影响其他年龄层家庭成员的光临。另一个目标消费群是儿童。肯德基在儿童顾客上花费大量的精力,店内专门辟有儿童就餐区,作为儿童庆祝生日的区域,布置了迎合儿童喜好的多彩装饰,节假日还备有玩具作为礼品。肯德基这样做,一方面希望培养儿童从小吃快餐的习惯,另一方面也希望通过小孩子的带动,能吸引其整个家庭成员都到店中接受服务。

肯德基还以回头率来划分消费者,把消费者分为重度、中度和轻度三种类型。重度消费者是指一个星期来一次的,中度消费者是大约一个月来一次的,半年来一次的算轻度消费者。经过调查,肯德基的重度消费者占30%~40%。对重度消费者,肯德基的营销策略是要保持他们的忠诚度,在质量、服务态度等方面不要让他们失望。对于轻度消费者,在调查中发现,很多人没有反复光临的最大一个原因是不够便利。这只有通过不断地开店来改变。而中度消费者是需要通过广告、促销、公关等方式来号召、维系的消费群。

肯德基通过对目标市场的深度分析,进一步明确了广告应该面对的对象及其特性,从而制作、实施了面对特定消费者的有效广告。山德士上校作为肯德基最具权威的品牌代言人,至今已有60多年的历史。20世纪六七十年代,上校本人经常代表肯德基参加一些商业活动,甚至到他年近八旬时每年还飞行25万英里到各地教授人们炸鸡的技艺。20世纪80年代上校辞世后,肯德基一直面临这样一个问题:如何使它那已过世的品牌代言人与现代的消费者进行交流? 直至上校108岁纪念日即将到来时,人们想到了一个富有创意的办法,这就是新动画形象。肯德基在美国本土推出这一新形象后,反应极佳,登上中国银屏后,改由台湾艺人凌峰配音,动画形象山德士上校对中国观众同样富于亲和力。动画形象切合了青少年、儿童的认知心理,得到他们的认同。肯德基每年还以各种不同的形式支持中国各城市、地区的儿童教育事业,从"希望工程"捐款到资助残疾儿童、贫困儿童就餐,从举办形式活泼的体育文化比赛到捐赠书籍画册等一系列的公关活动,不但得到了青少年、儿童的喜爱,同时也在学校、家庭乃至整个社会中赢得了良好的口碑。

对目标市场进行分析,还可以借助已有的一些商业统计资料、其他相近行业的销售情况分析资料等更全面地开展。

三、竞争对手分析

要进行科学、系统的广告策划,仅仅了解目标市场及目标对象的特性是远远不够的。21世纪是一个竞争激烈的时代,尤其是我国加入世界贸易组织以后,国内外竞争相互交织,相互促进,市场竞争更趋白热化。其结果是公司只能充分挖掘自己的竞争力,必须像注意目标市场的消费者一样注视它们的竞争对手。能否做好企业或产品的市场竞争情况的调查自然也成为影响广告策划成败的重要因素之一。

市场竞争情况调查可以从以下三个方面着手。

(一)确定谁是真正的竞争对手

在同一个目标市场中,很可能同时存在若干个竞争对手,他们因在产品种类、价格、销售方式等方面比较接近而相互竞争。对产品的竞争对手进行分析,首先要了解谁是真正的竞争对手。

通常,对于一个企业来说,确定其竞争对手似乎是一件容易的事情。春兰公司知道海尔是其主要竞争者,宝洁公司清楚联合利华是其强有力的竞争对手。但是,一个企业的实际竞争者和潜在竞争者的范围是很广泛的。一般来说,对竞争对手的鉴别可以有两大类:

第一类是直接竞争对手,即那些用相同战略追逐相同目标市场的企业。他们的产品价格、销售方式和声誉(知名度)比较接近,甚至展开的广告攻势也极为接近,如空调业中的"春兰""海尔""格力""美的",牛奶业中的"光明""蒙牛""伊利"等。

第二类是间接竞争对手,是指虽然并非同类而实际上构成对消费者争夺的产品。如对自行车来说,助动车就是一个间接的竞争对手。再如,富士公司经营胶卷业务,它除了一直很担心直接竞争对手、日本另一家胶卷制造商柯尼卡外,还面临着一个越来越大的威胁即"无胶卷照相机"(也就是数码相机)的发明。这种由佳能公司和索尼公司出售的数码相机拍摄的照片能在电脑等接收器上显示,能复制成照片,甚至可以永久保存或永久抹去。数码相机的广泛使用对胶卷业务的威胁要远远超过胶卷行业不同企业之间的竞争所带来的威胁。

在进行广告策划之前做市场分析时,一定要细致地分析竞争对手的情况,特别是要分析竞争对手所在企业的广告活动是如何配合其整体营销计划而展开的。

(二)了解竞争对手的整体营销情况

所谓知己知彼,百战不殆。在对竞争对手的分析中,需要识别每个竞争者的优势和劣势。应尽可能地收集每个竞争者的近期业务数据,尤其是销售额、市场份额、利润、投资收益、生产能力等。以下指标可以帮助我们去了解竞争对手的基本情况:

主要竞争对手的经营历史和它的财政状况;

主要竞争对手产品所占有的市场份额,它的生产规模和扩大销售的计划;

主要竞争对手产品的生命周期;

主要竞争对手产品的主要推销手段,它在市场上的售价、中间批发价和利润如何;

主要竞争对手产品的销售渠道分布;

主要竞争对手产品的成本优势和劣势、价格优势以及对市场的控制能力;

主要竞争对手的稳定的消费者是谁;

主要竞争对手及其产品在消费者心目中的形象地位;

目前市场上还存在什么样的空白。

当然,有些信息收集起来比较困难。但是,我们通常可以通过二手资料、个人经验及其他途径来了解竞争对手,也可以通过向消费者、供应商和销售代理商进行初步的市场分析来达到了解的目的。《幸福》杂志曾刊文介绍了了解竞争者情况的途径[1]：

从新招募的职员和竞争者的职员那里获取信息。公司可以通过接见求职者或与竞争者的职员谈话获得情报，派工程师出席有关会议和贸易展览来询问竞争者的技术人员。公司有时做广告并会见那些申请根本不存在的工作职位的求职者，以诱使竞争者的雇员泄露秘密。公司从竞争者那儿雇用一些关键性的管理人员，以便了解他们所掌握的情况。

从与竞争者做生意的人那里获取信息。主要的顾客可以向公司提供有关竞争者的情况，他们甚至可能愿意收集和传递有关竞争者的产品信息。公司可向顾客免费提供工程师，使之与顾客共同建立起密切的合作关系，这常常能使他们了解竞争者正在推销什么样的新产品。

从公开出版物和公开文件中获取信息。不断追踪似乎毫无意义的公开信息可能会获得有关竞争者的情报，例如招聘广告所寻找的人员类型可以显示有关竞争者的技术发展方向和新产品的开发情况。

通过观察竞争者或分析实物证据来获取信息。公司不断购买竞争者的产品并把它们拆卸开来，以确定其生产成本和制造方法。有些公司甚至购买竞争者的垃圾。在美国，竞争者的垃圾一旦离开了自己的管区，从法律上讲就被认为是被废弃的财产。

对于那些无法建立正规竞争性情报部门的小型公司来说，行之有效的办法是委派专门的管理人员去监视特定的竞争者。

(三) 了解竞争对手为配合其整体营销计划而选择的广告形式

了解竞争对手的另一个途径是对其广告投放作全面、系统的考察，可从以下几个方面着手：

广告的数量，可以通过对其广告在几类主要传播媒体上同类产品广告中所占比率的分析获得；

广告费用的大小，可以通过结算其广告数量推算出来；

广告传播的主要媒体；

产品广告与形象广告之间的比例；

广告劝说方式；

广告与其他推销方法的配合。

---

[1] 菲利普·科特勒.市场营销管理.北京：中国人民大学出版社,1998:222.

在对竞争对手进行分析时,应先对每个主要的竞争对手从上述几方面进行分析,然后再将对每个主要竞争对手的分析结果综合起来。对目标市场中的竞争对手进行分析时,可以了解到的资料有:竞争对手总的实力状况,竞争对手已经进行的广告活动数量,竞争对手在广告媒体上的占有率等。

通过上述分析,再结合分析本企业的基本情况,就可以找出目标市场中的"空缺",即竞争对手尚未占据或控制不牢的市场。这个市场就是本企业在目标市场中插足的目标。上述分析还可以反映出已有竞争对手在广告活动方面的基本情况,由此可以为本企业确定相应的广告策略提供参考。

综上所述,通过市场细分,企业可以在一个总体市场中找到适合于本企业产品销售的目标市场;通过对目标市场的分析,可以了解到本企业的产品将要向哪些消费者推销,这些消费者的基本状况是怎样的;通过对竞争对手的分析,可以了解到在本企业的目标市场中,已经有多少部分被竞争对手所占有,这些竞争对手实力如何,以怎样的方式推销产品。由此,企业可以找出适合于本企业实际情况的市场战略。

第三节 广告产品分析

大多数广告的目的是为了推销产品。为了达到这一目的,广告策划必须以产品为基础来进行。对于广告策划者来说,了解被策划的企业及其产品就显得至关重要。另一方面,现代营销竞争已从单方面竞争转向多方面竞争,任何希望在市场中站稳脚跟的产品,除了必须在性能、价格上具有优势之外,还必须具有一系列异于其他同类产品的特点。只有同时具备优秀和独特这两个特点,产品才有可能在市场中占据一个稳定的位置。广告策划工作必须以产品的这两个特点为重要内容,以争取消费者的关注和青睐。所以,广告策划过程中必须深入分析产品的特点。

一、产品物质特点的分析

消费者对一个产品形成印象往往是从了解产品的物质特点开始的。企业进行广告宣传也是以产品的物质特点为劝说基础的。所以,进行产品分析时,应当对产品的物质特点有一个充分的了解和研究,这样才能使企业把握住消费者对本企业产品形成印象的大趋势,也才能保证本企业的广告围绕本企业产品的优势和特色展开劝说。

对产品的物质特点进行分析涉及很多商品学的知识,这里不详细介绍。下面我们仅从进行广告策划时必须了解的情况着手,介绍一些必须对之进行分析的产品的物质特点:

用料,即产品的原料、原料性质、原料产地等。在为工业用品、食品、药品等做广告宣传时,必须对产品的用料有充分的了解,并在广告中适当地加以介绍。

加工程度,即产品是经过怎样的加工制成的,特别是这些加工对产品用料的影响和对产品质量、性能的影响等。

用途,是指产品到底是为什么目的制作的,可以满足消费者或工业用户的什么具体需求,怎样具体使用等。

性能,即产品能够完成的工作、工业制品的各种技术指标、家庭用品的独特性能等。

出售方式,指整批销售或零售、直接销售或间接销售。

出售地点,指出售点的分布情况等。

包装。这是广告策划中必须注重考虑的一个特点。产品包装的作用本来只有两个:一是便于储藏,一是便于运输。但是,随着市场的变化、发展,产品的销售形式已从原来的自然销售转向推销、促销,包装也就有了新的作用——和产品紧连在一起的一种广告形式。特别是零售业超级市场的兴起,更带动了工商企业对产品包装的重视。在自选式超级市场中,没有售货员为消费者介绍产品的情况下,消费者必须自己对产品作出判断。消费者在选择一种自己以前没有使用过的产品时,主要依据两个标准:一是产品的价格,二是产品的包装。在超级市场的货架上,同类产品往往排在一起,消费者首先拿起来看的必定是包装诱人、有特色的产品,只要这一产品的价格也符合消费者的心意,就很可能被买走。更进一步,随着社会整体消费水平的提高,炫耀性消费越来越普遍,消费者不论是选购自己使用的商品,还是选购馈赠亲友的商品,都特别注意是否气派、美观。所以,包装也就更加受到重视了。从进行广告策划的角度看,不但要在包装设计上突出整体营销设计和广告策划的重点,如强调产品的某些特点,还要使广告文案中的产品形象和产品的包装相适应。因此,在进行产品分析时,一定要对产品的包装进行细致的研究,以便在广告宣传中突出产品的包装特色。

二、产品识别标志的分析

广告宣传应当以产品本身的特点为基础,除了注重产品本身的质量、性能之外,还特别需要注意产品的识别标志。虽然产品的质量、性能等一系列指标是消费者深入了解产品时所必须注意的,但是,在市场经济发达、产品供过于求的前提下,同类产品中会有很多相类似的品牌,普通消费者不可能对这些指标加以明显的区分,他们只有把这些物质特点同产品的识别标志联系起来,才可能对产品形成印象。这好比我们只知道一个人具有优良的品质而无法找到这个人一样,只有同时还知道他的姓名、相貌等特征,才能够找到这个人,并且让他发挥才干。产品的识别标志就能起到这种作用。

产品的识别标志通常是指产品的名称、外貌特征和个性特点,如商标、代表产品等。消费者主要是通过产品的识别标志来区分和辨别产品的。如果没有产品的识别标志在起作用的话,所有产品看上去全都一个样子,那么质量、性能再好的产品也很难让消费者知道。广告是一种宣传手段,所以在广告宣传中要特别注意如何生动地将产品的识别标志告知消费者,给消费者留下深刻的印象,以便让消费者了解它、喜爱它、记住它。

(一) 商标

商标是商品的标识之一,它是商品生产者或经营者用以标明自己所生产或经营的商品与其他同类产品有所区别的标记。商标所起的作用有两个方面:一是维护本企业产品的利益,吸引更多的消费者购买本企业的产品;二是对产品所引起的一切后果负责。所以,在商品上留下商标,就同人做事后签字留名一样,可起到让他人识别、辨认的作用。

从广告策划的角度来看,产品的商标应该具有特色,以便在广告宣传中突出介绍。商标应该具有下述特点:

(1) 单纯描述产品的名称,不用泛泛的常用语作名字。比如"淡啤酒"这个名字,它只能代表啤酒的一个种类,这样的名字很容易被其他的品牌用去,而且人家用了你也无可奈何。

(2) 必须具有特色,并尽量同产品有所联系。商标不只是产品的一个简单的名字,它必须能够起到宣传产品的作用,所以随随便便给产品注册一个商标是不负责任的。在不需要产品推销的时代,商标的宣传作用不大,如何命名无关紧要。但是,随着商品经济的发展,在市场上出现的商标越来越多,随便给产品取个名字,就不能满足产品推销的需要了。缺乏特色的商标难以进行广告宣传,也难以在市场中占据一个明确的位置。好的商标应该具有一种指示意义,能使人想到企业或产品的特性。例如,"飘柔"应该是与洗发水有关的产品;"护舒宝"则点出了该妇女用品的最大优点,比起另一个品牌"丹碧丝"就贴切多了。

(3) 千万不要抄袭或仿造。美国广告学专家艾·里斯(Ai Ries)曾说,过去有效果的名称,在现在或将来不一定有效。再说,名字本身就是一个企业或品牌个性的象征,是企业或品牌内在本质的表现形式。很难想象一个抄袭或仿冒别人名称的企业会成大器。

(二) 代表产品

一个成熟的企业一般都有代表自己科技水平和实力的主导产品或代表产品,企业为此会花很多的广告费进行宣传。消费者认识一个企业往往也是从代表产品入手的。如大多数消费者不一定知道巨人集团,但都知道"巨人"有电脑方面的成就,当初,"巨人"就是高科技的代名词;人们不一定知道贵州神奇药业,但大都知道"神奇止咳糖浆"。

代表产品对于企业来说,是一种高附加值的无形资产;对于消费者来说,是认识一个企业的最好的标志。企业要注意保护代表产品的形象,不要任意地加以延伸以免代表产品面目全非。

三、为产品在市场中定位

在任何一个以市场机制调节为主的市场中,绝少出现某一类产品中只有一个品种或商标牌号的产品的现象。所以,任何进入市场的产品,都必须与其同类产品或者可以替代其用途的其他产品展开竞争。而这些竞争的最终结果不是由产品自身或生产此产品的厂家决定的,而是由使用或有可能使用这些产品的消费者决定的。

为产品在市场中寻找一个好的位置是广告策划者的重要工作。

所谓"定位",是指从为数众多的商品概念中发展或形成有竞争力的、差别化的商品特质及其重要因素,运用恰当的广告宣传形式,使商品在假想的消费者心目中确定理想的位置。产品定位的目的在于赋予一种产品一组独具的特点,使这一产品可以凭借这些特点在市场中占据一个位置,从而同其他产品区别开来,以赢得消费者的注目和喜爱。

下面是一些常用的产品定位方法,这些定位方法往往需要通过做广告来达到目的。

(一) 以产品的独特性来定位的方法

原则上说,每一种产品都是因为其适应消费者某一或某些方面的需求才有可能在市场中找到买主。但是,在一个市场机制发挥充分的市场中,满足消费者某些需求的产品不会只有一类,一类当中也不会只有一个商标牌号。所以,消费者在购买前需要多方挑选,企业也要为自己的产品确定一个独具的特色以吸引消费者。如何才能在众多同类产品中脱颖而出,就成为企业在为产品定位时必须考虑的问题。

日本汽车原来在美国并不受重视,20世纪60年代末期,人们还嘲笑日本汽车是四个轮子的摩托车加上了一个盖。但是,当时日本汽车厂家在推销其产品时,着重突出日本汽车的低廉价格,以吸引美国青年购买,迎合了当时美国年轻一代弃旧觅新的时尚。20世纪70年代的石油危机沉重地打击了美国的经济,美式大马力的汽车顿时成为过时货。此时,日本厂家转而在推销中突出日本汽车的节能性,终于适应了当时美国大多数公众的需求,销售额迅速上升,成为美国汽车行业的劲敌。

日本汽车厂家在美国采用的产品定位方法就是在适应消费者某些需求的前提下突出产品的独特性。采用这种产品定位方法必须注意一个平衡问题:产品的独特性是为了吸引消费者而设计的,如果过于独特,就只会吸引少数猎奇的人,而不能真正在市场中立足。可见,产品的独特性只是一个手段,必须为适应消费者需求这一目的服务。

(二) 借助产品使用者来定位的方法

消费者的消费行为是具有集体性的,消费者总是在自觉或不自觉地模仿别人的消费行为。因此,企业可以通过明确指出其产品的使用者,达到吸引一批使用者的目的。

法国一家保险公司为其开办的老人保险项目做广告,采取了很多劝说方式,但对老人们吸引力仍然不大。后来,这家保险公司从巴黎郊区请来了一位老太太,让她以自己的语言在电视广告中同看不到的观众交谈,介绍老人保险的益处。由于这位老太太是一个极其普通的人,她以一种非常自然的方式和语言来宣传老人保险,所以引起了情况类似的一大批老年人的注意,广告收到了预期的效果。这家保险公司采用的就是一种借助服务(产品)对象(使用者)来为服务(产品)定位的方法。

这种产品定位方法的关键在于选择适当的产品使用者代表,这些代表最好不是明星、精英分子或其他特殊人物,除非这种产品的大部分使用者都是明星、精英分子或其他特殊人物。因为,用一般人物做产品的使用者代表,对其他千千万万的同类社会大众来讲,便于识别和了解这种产品的用途和售价,无形中可促使一般的社会大众去模仿。

明确地向消费大众显示产品的使用者是谁,有助于产品在市场中立足,获得一个受消费大众支持的位置。

(三) 以产品层次区别来定位的方法

在一个细分后的具体市场中,能够满足消费者某一方面需要的产品可能有很多类,每一类中又可能有很多商标牌号。比如,为满足消费者在夏天消暑解渴的需要,市场上有汽水、鲜果汁、凉茶等几大类夏季饮料出售。而在汽水这一类饮料中,又有果味型汽水和可乐型汽水之分,细数起来可能会有上百种不同商标牌号的饮料。消费者在大街上随随便便买一种饮料喝,对市场研究人员和产品推销人员来讲,就有十分复杂的消费行为值得研究。其中一项研究就是消费者何以会选择某一种具体饮料喝,而没有选另外的一种饮料。这中间涉及的因素有很多,但有一点是明确的,消费者挑选的产品一定是他们可以明确识别和辨认的。以产品层次区别来定位的方法,正是为了适应消费者这一消费方式,以提供可供消费者识别和辨认的特点,使产品在市场中占有一个特定的位置。

消费者往往将可以满足某方面需求的产品分成若干层次,然后再从中选择适合自己需要的产品。一种产品若想在众多竞争的产品中脱颖而出,就必须能够与其他竞争产品分开层次,以便使消费者识别和辨认,在此基础上争取消费者的喜爱。

(四) 以产品象征性来定位的方法

将一种产品所具有的特点综合起来,使其具体象征某类人物或事情,让消费者把这种象征性牢牢记住,由此使得消费者更容易辨认并喜爱这种产品,这就是产品象征性定位方法的宗旨。

高居美国香烟销量第一的"万宝路"香烟,本来是一种专为女士生产的香烟,烟味清淡,包装文雅,但长期销路不广。为此,"万宝路"香烟制造厂决定改变销售对象,转向男士香烟市场。男士香烟市场竞争十分激烈,如何独树一帜赢得男人的喜爱,成为"万宝路"打开市场的核心问题。开始时,"万宝路"将凡是男子气十足的人物形象统统搬上广告以壮门面,如矿工、消防队员、警察等。后来,随着广告主题的变换调整,"万宝路"的广告确定以奔腾的马、美国西部景色、粗犷的牛仔为主题,无线电广播和电视节目中"万宝路"广告的配乐也固定为一个有力的曲调,广告口号精简为一句响亮的"万宝路,男人的世界"!由于在美国人的心目中开发西部的牛仔是一些英勇无畏、直率粗犷的真正男子汉,所以"万宝路"象征着男子汉的形象,在美国乃至世界各地的消费者中得到了认同。"万宝路"香烟借助牛仔的形象打开了一个又一个市场,在多种香烟均突出其代表男子汉风度的竞争中,仍保持着一个最鲜明的象征性形象,使得"万宝路"商标成了一个世界性的名牌。如今人们一见到大幅的牛仔和马的招贴画,立刻就会联想到"万宝路"香烟。"万宝路"香烟的象征性已得到公认,得以在市场中占有一个有利的位置。这就是一个以产品象征性来确定市场位置的成功例子。

采用这种定位方法必须特别注意的是,选定产品所象征的人物或事物必须能够同已有的同类竞争产品的象征物区别开来,同时又要符合目标市场中尽可能多的消费者的心理需求。如果产品的象征物虽然独特,但令很多消费者厌恶,那么这样一种定位方法就不会收到好的效果。

(五)竞争定位法

竞争定位法是一种激烈对抗的市场定位方法。如果一个企业没有足够的竞争实力,就不适合用这种方法。

如果说产品层次区别的定位方法是为了同竞争对手拉开距离的话,那么,竞争定位法就是为了同竞争对手特别是强有力的竞争对手紧贴起来。对于一个有竞争实力但是在消费者中间知名度不高、在市场中尚未取得稳定地位的产品来讲,可以采用同一个已在市场中站稳脚跟、在消费者中名望较高的产品直接对抗的方法,以赢得消费者的注目,逐步地在消费者中树立名望。在市场中新出现的产品或企业,依靠自己的广告和宣传一步一步地打天下,虽然稳重,但可能见效慢。而如果这一产品直接与同类产品中最著名的一种直接对抗,就可能很快引起消费者的注目,使得消费者能够在较短的时间内了解这一产品。同最著名的产品直接对抗,并不一定要(也多半不可能)打败竞争对手,使本产品跃居同类产品的首位。实际上,竞争当中暴露出产品的某些不足,反倒容易让消费者接受,只要该产品其他方面的优势十分明显就行。可能出现的情况是,消费者很快了解并接受了这一产品,知道它一时还比不上名列榜首的产品,但是又看到这一产品的种种优势,有一部分消费者就会看中这些优势,转而支持这一产品,使得这一产品在知名度迅速提高的基础上,在市场中占据一个稳定的位置。

20世纪60年代,新兴的可乐型饮料百事可乐就是采用竞争定位的方法,直接同长期位居美国软饮料首位的可口可乐展开对抗性竞争,在饮料口味、广告宣传、推销方式、销售渠道等方面处处紧逼可口可乐。这样的定位方法给百事可乐带来了可观的收益,不但同其他商标的可乐型饮料拉开了距离,成了消费者心目中位居第二的可乐型饮料,而且从可口可乐的传统消费者中分出一批消费者,使之成了百事可乐的坚定支持者。经过几十年的博弈,百事可乐终于对可口可乐形成了真正的竞争力,成了仅次于可口可乐的第二大可乐型饮料。

采用这种可能见效快但竞争对抗激烈的定位方法必须注意两点:第一,本企业产品在质量、性能、价格、销售方式等方面必须有若干十分明显的潜在优势,使得本产品在未来的竞争或对抗当中有牢固的基础;第二,本企业的财力雄厚,能够在产品的宣传推广上和同类产品中最著名的品牌并驾齐驱,以此支持本企业产品知名度的迅速提高。

第四节 目标消费者分析

从大众传播的构成来看,消费者是广告信息传播的终端和信息的接受者,我们通常称之为"受者"。广告信息的接受者虽然要到整个广告活动推出后才会出现,但我们在进行广告策划之前,就应该有假想的消费者。假想的消费者的面目越清晰,广告成功的可能性也就越大。因此,消费者分析的目的是使广告内容与广告接受者在心理上、情感上相互沟通。

但是,了解消费者是一件不容易的事。消费者对自己的需要和欲望的叙述是一回事,实际行动又是另一回事。有一些深层次的消费动机,往往消费者自己也没有意识到。但是,作为广告策划者必须了解目标消费者的欲望、观念、喜好和购买行为,并对此作出准确的分析。

一、消费者购买行为的一般过程

消费者大致有两种类型:工商企业和个体消费者。我们主要针对后者进行分析。

消费者分析是一项极其复杂的工作。他们的物质需求是什么?精神或心理的需求是什么?他们为何要购买?通过什么方式来确定其购买决策?只有了解了这些资料,才有可能在广告策划中针对消费者的需要进行有效的劝说。

消费者采取购买行为将经历怎样的过程呢?

一般来说,消费者在采取购买行动之前,要根据某产品的特性去了解价格、质量、式样、购买方式、售后服务等问题。而他们了解的方式主要是通过大众传播媒体的广告宣传、产品推销员或亲戚朋友的介绍、自己的观察和体验,由此作出各种购买的选择,比如选择商品、选择品牌、选择商店、选择购买的数量以及次数等。

从消费者接受产品信息到他们作出某种具体的购买决策之间,运行的是一种思考,是一种消费心理,是一个看不见、摸不着的"黑箱"。因此,分析是什么因素在影响着消费者作出购买决策,只能通过消费者接受信息和做出的购买行为间接地去进行。

二、判断真正的消费者

严格地讲起来,广告信息的接受者是由两部分构成的:一部分是不具备独立的消费意识和消费能力的少儿、老人和依赖他人生活的人,他们是一种不完全的广告接受者;另一部分就是有独立消费意识、独立消费能力的人。广告策划中对消费者进行分析,其目的就是要寻找后一批广告接受者,因为他们才是广告真正的有效受者。

在一个大市场中如何去寻找自己产品的真正消费者呢?最简单通行的办法就是对消费者进行层次分析。

(一) 社会分层与消费分层

按社会分层与消费分层来划分市场是当今最广泛的销售战略之一。美国施利茨酿酒公司与其他大多数竞争者一样,针对不同的社会阶层分别销售高、中、低三种价格不同的啤酒,尽管这三类酒的酿制方法有所不同,但味道没有多大的区别,真正内在的差异也不大,不同的只是通过广告所塑造出来的形象。

所谓"社会分层",是指按一定标准区分出来的社会群体。

如何区分社会阶层呢?不同的理论和不同的研究目的产生了不同的划分标准和方法。在过去的中国,阶层一般是指阶级内部不同等级的群体或处于不同阶级之间的群体。目前区分社会阶层使用最广泛的是各种不同的职业量表(Occupational Scales),而职业、收入和教育水平往往是这些量表的最基本指标。2002 年,中国社会科学院出版了名为"当代中国社会结构变迁研究课题"的最新结果之一《当代中国社会阶层研究报告》,对当代中国社会阶层进行了分析:首先,依据职业的不同将全社会划分出十大阶层。其次,细化到每一个阶层分析时,又增加了收入、消费能力以及主观认同等几个方面。据此,列入中国中产阶层的人员主要有党政官员、企业经理人员、私企业主、专业技术人员和办事人员。

消费分层是社会分层的一种方法,即以消费能力作为划分标准将社会成员区分开来。消费能力与职业分层、收入分层具有一致性。有学者以恩格尔系数[1]为依据,将中国目前的消费阶层划分为最富裕阶层、富裕阶层、中上层阶层、中间阶层、中下层阶层、贫困阶层和最贫困阶层。这些阶层在消费能力、消费观念、消费习惯、消费品类等方面有着明显的差别。

(二) 家庭分析

家庭分析即对家庭结构、家庭人口和家庭收入的分析。进入现代社会以后,生产从家庭走向大企业,但我们的日常消费还是以家庭为基本单位。因此,个人的消费方式深受家庭的影响,而从社会整体角度来看,消费方式主要表现为家庭的消费方式。对于一般的家庭来说,家庭成员可以分成父亲、母亲、未成年儿童、成年但未离家的下一代。不同的成员都有消费发言权,只是面对的物品不同而已,比如父亲购买大件东西,母亲购买家庭日常生活用品,儿童购买玩具等。广告宣传应考虑到所要推销的产品主要由哪类家庭成员决定购买这个因素。

(三) 个人分析

个人分析即对个人年龄、性别、文化程度、职业、籍贯、业余爱好、婚姻等的分析。对个人资料的分析有助于我们找出一个消费观念、消费行为相类似的群体和发现不同群体间的消费差异。

年龄是形成共同消费的重要因素。相同年龄的消费者往往有着相似的生活内容。从有独立的经济来源开始,年轻的消费者一般都要经历结婚、育子、赡养老人等过程,他们中间有一种相似的消费利益,从而形成以年龄划分的消费力量群体。

从事不同职业的消费者会产生不同的消费观念。对于体力劳动者来说,他们一般不会选择个性色彩很强的商品。白领阶层比较看重他人对自己的评价,因此在衣、食、住、行等方面的消费选择往往会以社会的评价为标准。

性别的差异也会导致一定程度的消费观念的差异。大多数女性消费者往往

---

[1] 恩格尔系数(Engel's Coefficient)是食品支出总额占个人消费支出总额的比重。19世纪德国统计学家恩格尔根据统计资料,对消费结构的变化得出一个规律:一个家庭收入越少,家庭收入中(或总支出中)用来购买食物的支出所占的比例就越大,随着家庭收入的增加,家庭收入中(或总支出中)用来购买食物的支出比例则会下降。

注重商品的实际功能,而把品牌、知名度置于次要位置,她们喜新厌旧,对商品品种的多样化有着强烈的兴趣。而大多数男性消费者则重视商品的品牌、声誉,对自己喜欢的商品容易形成消费忠诚。

收入水准直接决定着消费者的支付能力,许多消费者往往是在权衡了自己对某商品价格的支付能力以后作出消费决定的。收入水平的不同导致对商品选购的要求不同,如低收入者往往以价廉为购买标准,高收入者则要求品质好,他们甚至会因追求消费的服务质量和购买环境而将价格放在次要位置。

文化程度不同,导致审美趣味的不同,消费观念自然也会有所差异。

但是,仅仅做这样的层次分析还是不够的,因为在实际生活中,我们经常发现,不同的阶层、家庭和个人有时需要不同的广告信息,有时又需要相同的广告信息。这里面有许多复杂的因素,在社会安定、经济稳定发展的前提下,大体上有两种主要的心理因素在发生作用:一种是"相关群体"的影响,另一种是"自我形象"的影响。

相关群体,指消费者个人在心理上把自己与之联系起来的那个团体。一个人总是生活在一定的相关群体中,总是属于某一生活圈子,他(她)的消费行为更多地会受到这一生活圈子里的人的影响,经常发生着"从众效应",一些人采取什么生活方式,他(她)也会相继模仿。相关群体的范围可大可小:家庭、同事、邻里、亲友等。相互之间的评头论足、说三道四,都可能影响他人的消费行为。广告策划中要对这种相互影响力有足够的认识,并且要善于利用。

自我形象,指消费者心目中想把自己塑成什么样的人,或是企图使别人把自己看成是什么样的人。自我形象作为一种消费观念,首先是由人的社会地位、经济地位、职业和职务以及个人的个性和气质形成的。同样是青年女性,在服饰方面的需求就存在很大的差别。

消费者分析是一项极其复杂的工作,不仅要照顾到年龄、性别、收入之类的一般因素,更要明了各种人的态度和使用产品的情况。只有这样,才可能改进我们的广告策略,恰当地向最可能的买主"说话"。因此,在把握谁是真正的消费者、谁是广告的接受者时,需要掌握以下两条:

一是要掌握大批使用者的态度。商品的使用者常常是由一批大量消费的人们与众多稍微消费一点的人们构成的。我们的分析应是掌握大量消费的人们的态度,而不是针对众多的稍微消费一点的人们。

二是要掌握在"集团"内对信息情报传递有影响的某些人的态度。西方广告界人士的调查证实,如果在市场领域中把掌握舆论指导者作为目标,那么通过他们进行广告宣传,效果会更明显。

三、消费者关心点的分析

在广告整合策划中,对消费者的分析不能仅仅停留在弄清消费者是谁,更重要的是要判断你的消费者对你的产品在哪些方面更感兴趣。

从企业自身的立场看,自己的产品各个方面都是很重要的,都是值得宣传的。可是对消费者来说,产品的某些特点可能对他(她)更为重要,令他(她)更感兴趣,而另外一些则是无关紧要的。所谓关心点,是消费者群体对于有关的日用生活品及劳务服务的关心焦点或关心重点。在消费过程中,各个消费者群的选购行为、消费行为往往会受到关心点的支配。事实上,每个人都有自己所关心的内容。家庭主妇所感兴趣的柴、米、油、盐绝不是写字楼里未婚的单身女性所感兴趣的;急于减肥的肥胖者即使夏天再热也会被介绍怎样减肥的广告吸引住;儿童们最容易记住的广告就是那些他们感兴趣的食品、玩具广告。关心点是一种十分普遍的心理现象。它的意义在于,当消费者形成某种关心点之后,其知觉就有了一定的指向,就会在商品群中进行扫描,选取与自己的关心点相吻合的商品,在消费行为的形成过程中,就会形成一种主导力量。广告策划中的消费者分析不能无视这一点。为某一产品做广告策划时,首先要分析针对什么样的消费者群比较合适;这一消费者群是出于什么动机购买产品的,他们的关心点是什么,心理障碍有哪些;广告应如何围绕关心点,准确地聚焦,给予突出的、有感召力的、有鼓动力的表达或诉求。

"双圈"牌洁碗宝是一种家庭厨房用具,主要功能是把洗净的碗、碟等餐具烘干,同时还有杀菌、保暖、储藏等功能。谁是可能的消费者呢?经分析,只有那些具有一定文化程度、一定购买力的理智型的消费者(包括新婚家庭)才有可能成为潜在的市场。争取这一潜在市场,重要的是输入新观念,告诉他们:你的厨房未必尽善尽美。尽管你的家庭厨房中可能已拥有各种家用电器,但可能还缺少一件必备的小家电。

于是厂家采用悬念广告策略,在春节期间向社会公众提出:"您的厨房,还缺一件什么?"

这一信息刊登几次后,最后点出:"(拥有)双圈洁碗宝,厨房更美好!"这就把洁碗宝作为一种厨房必备品,从观念上肯定下来了。

我们不妨再看一下上海某牌皮鞋的电视广告:

大楼前面有一摊积水,若干人脚穿着各种鞋子无所顾忌地蹚水过去。唯有一位女士在积水前犹豫了一下,然后把鞋脱下,拿在手上,赤着脚蹚水而过。这时,镜头摇近,变成女式皮鞋的大特写,并推出广告语:"亚洲皮鞋,倍加珍爱。"

广告所诉求的关心点为:皮鞋的贵重。其实,消费者在看到这一则广告时,第一个反应可能就是这个品牌的皮鞋为何如此"弱不禁风",特别的珍贵?对于一般消费者来说,购买皮鞋时首先关心或者说最关心的大概不是"珍贵",而是款式是否时尚、是否耐穿等。显然,关心点的错位,很可能导致整个广告活动的自说自话。

关心点具有差异性,因产品而异,因用户而异,因时间、地点而异。正是这种差异,才为广告创意带来了可能性,为我们创造独具个性的产品和独具个性的广告提供了条件。针对用户的不同关心点,同一类产品、不同的牌号,可以突出各自的个性。

总的指导思想是,在认真进行市场调查的前提下,通过市场细分、产品定位和广告定位,突出本商品的个性,通过突出个性与其他商品严格区别开来,同时也与特定的消费者的关心点相吻合。

对任何一个广告的要求不能追求过多。事实上,大多数广告战略都容易犯追求过多的毛病。做广告,不能以人人为对象,而只能以有可能使用你的产品的人为对象,并且要以这种人的关心点为诉求中心,因为广告的目的就是为了调动"他(她)"的关心,使"他(她)"对之更感兴趣。

四、掌握影响购买决策的人

在实际生活中常常会有这种现象出现:

一是使用者对产品的品牌并不关心,而决策者却对此表现了更多的关心;也常常是使用者对产品有兴趣,但没有决策权,决策权控制在不使用产品或很少使用产品的人手里。因此,广告究竟是直接针对使用者,还是间接针对使用者,有着微妙的关系。以一个企业的购买过程来分析,如果是电脑、办公自动化设备,购买与否要由企业的最高层决定;对于文具和办公用品来说,中层干部的购买影响力就很大。因此,我们在对消费者进行分析时要注意使用者与决策者、使用者与经销者之间的关系。再比如,做儿童用品的广告,与其说是为了博取儿童的喜爱,不如说是为了博取家长的喜爱,因为很多时候购买儿童用品的决策权在家长。像代乳品则可以根本不考虑儿童,而要考虑怎样才能博得妈妈们的喜爱。

二是使用者与购买者之间也会不一致,这是因为买的人与用的人不是一回事。如馈赠用品,既要争取购买者的注意,也要关注喜欢赠品的人的心理。因为,很多时候购买馈赠用品不是从实用的角度出发,而是受到时尚风气、消费潮流的影响。再如家庭用品,广告不只是要说服一个人,而是一个家庭,因此,广告定位和表现常常强调幸福的家庭、美满的家庭、天伦之乐、夫妇之乐、合家欢等。

三是针对消费者还是针对经销者的问题。很多产品由于销售渠道的不同,广告所面对的对象也会有所不同。像卫生纸、火柴、学生手表、圆珠笔等,价值不高,一般消费者并不过分关心品牌与生产厂家之间的区别,他们只关心能否随处买到。在这样的前提下,就要争取提高经销者的积极性。

第四章

广告目标设定策划

内容提要:

广告目标是广告整合策划的指导原则和方向,也是评判广告策划运动是否成功的标准。对广告目标设定的策划离不开对企业营销目标的理解和掌握,只有明晰两者之间的联系和区别,熟练运用广告目标设定的几种主要方法,方能为广告整合策划建立有效的广告目标。

认真踏实、一丝不苟地完成广告市场调查和市场综合分析是广告整合策划必不可少的工作，也是基础性的工作。在此基础上，广告整合策划就进入了第二阶段——确定广告目标，进行广告主题定位的策划。

所谓广告目标，是对广告运动最终所要达到的目标的预期设想，是广告运动在社会上展开以后所要引起的预期反应和由这些反应所产生的促销效果。设定广告目标，就是要明确通过单一或整体的广告运动究竟要达到什么目的，以避免无的放矢，或为广告而广告。如果漫无边际、随心所欲地开展广告运动，那么即使投入大量的人力、财力和物力，最终也将一无所获。因此，广告目标的设定一定要有的放矢、切实可行。

第一节 广告目标含义与意义

开展广告运动是否可以没有目标？答案是"否"。没有目标的广告运动就像是大海中航行的船只失去了指南针和灯塔一样，随时会迷失方向，撞上暗礁。当然，目标之于广告的意义不仅仅是如此简单，设定广告目标的过程更是相当复杂。

一、广告目标的含义与特征

首先，目标在字典里的解释是"所要达到的境地或者标准"，因此不难理解，广告目标是指经过一个或者一系列的广告活动后，所要达到的境地或者标准，简练地说就是广告活动要达到的预期效果与目的。

广告目标规定着广告活动的总任务，决定着广告活动及其发展。有目标才有行动的方向。企业通过确定广告目标，对广告活动提出具体要求，来实现企业的营销目标。目标确定后，才能开始确定广告传达信息的内容、广告媒体的选择、广告时间的安排和广告投放的量等，以便之后进行的广告活动能达到开始所期望的目的。

一个成功的广告目标应该具备以下特性：

精确性：广告目标要能够精确地反映出广告所能引起消费者反应的变化程度。

具体性：广告目标中还应明确说明广告主希望向广告受众传递什么信息来实现该目标，否则就无法为广告文案创作者提供指导。

单一性:一般来说,一个广告所要达到的目标应该只有一个。

可测性:广告目标是测量广告效果的标准。如果广告目标不能测量,广告主则无法知道广告是否达到了预期的目标。

时间性:制定广告目标的最后一步是规定广告目标要在多长时间内完成。广告目标实现期限随广告目标的大小、难易可长可短。

可行性:广告目标必须切实可行,它是在激烈的市场竞争情况下,在一定的广告经费支持下能够实际达到的目标。

二、设定广告目标的意义

(一)作为测定广告运动是否成功的标准

一场广告运动开展得是否成功,可能有许多评判标准,如产品知名度的高低、市场占有率情况的改变等。但是,如同所谓"有一千个读者,就有一千个哈姆雷特"一样,评判标准的随意性是目前广告整合策划中存在的主要问题之一,一场广告运动的效果测定往往因人而异,在一些人眼里可能是非常成功的,在另一些人眼里则是糟糕透顶的,个人意志和标准起了决定性的作用,而使评判失之公允。广告目标是广告策划者预先确定的评价广告运动的标准,借助这一事先设定的目标参数,参考具体的实际情况,评判一项广告运动是好是坏、是成功还是失败就比较容易、相对客观了。

例如,某广告代理公司为承接某房地产公司的销售策划,在广告策划书中明确提出,1 年内花 1 000 万元广告费,可以使该房地产公司的销售额达到 7 亿元。这就是广告目标。这样的目标,无疑是立下了"军令状",也使广告运动事后的评判简单易行多了。简单地说,排除一些非人力所能控制的因素,1 年后,如果该房地产公司的销售额达到或突破了 7 亿元,那么,这项广告运动就是一项成功的广告运动,反之就是不成功的。

(二)作为广告整合策划的基础和方向

广告整合策划实质上是一系列的决策和行动,既有战略决策,也有战术决策。为了确保一系列决策之间不发生矛盾、冲突,就必须以广告目标为中心,统筹运作。广告整合策划的过程,包括广告主题定位、广告策略设计、广告媒体选择和组合、广告非媒体的推广以及此后的广告创意表现,都将以广告目标为中心制定出一套目标体系来,并以此作为策划、创意、表现的取舍标准,即有利于达成这一广告目标的方法和手段就是有效的,值得加以采用的;无助于广告目标达成的任何想法和创意,哪怕是非常杰出的,也只得忍痛割爱。

(三)在广告整合策划中起协调作用

广告整合策划是一项需要靠协调来维持的工作,因为策划工作不能只依靠一两个人来做,而要涉及许多的人、部门和单位。为了确保所有涉及广告策划的单位和个人都能相互配合、步调一致,就需要以广告目标来协调。凡是有助于广告目标实现的计划、行动,就应该坚决执行;凡是同广告目标有偏差的计划、行动,就应该适当调整。只有这样,才能保证广告整合策划工作有条不紊地进行。

第二节 广告目标与企业营销目标

一般企业只将营销目标定位于对市场客户的争夺。但是,实际上,企业营销目标的内容应该更为广泛些,它至少包括以下三个层次:企业目标、企业财务目标和企业市场目标。

企业目标是指在企业整体目标和战略的指导下,对营销工作所提出的具体目标,如通过营销工作传达企业的价值观、理念和社会形象等。

企业财务目标是指支撑企业经济运行所提出的市场营销要求,它包括收入和利润两个部分。

企业市场目标则是指营销工作在争夺消费者份额方面的具体目标。

企业目标和财务目标具有较强的隐蔽性,企业市场目标则体现得较为明显。这三者之间既有统一的一面,也有互相冲突的一面,如追求短期的市场扩张可能会大幅侵蚀企业的眼前利润,低层次的营销手段可能对企业的定位造成损害。因此,优秀的营销目标必须兼顾这三个方面的有机统一。

一、广告目标与营销目标的联系

广告目标是指广告所要达到的目的和应当完成的任务。企业的营销目标和广告目标是有机联系着的。广告目标必须为企业的营销目标服务,必须绝对服从企业的营销策略,方能取到较好的市场效果。游离于企业的营销目标或与企业的营销目标背道而驰是广告目标建立过程中最忌讳的。

比如,在产品生命周期的各个阶段,企业的营销目标会随之而变化,广告的目标也需随之而不同。

(1) 产品导入期。

这一阶段,由于产品刚刚引入市场,销售增长缓慢,几乎没有利润可言,有的产品甚至还处在亏损阶段。消费者尚不了解新产品,缺乏信任度。但是,在同一市场上,相似产品还不多,市场竞争环境较为宽松。企业的营销大多以创牌为目标,积极主动地引导消费者了解产品,鼓励他们尝试使用新产品,帮助他们发现新的消费需求。

导入期的广告通常以提高品牌知名度为目标,以配合企业创牌的营销目标,从而偏向于采取全方位的密集传播,投入较高的广告费,运用各种媒介配合宣传,加大刊播频率,以便使新产品迅速打开市场。2010年伊始,几乎没有人知道什么是 iPad,而且很少有人听说过平板电脑。而在 2010 年 1 月份,苹果推出了备受期待的 iPad 平板电脑。苹果着重从功能、设计和应用程序三个方面对其进行介绍,每个方面又细化出很多小点。在这样的宣传下,就算是对平板电脑一无所知的消费者也能大概了解到 iPad 是一款什么样的产品,有哪些特点,可以用来做什么。尽管苹果不是平板电脑的发明者,但它将平板电脑推入了主流。

(2) 产品成长期。

成长期是指产品被市场迅速接受、利润大量增加的时期。这一阶段的主要市场特征有:产品在市场上有比较高的知名度,已获得消费者的普遍接受,销售量也随之有了大幅度的提升。但是,由于市场迅速打开,竞争者纷纷进入,市场竞争日趋激烈。因此,企业的营销目标会从创牌进入保牌阶段。成长期的广告目标也从建立品牌知名度转向如何挖掘市场潜力,针对竞争对手的挑战展开"差别化策略",强调产品的特色,突出产品的优越性,尽可能与竞争对手的产品进行区隔,以帮助消费者加强对产品的辨识和印象。

(3) 产品成熟期。

这一阶段,产品进入大批量生产,市场也进入最为激烈的竞争时期。成熟期的市场特征体现为:产品的市场供应量继续增长,但市场需求基本趋于饱和,销售增长率下降。市场上同类产品增多,市场竞争趋于白热化。企业的营销目标通常是尽最大可能吸引和稳定消费者,维持产品的市场占有率,并有效对付竞争。为此,广告的目标不但要鼓动消费者持久的消费热情,让产品品牌带动企业形象植根于消费者心中,为下一个新产品上市打下基础,而且要不定期地进一步采取"深度差别化策略",强调该产品与同类产品相比所能带给消费者的有形的或无形的额外利益。

(4) 产品衰退期。

进入衰退期的产品,通常表现为产品老化,在技术工艺或性价比上处于落后状态,不再适应市场上消费者新的消费需求,在市场竞争中处于劣势地位,或者是市场上出现了性能更好的替代品,企业利润急剧下降,产品处于即将被淘汰出局的过程中。产品进入衰退期后的企业营销目标往往只是维持现有的市场需求水平,尽可能延缓销售的下降幅度。而广告会在这个时期大量缩减至能维持忠诚消费者需求的水平,通过强调品牌、提供实惠等广告策略来满足老用户的需求。

二、广告目标与营销目标的差别

广告目标与营销目标的差别主要表现在以下三方面:

测定标准不同。一般而论,营销目标是根据销售利润加以界定的。广告目标通常根据送达目标——视、听众的购买信息或所达到的某种传播效果加以界定。营销目标的测定是根据具体的金额,而广告目标的测定一般不根据具体的金额。

产生效果的时间不同。营销目标通常都以单一的特定期间为衡量标准,例如以1年为期,不管这个营销目标最终有没有达到,营销目标对将来的销售是否有促进作用,或者说营销目标期之后的营销效果怎样,其时效都是1年。广告目标在许多情况下有迁延效果,也就是广告费用可能投资于本年度,但其作用可能延后才发生,广告效果可能残留一段时间。

结果形式不同。营销目标通常以具体的形式来说明,如销售单位、销售利润、配销量、库存的多少等。广告目标的表达却常常无法很具体,有时甚至很虚化,如态度转变、意见改进、吸引了多少消费者等。

第三节 广告目标设定的方法

由于广告目标在广告运动中具有极其重要的作用,因此,如何设定广告目标一直是广告界引人注目的焦点问题。

从国际广告发展的历史来看,具有代表性的理论和观点主要有:

1925年,埃·克·斯特朗在其著作《营销心理学》一书中首次提出了设定广告目标的观点。其设定的方式由四个步骤构成:注意—感兴趣—渴望—购买,即著名的 AIDA 原则。这一理论沿用了 20 年。

1940 年,比埃德在 AIDA 设定方式的基础上加以发挥,提出了 AICDA 设定方式,即注意—感兴趣—信服—渴望—购买。

20 世纪 60 年代是广告目标设定理论发展的鼎盛时期。1961 年,罗素·科利在美国"全美广告人联合会"的资助下完成了一项名为《制定广告目标以测量广告效果》(Defining Advertising Goals for Measured Advertising Results)的研究。其中提出了"为可度量结果而确定广告目标的方法",广告界按照其缩写简称为 DAGMAR 广告目标模式,即达戈玛方式。该模式认为,广告目标是一个在给定时限内,针对特定群体所确定的特定沟通任务。其主要内容是:先设定广告目标,而后针对所设定的广告目标来测定广告效果。与其他确定广告目标方式所不同的是,达戈玛方式更加注重确定广告目标的具体内容。广告目标是特定和具体的,它应该有一个可度量的文字表述,包括起点、确定的受众和固定的时间。例如,我们通过广告推出一种新洗发水 A,前期旨在提高其知名度,用达戈玛表述该广告目标就是:在 3 个月的时间内,使 B 地区内 20~35 岁的女性消费者对品牌 A 的知晓度由起始之时的 0 提升到 50%。

1966 年,马洛尼提出了连续性广告策划程序。他将消费者对品牌产品的需求程度分为接受、知名、购买和满意四种。接受程度表示这个品牌产品能够满足目标市场中消费者的最低需求。满意程度则表示消费者对该品牌产品感到满意,将购买、重复购买该产品。

综合地分析,广告目标的衡定标准可以体现为:

接触。即在一个特定的时间范围内,计算广告与目标接受者的接触次数。计算接触的方式有两种:一种是统计广告所达到的目标接受者的人数接触率;另一种是确定每一个目标接受者听(看)到广告的次数,即接触频率。接触率和接触频率越高,广告的效果就越好。

知名度。即广告推出之后,曾经听(看)到广告的人数或人次。

态度。即在广告的作用下,目标接受者对该产品产生好感和共鸣的态度。

购买行为。即目标接受者直接产生的购买行为。

据此,我国广告代理业在广告整合策划中一般从以下几个方面来设定广告目标。

一、以产品销售情况来设定广告目标

在某种情况下,广告主可以根据产品的销售情况(产品的销售数量或销售金额、市场占有率)来确定广告目标,但这种设定广告目标的方式必须建立在广告能够促使产品销量增加这个大前提上。这种广告目标设定方式的优点在于比较简单、容易,不足之处是,在某种特定情况下(在销售消费产品的情况下),难以据此来设定广告目标,而且风险很大。

以此来确定广告目标,通常的表述为:维持或扩大广告所宣传产品的市场占有率,维持或增加广告所宣传产品的营业额。山东胜邦农药在广告、公关、促销策划中,根据杀虫剂以及农作物种植的时间性,将胜邦杀虫剂在市场上的推广运作时间分为三个阶段:第一阶段是上市前的准备阶段,以目标区域经销商、零售商知名度达到80%,目标区域消费者知名度达到70%,重点乡镇级网点覆盖率达到75%为预计达成目标;第二阶段是上市推广示范及试销阶段,设定的预计目标为市场知名度达到80%,首次试用率达到5%~10%;第三阶段是大规模销售及初步的品牌形象塑造阶段,制定预期目标为市场知名度达到90%,目标市场乡镇级重点销售网点覆盖率达85%,目标市场份额为5%。

二、以消费者的消费行为来设定广告目标

在无法根据产品销售情况来确定广告目标的情况下,可以选择根据消费者消费行为的不同来衡量广告效果的依据。

以此来确定广告目标,通常的表述为:诱导消费,刺激购买欲望;纠正已经产生的对企业或商品及其品牌的错误观念,消除不良影响。纳爱斯为了扩大市场份额,推出了男女分用的药膏——清新有他/她男女系列牙膏,企图细分市场。尽管纳爱斯为牙膏分男女找到了科学依据,但消费者接不接受,将是这一创新成败的关键。为了推广这一新产品,改变消费理念,使消费者接受男女分用牙膏的概念,纳爱斯开展了一系列的营销活动,用"潮"的方式和语言与年轻消费群体沟通。先是在人人网上进行悬念营销,通过抛出"神马分男女"这一问题,引发网民的头脑风暴,在一片讨论声中揭开"牙膏分男女"的答案。2010年圣诞期间,纳爱斯在社交网站上推出"搭讪赢好礼",详细介绍牙膏分男女的原因,并结合简单的搭讪互动形式,让男女牙膏再次获得关注人气。当网络上关于牙膏分男女的讨论沸沸扬扬时,纳爱斯在电视和网络上同步推出男女牙膏代言人出演的广告,加强对"清新有TA"的品牌记忆,企图让目标消费群在各个媒体接触点上一步步地接受男女分用牙膏的概念。

三、以沟通效果来设定广告目标

以沟通效果来设定广告目标就是以消费者对产品的认知程度、了解程度、偏爱程度或其他心理效果来作为测定广告效果的根据。以此来确定广告目标,通常的表述为:提高广告所宣传的企业的知名度,建立或强化企业信誉,使消费者对企业有良好的印象;提高广告所宣传的品牌、商标的知名度,创立名牌,强化品牌印象。例如,在"小麦王"啤酒的广告策划书中,将广告目标人群界定为25～45岁的公司白领,并制定出了具体目标:经过四大媒体的广告,力争在半年的时间内,在东北三省消费者心目中初步建立起"小麦王"的知名度与美誉度,知名度提升45%,美誉度提升13%。

四、以品牌关系维护来设定广告目标

与其他广告目标设定不同,以品牌关系维护来设定广告目标是将树立企业良好的社会形象作为直接目的。通常表述为:向大众宣传企业组织信誉,树立企业形象,建立品牌信誉度,引起社会对品牌的关注。这种设定方式尤其适用于新媒介广告的传播,因为传统媒体受众有限,而新媒介如互联网、手机等覆盖面广,且消除了地域和时间限制。再加上二维码、手机APP之类的网络桥梁可以配合其他不同媒体,广告目标受众会更加明确而且受众能通过不同渠道接收到广告信息。例如,国内运动品牌李宁知名度虽高,但偏爱度和购买首选率较低,受众对品牌和产品缺乏足够的深度了解,普遍认为它是一个不够"潮"的本土品牌。李宁与人人网合作推广"李宁的柠檬籽er"公共主页,旨在通过意见领袖为品牌重塑后的李宁找到更年轻的目标消费群。李宁品牌重塑的目标对象可以总结为:建设者、时尚潮人和拼搏者。14～24岁的他们,可能刚刚步入社会,开始成为建设者;也可能同时是时尚潮人,很注重穿衣的品位与风格;还可能是体育运动的热爱者。因此在社交网络的选择上之所以选择人人网而不是开心网,也是考虑到了开心网以在职白领为主要受众,而人人网的受众主要来自于先前的校内网,从年龄段上与李宁的目标受众重合度较高,正适合成为品牌重塑的新阵地。

第五章

广告诉求主题策划

内容提要：

广告诉求主题策划是广告整合策划的核心内容之一,是广告目标在不同策划阶段的具体体现,它贯穿于广告活动之中,使组成广告的各要素有机地整合起来,共同达成广告运动的最终目标。

所谓广告诉求主题,是指广告为达到某种目的而要说明的基本观念。广告诉求主题定位则是要找出产品物质的或者非物质的某种属性,确定产品在市场中的地位以及产品之于消费者的意义。广告的诉求主题贯穿于广告活动之中,使组成广告的各要素有机地组合成一则完整的广告作品,使系列的、多样的广告内容和广告形式整合成一场完整的广告运动。如果缺少鲜明的广告诉求主题,一则广告作品会显得不知所云或自说自话,一场广告运动也会支离破碎,甚至自相矛盾、自我否定。美国有一家生产 Polaroid 照相机的公司,准备向世界上照相机生产最发达的日本推销。按常理,这简直是不可思议的。因为,日本已有"佳能""美能达""理光"等非常著名的品牌存在,这些品牌在日本国内拥有雄厚的市场实力,同时在国外市场上也有很大的推销力。面对严峻的市场环境,生产 Polaroid 照相机的美国公司是怎样考虑的呢?他们的想法是:并不单纯把一种照相机推销到日本市场上,而是把一种"只需 10 秒钟就可洗出照片来的喜悦"提供给日本人,使日本人觉得这是一种人生的享受和乐趣。这种"只需 10 秒钟就可洗出照片来的喜悦",超越了照相机的一般概念而找到了另外一种意义,也就是找到了广告诉求主题。

第一节　确定广告诉求主题

广告诉求主题就是广告所要宣传和明确表达的中心思想,是广告的诉求点。在广告的各个构成部分中,从广告创意到广告设计和制作都是围绕这个中心展开的,他们必须准确地表达广告诉求主题。同时,广告诉求主题又是广告向目标受众传输的主题信息,广告策划者只有根据企业或产品的实际情况以及广告的目标,确定一个鲜明、新颖、深刻的主题,才能够使人们在接触广告之后明白广告要告诉他们什么。广告诉求主题的确定,就是明确一个能够被受众接受的主题信息,然后再以这个主题信息为核心区组织广告传播的内容。

在策划广告诉求主题时必须遵循以下六个原则:

第一,单纯性原则——广告主总是希望在广告中罗列产品的诸多好处,否则,似乎是令人心疼的"损失"。其实,广告所表现的观点、意旨应当是单纯、集中的,而不能是多义、复杂的。这就要求广告诉求主题应该选择重点向消费者宣传。

第二,集中性原则——根据自身产品的市场细分,确定主要的目标顾客,敢于舍弃对此主题不感兴趣的群体,从而赢得对此主题感兴趣的顾客的忠诚。

第三,独特性原则——就大多数产品而言,不同品牌之间并无多大差别,即使是刚上市的新产品,也很快就会遭到仿制品的市场竞争。因此,在选择广告诉求主题时要有长远眼光,除迎合消费者外,还应坚持自身的特色,形成强势。

第四,可信性原则——广告诉求主题中的承诺一定要令人信服,脱离现实的承诺不仅在实施过程中会遇到麻烦,而且没有可持续发展的生命力。

第五,易懂性原则——广告诉求主题要清晰、明白,使消费者同意接受所宣传产品的特征。

第六,刺激性原则——购买商品常常是被"刺激"出来的行为。但是,同样本着"刺激"的愿望去选择广告诉求主题,有许多情况也会"落入俗套"。这就要求广告设计者要不断增强自身的创新能力。

第二节 广告诉求主题策划的依据

广告诉求主题策划是广告整合策划的核心内容之一,也是规范、指导随之而来的一系列广告过程策划的指挥棒。明确而清晰的广告主题定位具有四两拨千斤的效用,能使广告运动的各个部分有机地整合起来,发挥合力的作用。

准确的广告诉求主题策划离不开对广告目标、信息个性和消费心理三要素关系合理科学的处理。

一、广告目标

广告目标是根据企业营销目标而确定的广告所要达到的目的,即针对何种广告对象,施行何种广告策略,达到何种广告效果。广告诉求主题策划要服从和服务于广告目标,既不能无的放矢、信马由缰,也不能脱离广告的目的,为标新立异、哗众取宠而定位,更不能与广告目标背道而驰,风马牛不相及,为广告而广告。

改革开放之初,国内化妆品生产发展很快,但大多数产品处于同一低档次的狭小市场上,数量不少,但质量不高,根本不能满足广大人民群众日益增长的爱美要求。在这种情况下,上海生产出了国内第一套高级系列化妆品——"露美"系列化妆品。

"露美"的广告对象为大中城市具有支付能力的高消费层次的中青年妇女,具体细分的市场为:将该化妆品用于馈赠结婚青年的亲友,生活安定、经济宽裕的中年妇女，追求时髦、爱好修饰打扮的女性，文艺团体的演员。

"露美"的广告目标：强调国内第一套高级美容化妆品与众不同的效果。

"露美"的广告主题定位：焕然一新的"露美"，将使你的容貌焕然一新。

既然广告的目标是将"露美"系列化妆品塑造成为国内第一套高级系列化妆品，那么在它所有的广告运动和促销手段中就不能出现与此相背离的内容。因此，"露美"的营销渠道只限于高档百货公司，而不进入普通百货商店；推广活动只在上海最大的美发厅举行，而不在小型美容店展示；选择馈赠的对象也是国宾级的客人，而非芸芸众生；其广告传播也在包装视觉、广告创意和媒介选择上煞费苦心，以期突出"第一套高级美容化妆品"的广告目标。

二、产品信息个性

产品信息个性是指广告内容所宣传的商品、劳务、企业观念要有鲜明的个性，要与其他商品、劳务和企业观念有明显的区别，突出自己的特点。信息个性也可称为销售重点。

广告诉求主题策划的依据和基础是信息个性。商品的任何一点微小差别，都应在确定广告诉求主题和广告创意时充分加以考虑。如果能观察出某一商品与其他同类产品的差异，信息个性就能够被发掘出来。

掌握一个商品的信息个性，可以从以下几方面加以考虑：产品本身，产品的经历，制造产品所用的材料，制造过程和加工特点，关于制造者或经销者的经历和声誉，市场供求情况，同类产品竞争情况，等等。

（1）制造产品的原材料和品质之间的关系。

对一些产品来说，原材料的来源地或材料结构有着天然独特的优势，或者说材料决定了产品的品质，材料的性质有可能影响消费者的选择，如青岛啤酒、加州葡萄干、哥伦比亚咖啡、鄂尔多斯羊绒衫等，产品的产地就意味着品质保证。因此，巧妙地诉求地域特征给产品带来的品质象征不失为一种有效的主题定位。再如，2003年起，国内的牛奶市场展开了激烈的竞争，竞争之一表现在乳业巨头们对奶源的抢占上。上海光明乳业在内蒙古呼伦贝尔和黑龙江富裕县等地，通过合资建厂的方式进行奶源基地的全国性布局。北京三元和新疆伊利也分别在内蒙古和黑龙江的主要奶资源地区建立自己的基地，光明和三元还计划在澳大利亚建立自己的奶源基地。草原优质的牧场环境——蓝天白云、绿色的草坪、清新的空气、放养的奶牛，不由人不信这样的广告主题定位："来自大草原，香浓好感受""青青大草原，自然好牛奶""伊利，天然牧场之家"等。

(2) 制造产品特别的工艺和生产过程。

生产产品的过程也为发展广告诉求主题策划提供了构想的角度。一些传统产品有着独特的工艺加工过程,既能保证产品的品质,也赋予产品以别样的美感,如传统的名酒制造、机械表加工以及地方特色的地毯制造等。"欧米茄"推出全新碟飞系列时是这样强调产品的:"全新欧米茄碟飞手表系列,将传统装饰手表的神韵重新展现,正是显赫成就的象征。碟飞手表于1967年首度面世,其优美典雅的造型与精密科技设计尽显贵族气派,瞬即成为殿堂级的名表典范。时至今日,全新碟飞系列更把这份经典魅力一再提升。流行的圆形外壳,同时流露古典美态;金属表圈设计简洁、高雅大方,灯光照映下,绽放夺目光彩。在转动机件上,碟飞更显工艺精湛。机芯仅25毫米薄,内里镶有17颗宝石,配上比黄金还贵20倍的铑金属,价值非凡。经典设计,浑然天成。"另外也有一些产品利用了新颖的高科技手段,完善了产品的加工工艺,同样可以以此作为主题定位。

(3) 产品独具的功能和用途。

如果产品具有竞争对手无可匹敌的优势,最好的方法之一就是坦诚地告诉消费者。"在精秀的机壳下,是一套业经授予专利的先进复印系统。拥有它,你一分钟能复印22份材料。如果按下涡轮键,则1分钟可复印30份。现在你可以提高工作效率40%,同时节约33%的增色剂。更具创新精神的是,我们并没有因为增加涡轮启动而提高价格。"这是东芝在推出其第一台涡轮启动式复印机时的广告主题定位,如此高效节俭,有谁能不动心呢?

(4) 产品外在的物质特性。

当产品的核心价值趋同时,广告主题定位也可转而寻求产品色彩、香味、口感或体积大小、高低和形状差异等外在物质特性,有时,这些因素也能引发出优秀的广告主题定位。例如,SUNNY以汽车体量大为标榜,"这么大,小一点更好。全新的SUNNY已经全面革新。它的车厢更加宽阔舒适,坐下四位日本相扑手也没问题。前后、上下、左右的空间,令您犹若置身于高级轿车中。"与此相反,大众甲壳虫经典广告"Think small"则突出车身小的诉求方向。

(5) 产品设计的可视内容。

产品的包装设计、商标等视觉部分也是广告主题定位取之不竭的资源库,加以充分利用,能取得令人满意的效果。台湾"统一"企业推出冷藏杯装咖啡时,曾针对160个美国观光客进行调查:什么是巴黎最迷人的东西?其结果既非埃菲尔铁塔,也不是巴黎圣母院,更不是凯旋门,而是巴黎的咖啡馆。据此,"统一"锁定富有人文气息的、汇集文人雅士的巴黎塞纳河"左岸",以景点命名品牌名,推出了"左岸咖啡馆"的品牌名称。一系列的广告主题定位也由此诞生:"左岸咖啡馆,世纪初文人常聚的地方""喝左岸,读好书""我在左岸咖啡馆,也在去左岸咖啡馆的路上",等等,一度脍炙人口。

(6) 产品的价格特性。

以产品的价格为主题策划也是一种常用的方式。产品价格是消费者比较敏感的话题,尤其在中国,价格因素是决定消费者是否购买的重要杠杆因素。只要产品在价格方面确实有特点和优势,就为价格的主题定位创造了条件。"舒洁"面纸在周年庆时推陈出新进行庆祝优惠活动,围绕此广告诉求主题策划设定为"88年温柔关怀,悉心折出真爱"。"88年"是"舒洁"品牌创建的时间,传达出企业品牌形象悠久的岁月和深厚的品牌文化;"折"字一语双关,既表达了折价信息,又表现出纸巾的使用特征。

掌握一个商品的信息个性,还可以更细致地考察产品的特点,多角度地选择,多角度地思考,根据实际需要,抓住某一两个方面,以突出产品的信息个性。

三、消费心理

广告目标和信息个性要符合消费者某一方面的心理需要,如不符合消费者的心理欲求,这个主题就不能成为好的主题。学钢琴是目前我国家庭教育中很重视的一种形式,生产钢琴的企业如果在广告宣传中只强调自己的产品个性——音质美妙动听、经久耐用等,其号召力是非常有限的。台湾某品牌的钢琴广告是这样做的:

爸爸、妈妈都希望给孩子最好的。

从孩子呱呱落地起,所有的父母亲就希望孩子是最好的,希望孩子健康快乐地成长。××钢琴愿和父母亲共同分担这个心愿。学琴的孩子不会变坏!

"学琴的孩子不会变坏",仅这一句话就准确地把握住了父母的心理期盼,真可谓一语中的。难怪这则广告推出以后,赢得了众多消费者的喜爱和信赖。

心理因素是广告诉求主题中最具活力的因素,能使广告倍增光彩,因此在广告制作中一直很受重视。因为,对于消费者来说,与其说明一个产品如何如何好,不如告诉他该产品与他息息相关,这最能起到作用。比如有一种护肤用品的广告标题为:"对干燥皮肤有滋润的效果——无论手和脚,都是自己的本来面目。"其中副题就含有心理因素,当人们想到自然的、健康的手和脚的本来面目得以保持或恢复时,自然会对广告的承诺发生兴趣。

符合消费者心理特点、展示商品与消费者切身利益息息相关的广告主题可使广告更具人情味。广告策划中对消费者心理的把握可以有很多可供选择的题材或角度：

（1）对美食的欲求。随着社会生活水平的不断提高，消费者对食物的欲求已从需要饱食演变为需要营养环保、美味可口。任何一种新上市的食品只有在营养环保、美味可口方面有创造，才有吸引消费者的可能性。

（2）对健康的欲求。在现代社会，消费者对健康的欲求有了明显的提高，人人都希望健康长寿、多多享受。例如，某人夜以继日地工作，并希望永远健康，精力充沛。此时，某种能增进健康的产品，就可适应该消费者的这种心理。

（3）对经济实惠的欲求。大多数消费者都有贪小便宜的心理，于是，种种赠奖、抽奖活动就成为商品促销的手段。一件商品标价百元时，可能买的人不多；改标 99 元时，买的人就增多了。上海某牌号香水的广告——"一分代价，七天留香"，就是迎合了这种心理。

（4）对美的欲求。爱美，人之天性。很多消费者购买衣帽、饰物、化妆品是出于对美的追求。这是消费者心目中极强的一种欲望。不论经济条件如何，对美的追求都是不可阻挡的。上海日化三厂的鞋油广告——"第一流的产品，为足下增光"，"白丽"香皂的广告——"今年二十，明年十八"，都是基于这种爱美的欲求。

（5）对舒适的欲求。任何新的产品如能增加消费者的舒适感，一般都能为消费者所接受。例如，框架眼镜常常给运动、生活带来许多无形的障碍和不便，博士伦隐形眼镜的广告说"戴博士伦舒适极了"，于是一炮打响。

（6）对安全避险的欲求。人类在获得衣食方面的满足之后，立即会产生安全避险的欲求。财富越多，地位越高，这种欲求就越强烈。同时，保护自己个人的一些隐私不被泄露，也在这种欲求的范围内。门锁、桌锁、日记锁、人身保险、航空保险等许多成功的广告都是建立在这种心理欲求基础之上的。

（7）对欢娱交际的欲求。传播娱乐是广告的基本功能之一。事实上，人人都需要娱乐，只是各有所好而已。广告策划针对这种欲求来设计文案，大多能赢得消费者的青睐。法国金牌马爹利干邑白兰地酒以"酒话连篇"为题连载文字广告，介绍该酒发展史上的趣事，并反复强调"饮得高兴，心想事成"的广告语，轰动一时。

（8）对母爱的欲求。爱恋幼小的母爱心理亦属人之天性。特别是女性，会时时记得购买孩子所需要的食物和玩具。有关的商品激发这种心理，是会很有效果的。

（9）对自尊地位的欲求。这是广告必须注重的欲求。现代人非常讲究自尊自重，也希望赢得别人的尊重，为了这种尊重和地位，有时是舍得花大本钱的，比如追求名牌以表示自己的地位等。名人广告的流行正是适应这种心理欲求最好的佐证。

（10）对爱情的欲求。对爱情的欲求也是人之常情，许多广告策划就是利用这种美好的情感来吸引消费者的。例如，日本SIGMA变焦镜头为了表现其镜头变焦的功能，在广告宣传中说，"我凝视着你及渴望拥有你，所以我把你拉近"，"虽然相距120尺，但我也能感觉你的热情"，等等。

此外，消费者还有种种其他的欲求，比如对清洁便利、吉利、友谊、进取的欲求等，这些都是广告策划者在策划广告诉求主题时必须掌握的资料。只有对症下药，给消费者以种种实惠和情感上的满足，才能打动消费者的心，引起其强烈的购买欲望。

在广告仅仅被视为传递产品信息的时代，广告侧重于介绍商品或服务的功能，不强求信息个性，也不必过多地考虑消费心理，因为那时商品缺乏，供不应求，消费者自然饥不择食。因此，只要广告目标突出，广告诉求主题也自然而然地醒目了。即使在产品丰富起来的年代里，出于竞争的需要，广告诉求主题的策划也只需要将广告目标和信息个性相加，就可以确定广告诉求主题。

但是，在今天这样的生活形态中，产品的供给已经远远超越了消费者的需求，企业间的竞争也日趋白热化。如果广告诉求主题策划只从广告目标（即企业利益）出发是远远不够的，产品不追求个性、不张扬个性就不能吸引消费者的注意力。与此同时，消费者心理也成了一个不容忽视的重要因素。换言之，只有从产品信息个性与消费者心理之间寻找微妙的关联点，将冷冰冰的产品特点转化为消费者易接受、易亲近的利益点来加以表现，才能在不知不觉中深深打动消费者。某强力胶产品，其特点在于它具有粘接特性。"粘接"是个物理概念，是产品的物质特性，消费者也不难理解"粘接"，如果以"强力粘接"作为主题定位，显然不具有震撼力。能否从"粘接"发展为广义的"连接"呢？什么是最强力的"连接"呢？如何才能让消费者感受到"强力的连接"这一利益点呢？最强力的连接当是连接一切不可能的事物。如此设想，广告诉求主题策划立即境界全出。广告画面为：一罐可口可乐与一罐百事可乐被胶水牢牢地粘在一起。广告语是："让每一次连接都成为很大的惊奇。""粘接"的产品特性在这里转化了消费者可以得到的利益——"很大的惊奇"，能将可口可乐、百事可乐两个品牌紧紧连在一起，做到了世界上最难的事，还有什么样的粘接不能实现呢？

四、广告诉求主题策划三要素之关系

广告目标、信息个性和消费心理三者之间应当是有机融合的。也就是说，一

个广告既要顾及企业,又要顾及产品,还要顾及消费者。当然,三要素要组合得天衣无缝、合情合理,这实在不是一件容易的事。

具体来说,广告目标是广告诉求主题策划的基础和依据,信息个性是广告诉求主题能针对特定消费者的条件,消费心理是广告诉求主题定位的活力所在。

离开广告目标,广告诉求主题定位就是随波逐流的小舟;离开广告的信息个性,广告诉求主题策划就是为他人做嫁衣;离开消费心理,广告诉求主题策划就是枯燥乏味的说教。

第三节 广告诉求主题的创意

创意是确立和表达广告诉求主题策划的创造性思维活动,或者说创意是实现广告诉求主题策划的创造性主意。

广告如果只有明确的主题,而缺乏表现主题的创意,就不可能引人入胜、引人注目,也就难以取得良好的广告效果。广告创意如果标新立异,但与广告的诉求主题不相协调,主题策划不能得到正确的表现,也会干扰或转移广告诉求主题,削弱广告效果。近些年,我国广告业有了突飞猛进的发展,广告的创意也得到良性的改善,但创意的普遍匮乏还是阻碍广告业发展的瓶颈之一。创意的雷同、模仿、抄袭,大大降低了广告的注意力和有效性。比如,洗发水广告的"黑头发现象",即不管什么品牌,都是一个或一群美女在镜头前将一头乌黑的头发甩来甩去;牛奶广告清一色的蓝天白云、青草绿水加卡通牛群,让受众无法明确地区别品牌,更谈不上有差别地记忆品牌了。

美国广告专家大卫·奥格威说,要吸引消费者的注意力,同时让他来买你的产品,一定要有很好的点子不可,不然产品就像被黑暗吞噬的船只。

广告创意能否成功,关键在于对构成广告诉求主题策划三要素的把握与表现。美国著名的广告专家韦伯·扬曾说过,广告创意是一种组合,组合商品、消费者以及人性的种种事项。

那么,怎样的创意才是真正有意义的创意呢?

从理论上讲,"创意"几乎是一个无人不晓的名词。在我国,甚至可以说"创意"在广告理论界和广告行业是一个用滥了的词。但我们对创意的理解很多是不正确的,滥用、误用现象普遍存在。这当然有多方面的原因,如:对创意理解得不够全面,用纯艺术、纯机械的目光看待广告表现;不加具体分析地套用西方广告理论,误解前人积累的优秀创作原则;凭空想象、闭门造车;等等。真正的创意对于广告表现来说犹如心脏对于人体。创意的行为也是广告策划中各种因素的结合体,因此,我们很难给创意下一个简洁明了的定义,但我们可以通过纠正一些错误的看法来探索什么是真正的创意。

一、创意是平凡常识的再度创造

客户委托广告公司做广告,其目的就是想借助广告来提高自己产品的知名度和销售量。因此,有些产品的销售部门非常迷信广告创意,认为有创意的广告策划一定能让新产品一炮而红,使濒于倒闭的企业起死回生。而一些理论书籍往往简洁精彩地描写一些广告大师的著名创意刊登或播出后所带来的市场变化,也有意或无意地强化了这种意识。结果就导致相当一部分创作人员不由自主地把广告创意表现看成是"奇异的魔术",而不是"平凡的常识",以致产生种种困惑,要么是片面地依赖自己的创造力,无视别人的意见,视客观效果于不顾,要么是因为找不到创意的立足点而一筹莫展。

我们应该清楚的是,广告策划是所有产品销售计划中的一个方面,而广告创意表现又是所有广告策划中的一项任务。绝对不能迷信创意,不能将它看成是一种神秘莫测、威力无比的魔法。真正的创意应该是平凡常识的再度创造。国外有代表性的创意观念均表述了这层意思。

"创意就是指你发现了人们习以为常的事物中的新含义。"

"真正的创意是上帝赐予的,一种奇妙无比的无中生有,创意就是把两件事物组合成新的事物。"

"创意人员的责任是收集所有能帮助解决问题的材料,如产品事实、商品的定位、媒介状况、各种市场调查的数据、广告费用等,把这些材料分类、整理,归纳出需传达的信息,最后转化为一种极富戏剧性的形式。"

著名的广告大师韦伯·扬在《产生创意的方法》一书中将创意的概念界定为:把原来许多旧的要素进行新的组合,而赋予旧要素新组合的能力在于对事物间相互关系的了解。

例如,拍摄辣椒酱的广告,不外乎是美味佳肴,将产品拍得要多美就有多美,然后一定有好看的"吃相"或一家人其乐融融的场景。如果诉求点是"辣"的话,创意就会是脸红、冒烟、吐火之类的搞笑形式。然而曾获得戛纳广告节金奖的作品 Mosquito 的画面是这样的:一位大胖汉子,Tabasco 辣椒酱剩半瓶在手,边吃比萨边加辣椒酱;另外有两三只空瓶在脚边,看得出他可是无辣不欢!这时候,有一只蚊子出现,停在他的大腿上叮了一口,吸饱了一肚子血,汉子静观一切,只微微冷笑;蚊子没飞多远,"轰"的一声,化成一团火球,死得轰轰烈烈,汉子继续冷笑。此广告仅仅是选取了生活中几个耳熟能详的分散的细节进行重新的组合,诉求点单一,创意切入点特殊,令人于一笑之后难以忘怀。

二、创意的首创性和独创性

创意是一种充满了创造性的思维活动,但它并非是独一无二的创造。一些广告大师在谈自己的创意经验时,往往给人的感觉是这些创意独一无二。例如,当年艾柯卡因福特车在自己管辖下的地区销售不景气而殚精竭虑地想出了这样的文案创意:花56元买一辆56型福特车。密尔特·格拉泽奇思妙想地首次把"I love NEWYORK"中的love用一颗红心来象征,以至于后来这种形式被广泛模仿。这种独一无二的爆发式的创意不是不存在,但绝大多数情况下,绝对的创造既不现实也不存在,真正优秀的创意往往受惠于百川汇合。随着广告史上累积的创意越来越多,有时想要避免前人曾有的创意而独创显得不太可能。为此,在前人的基础上,只要将构想发挥得与众不同或经过杰出变化,亦是创意。例如,当开利空调再度进入台湾市场时,创意人在进行创意构想时想起了自己少年时代看过的一则开利空调的报纸广告,那是几十年前开利产品刚刚登陆台湾市场时由美国的一个广告人创意制作的。广告画面上是一艘潜入深水中的潜水艇,文案显示,在美国所有的军用潜水艇上安装的空调都是开利牌的。由于这一事实所蕴含的无比强大的说服力,事隔多年后,人们依然记忆犹新。在重新构想电视广告创意时,创意人借用了这个原创的概念,在此基础上进行了与众不同的发挥,成就了一部极富创意的电视广告片。

三、创意有别于艺术创作

有一种片面的观点为广告即艺术,这导致了一般人对创意的错误认识。目前的创作人员的构成和素质情况也一定程度上为这种错误观点的流行创造了客观条件。姑且不说文案创作人员,设计制作人员很多是从美术院校的装潢设计系出来的,在学校接受的更多是唯美主义的艺术设计观。为了美化画面,强调艺术性,很多人会毫不吝惜地削弱重要的信息传达,他们以为观众会按照自己的设计逻辑或自己想象的他人逻辑一步一步循规蹈矩地走下去。

深秋的树林,枫叶红得醉人。林中的小路,铺满了红色、棕色、金黄色的落叶,犹如一张美丽的地毯。远处,一辆红色的轿车徐徐驶入林中。车到眼前停下，车门开处，一男一女分别从两侧走下，他们身着红黄色鲜艳的羊毛衫，环顾周围，相视而笑，然后手挽着手走向密林深处。画面不可谓不美，但广告卖的是什么？汽车还是羊毛衫？观众们看得一头雾水。很显然，这是不懂得市场营销和传播学原理的广告设计人设计的。

因此，广告的创意不必孤芳自赏，更无须攀附风雅，促销力才是它真正的魅力。

四、真正的创意

我们认为，所谓广告创意是指广告创作中运用创造性思维发展出来的新的构想，这种构想只要发挥得与众不同、别出新意，就是创意。因此，我们理解的创意就是基于下面几个方面的认识。

（一）广告创意的原创性

以往很多的论述几乎异口同声地强调，所谓创意，一定是"首创""原创"，强调创意是一种独一无二的想法。台湾广告界的前辈颜伯勤先生曾说，"所谓创意，就是前所未见、未闻的构想"，是不落俗套的新观念、新设想、新形式，是一种"前无古人，后无来者"的创举。因为创意别出心裁，广告才引人注目；因为创意匠心独运，广告才让人印象深刻。也就是，能引人注目，能留下深刻印象，这是广告发挥作用的最基本前提，也是创意最鲜明的特征。

我们基本同意这样的观点。确实，从广告创意实务的角度来看，所谓广告创意其实质是广告创意人员能否深刻洞察产品的特性，能否将产品的特性巧妙地转化成消费者的利益点，能否在传递商品信息的同时，借助超越性的思维方式从商品中挖掘与消费者需求息息相关的新的看法、新的价值观念以及新的概念。

《北京晚报》系列形象之所以获得了极大的成功，其奥妙正在于创作者能以创意取胜。

在"反对晚报"的总标题下，陆续推出"晚报，不晚报""生活，不晚报""真实，不晚报""时尚，不晚报""新闻，不晚报"等系列广告。晚报，这是一种和早报、日报、周末报并置的报纸类型，本身并不具备任何主观性。但是"反对晚报""晚报，不晚报"却是一种鲜明的新闻追求和一份庄重的承诺。真实新闻、时尚生活是一份报纸对自身明确的定位，也是对读者信誓旦旦的承诺。标题巧借了汉语语义的多义性，充分利用了"晚报"词汇的模糊意义，因势利导地引导受众的思维跳离"晚报"的报纸类型，将名词的"晚报"读成动词的"晚报"，令人拍案叫绝！

当然,广告创意不仅仅局限在内容上,形式上的突破同样具有震撼力。1993年1月25日,《文汇报》头版以整版的篇幅刊登了杭州西泠电器的空调广告——"今年夏天最冷的热门新闻"。果不其然,广告一经刊登,就成为那个寒冷的冬季里最热门的新闻话题。像《文汇报》这样传统又正统的报纸,敢为天下先,将刊登党和国家领导人重要活动和国内外重大事件的头版拿出来刊登广告,这在新中国传播史上恐怕是前无古人的,因此格外引人注目,有外电甚至评论道,这象征了中国改革开放的决心和力度。广告文案"今年夏天最冷的热门新闻"也别出心裁,"最冷"紧扣的是西泠电器制冷性能强的产品特点,"热门新闻"则暗示了西泠电器热销的可能性。

不过,话又说回来,所谓的原创性,如果都要如此独辟蹊径,发前人之未发,毕竟是不太现实的。

广告创意不是无源之水、无本之木,后人总是在学习前人的基础上,踩在前人的肩膀上前进的。因此,我们认为,只要将创意构想发挥得与众不同或者是经过杰出变化,就应该被认定是一种新的创意。

下述脚本是比利时牛奶协会为鼓励成年人喝牛奶而拍摄的电视广告:

镜头飞向坐在公园椅子上看书的男子。
旁白:"你喝牛奶吗?""不!"
镜头穿过男子后方的树林,飞向站在公寓前的女子。
旁白:"你呢?""不!"
镜头透过女子后面的信箱孔,飞向站在另一个空间的男子。
摇头表示:"不!"
镜头穿过窗帘,飞向女子。
"我没有,她……我就不确定了?"
回到公园
男子打嗝
字幕:牛奶。

当时的比利时,年轻人从14岁以后就停止喝牛奶了,因为传统的习惯认为14岁已经成年,而喝牛奶是小孩子的事。因此,如果承认自己还在喝牛奶就等于承认自己还是个孩子。广告片通过顺畅的剪辑,展示了成年人喝着牛奶却不承认自己喝牛奶的情形,但那一抹"牛奶胡子"却暴露了一切秘密。

不管电视广告的创意和创作者是否意识到,很显然,"你喝牛奶吗"的电视广告创意借鉴了美国牛奶协会所发起的那场著名的"牛奶胡子"广告运动。在这场广告运动所有的平面广告中,代言人嘴唇上方皆有一抹著名的"牛奶胡子"。因此,好的创意具有生命力,好的创意也可以是对前人的创意做出杰出的改造。

(二) 广告创意的实效性

对广告创意实效性的重视始自本世纪初,是中国广告人在不断摸索、不断探寻、付出大量的代价后所得到的经验总结。尤其是中国广告界在引进"艾菲奖"后,在一定程度上纠正了"戛纳广告奖"一味倡导艺术表现所带来的有关广告创意理解的偏差。奥格威曾说:"我们的目的是销售,否则便不是广告。"B&B 广告公司也有一句经典名言:"It is not creative unless it sells."确实如此,因为广告创意不等于艺术创作,任何艺术形式和艺术手段的借用、艺术氛围的营造都是为了刺激消费者的视觉、知觉和心理,促成他们最终的消费行为。因此,广告创意必须循着广告目标和营销目标,根据企业的营销策略进行发挥,否则,广告创意就会滑向为艺术而艺术的歧途。

因此,时至今日,中国广告界逐渐接受了衡量创意高下的一个新标准:创意究竟能带给产品多大的销售力?

然而,我们的问题是:广告和销售之间能轻易地画等号吗?这值得商榷!

在企业销售手段异常多样化的今天,营销的方法和目的事实上被细分化了,比如公共关系在企业组织生产活动中的广泛使用,各种促销方法的组合运用等,这种情形远不是 20 世纪前期的企业比较单一地依赖广告带动销售所能比拟的。今天的企业利用广告的目的除了促进实际销售外,在很大程度上可以认为是一种传播目标,即传递企业和产品的信息给目标对象,并对他们进行利诱、劝服、促进。但是,消费者最终是否掏钱去购买具有诱惑力的产品,其实是广告难以控制的,有很多内在的和外在的因素在起作用。基于对广告这种传播特性的认识,深刻地理解广告创意的实效性,还得注意以下两个方面:

其一,广告创意的实效性强调传达功能而非纯粹的刺激。这可以让我们以更成熟的眼光和思维来看待广告创意。假如一个广告创意已经给受众强烈的视觉冲击或内心的震撼,那还得审视是否传达了清晰又特定的产品信息,因为,视觉的冲击只能引起受众的关注,只有凭借独特的利益点,才能让受众真正地产生发自心灵的震撼。

例如,"力波"啤酒是上海第一个合资的啤酒品牌,伴随着"力波啤酒,上海的选择"的广告口号,曾在上海红极一时。然而,时过境迁,市场上啤酒品牌琳琅满目,竞争异常激烈,"上海的选择"也不再具有号召力,"力波"低调的广告策略使得这种味道较浓、口感醇厚的啤酒只是静静地出没在上海的大街小巷,默默地陪伴在上海人的身边。市场调查发现,提到"力波",人们不会联想到豪华或高贵,有的只是温暖的体贴与实实在在的可靠。如何将这样的印象提炼出来,化为消费者看得见、感受得到的利益呢?那就瞄准现实生活中的男人吧,去发现平凡朴实的生活中真正的男人,歌颂他们所具有的优秀品质,所谓越平凡越见英雄本色。平凡的男人,不平凡的故事,这样的利益点引发了一系列意味深长的创意:"有了你;生活更有味道","力波啤酒,男人本色",等等。其中有一则广告感人至深:一个男人,一望而知是一个事业成功又不乏责任感的父亲。儿子被一盏兔子灯吸引。父亲自信地告诉他:让我们自己来动手扎制。在亲子之情温暖的氛围里,一个富有情趣、重承诺、不负生活的新好男人形象呼之欲出。这个形象是上海人乃至所有人都能接受的形象。

其二,广告创意的实效性强调沟通性而非强迫性,即创意的手法和内容应该与产品特点、与特定的目标消费群、与目标对象的心理相关联、相沟通。这三个层面的关联和沟通缺一不可。如果缺少与产品特点的关联,创意就流于形式;如果缺少与目标消费群的接触,创意就是无的放矢;如果缺少与目标对象心理的深度沟通,创意无疑是一场单相思。这样的"创意病"在现今的广告界是一种通病。

例如,大红鹰烟草公司为了在强手如林、品牌如山的处境中脱颖而出,花巨资打造自己的品牌形象。广告代理公司最终给出的创意核心是打造"大红鹰,胜利之鹰"的品牌概念,并在一系列的电视广告和平面广告中以"V"字形来传递"胜利"之意,气势不可谓不宏大。如《天空篇》展示的画面:

飞机从都市的高楼大厦上空飞掠而过;

飞机呼啸着从峡谷间穿越;

飞机贴着原野掠过,巨大的影子投在大地上;

飞机在大海上自由翱翔;

飞机从四面八方飞来,汇集到天空,齐心协力地在天空划出五道雄伟壮观的气流,共同合成一个"V"字。

画面气势磅礴,气吞山河,有非常好的视觉效果。但是,这样的视觉刺激与产品的关联性如何呢?与消费者的心理沟通又如何呢?我们只能说,这样的创意是站在企业的立场,一厢情愿地想将胜利者的姿态展示给消费者,并且试图使他们接受抽大红鹰香烟、踏上胜利之路的创意构想。如果说,"V"字象征了"胜利"还能被大多数懂英文的烟民识别的话,那么,抽烟与"胜利"之间的联想似乎太遥远了吧？同样是烟草产品的广告，"黄山"宣传道："一品黄山，天高云淡。""红塔山"又说："点燃无穷智慧，启迪广袤思维。"白沙香烟渲染的情绪是："鹤舞白沙，我心飞翔。"无论这些广告创意及其视觉表现多么空灵抽象，都将抽烟的心情、情态或功能表现得意境丰富："一品黄山，天高云淡"，与消费者的沟通点在于抽烟时那种若有若无、天马行空的感觉；"点燃无穷智慧，启迪广袤思维"暗喻的是产品的属性，也与消费者对香烟提神、助思考的功能认知相沟通；"鹤舞白沙，我心飞翔"与"一品黄山，天高云淡"有异曲同工之妙，诉求的是那种自由自在、无拘无束的身心感受。

创意贯穿在整个策划过程中，尤其是广告表现之中。很难说创意有什么样的标准，但有一点应该是明确的，即创意不是无源之水、无本之木，不是有些人所想象的那种缺乏根据的灵感突发，而是建立在对产品市场、产品本身以及对消费者的深度研究的基础之上的。真正的创意没有拷贝，也不可模仿。

第四节　新媒介传播与广告诉求主题的创意

新媒介时代，传播方式的变革对广告是不言而喻的，大量不断变化的信息与资讯采集的便利性，使所有消费者都面临着兴趣与互动危机。消费者很少能提起兴趣的时候，如果还以简单说教的方式就不可能吸引他们的关注。与此同时，消费者群体的不断分化，使广告创意必须明确目标，如果广告人未能考虑到消费者的个性化需求和参与，眼光只停留在线上线下，必将会逐渐失去整个市场。并且，广告创意必须与最新科技相结合，把技术因素引入到广告传播中，以提升创意的价值。

如今，随着数字技术的快速进步，新媒介广告形态已经形成了以互联网、数字电视和移动媒体为代表的三大体系，围绕这三大体系，相应的广告形式与主题创意也呈现出许多新的特点。

一、网络媒体广告创意

在新媒介环境下，互联网广告不仅是传播信息的载体，更是一个互动沟通平台，而广告主选择新媒介，如网络广告，看重的也已不仅仅是互联网的传播能力、传播速度及传播范围。网络广告的表现形式多种多样，网络广告可以实现相对精准投放，具有良好的互动性和传播力，以及可以建立全面的广告数据库、营销数据库,这些对广告主更具诱惑力,而这些诱惑是以电视广告为主的传统媒体广告无法比拟的。充分利用这一平台设定策略性的创意框架,可以吸引消费者来填充内容,进而形成话题。当前,创意框架已经延伸到产品、品牌的方方面面,从产品开发到品牌传播,再到用户体验,每一个环节都可以整合在统一的大创意框架下。

2006 年苹果与耐克两个品牌通过分享相似的消费人群,整合出共同的消费者群,并以此为创意前提,共同研发出 ipod + Nike 的 App 程序,然后通过一系列的宣传活动,引起话题。为将消费者的目光成功牵引到广告中来,其网站甚至打出了只要用户上传使用数据,并畅谈其使用感受,便可获得相应奖励的承诺。这个创意在当时几年的世界级广告节上屡获大奖,其成功的关键就在于巧妙地运用科技将运动和音乐这两个品牌产品的特点完美结合,并通过网络平台让年轻人尽情展示运动的时尚精神。

二、传统媒体新创意

在新媒介环境下,已经陷入困局的传统媒体广告完全可以利用自身的媒体形态,结合最新的数字技术,创造出全新的消费者接触点,形成差异化的产品、品牌信息传播渠道。传统媒体的这种融合创新充分体现出"媒介即信息"的特性,能够给消费者带来独特的媒介接触体验。

如,2009 年 12 月,世界著名威士忌品牌芝华士以城市白领为主要目标群,在北京 GT Banana 酒吧开展了一场以"骑士精神"为主题的派对活动。凭借高科技三维全息成像投影,由芝华士打造的亚洲首支虚拟乐队——"骑士群声"在此震撼登场,四位虚拟乐队成员携手为受邀会员带来了一场前所未有的视觉盛宴。与此同时,芝华士还利用互联网即时传达派对信息,与消费者进行互动。芝华士利用"派对"来为消费者释放压力,并运用互联网与消费者互动的传播模式不仅牢牢锁住了目标受众而且增强了趣味性和娱乐性,使消费者在参与派对的时候能第一时间想到芝华士。

三、线上与线下的整合创意

在新媒介环境下,网络和手机等已经成为消费者与品牌接触的重要前沿。在数字时代,广告人正通过整合新旧媒体资源,创造出更具影响力的广告传播模式:通过传统媒体来吸引消费者的注意力,并将其吸引到网络媒体上,在互动中完成对产品、品牌的认识。2010 年冬天,美特斯邦威推出 M. Polar 系列新款羽绒服,在上海、北京等城市的地铁站刊登巨幅广告,广告的右下角都印刷有一个

20厘米见方黑白相间的格子图案,这就是近年来势头很旺的二维码广告。消费者如果注意到这个二维码,用手机扫描解码后就能观赏到美特斯邦威 M. Polar 羽绒服的广告并且获得优惠券。这就是由二维码作为桥梁,典型的新旧媒体整合的广告创意。这样一来,传统的平面媒体变身多媒体,将平面广告与电视广告、网络嫁接起来,不仅能使广告信息深入集中、表现形式多样化,而且节约了广告投放成本,更牢牢抓住了受众的猎奇心理与享受优惠的心理。

第五节 广告诉求主题的选择与修整

广告主题定位的选择不可能一蹴而就,往往要先提出多种方案,然后经过测试,甚至使用,反复选择后才能确定。

美国吉勒特公司设计了一种女用刮毛刀(用于去除腋毛或腿毛),牌号"雏菊",在研究广告主题定位时,曾拟出多种不同的思考。比如,从突出产品的品牌考虑,可以把主题定位成"雏菊爱我"。也可以突出强调产品的独一无二的优异性,将广告主题表达为"双刃刮毛",第一刃把毛拉住,第二刃把毛连根刮净。当然,也可以从特殊的使用对象着手,定位成"完全配合妇女的需求",说明该产品是专门为妇女设计的。甚至可以将使用对象更细地定位成年轻女性,从而将主题提炼成"女孩不用操心"或"不伤玉腿",强调产品放置方便,不用换刀片以及平滑、安全。还可以从产品的价格定位着手,突出其质优价廉的特点:只要50美分。这些方案提出来后,征求了部分经销商和用户的意见。经过研究,最后确定采用"不伤玉腿"的方案,认为这一方案更能为女性所接受。

广告主题定位是否恰当,往往要经过市场检验。当市场检验证明不够理想时,必须及时重新研究,改进广告主题定位。

美国的"米勒"啤酒曾经确立过这样的主题定位:一种乡村俱乐部的产品。后来发现,在乡村俱乐部这种地方,啤酒的消耗量并不大,在美国,80%的啤酒是由30%的饮酒者所消耗的,这些饮酒者的年龄在18~34岁之间,而且大多数是蓝领工人、大专学生或职场新人。于是广告商改变了"米勒"啤酒的广告主题定位,突出了这样一种诉求:"米勒时间——在你完成任何事情之后,不管是一天的辛勤的捕鱼之后,还是演奏了一夜的摇滚乐之后,都用米勒啤酒来奖赏自己一番。"喝啤酒是一种自我的奖赏,这样的主题定位很快得到了消费者的认同,也促使"米勒"啤酒畅销欧美市场。

第六章

广告传播策略策划

内容提要：

　　广告传播策略策划是对广告从立意到表现乃至推出的一系列活动的运筹谋划，是广告主题定位的具体决策和实施。广告传播策略策划必须围绕广告目标，因时、因地、因人、因产品而异，有选择、有创意地部署，是实际性和创造性的结合，也是原则性和灵活性的结合。传统的经典广告传播策略在现代广告策划中依然充满了生命力，如广告形象代言人策略、比较性的广告策略、占位取胜的广告策略以及悬念性广告策略等。同时，随着广告传播环境的变化，新的广告传播策略也在源源不断地推出，文化品牌策略、体验式广告策略、恶搞广告策略以及跨文化传播策略等都被事实证明是行之有效的传播策略方式。

广告主题的确立为企业和品牌的推广活动定下了基调和方向。如何将广告主题有创造性地表达出来,有赖于广告传播策略的策划和广告创意。

广告传播策略的重要性在媒体数量剧增、广告受众细分化的前提下被企业和广告代理公司提到了前所未有的高度。甚至有著名广告公司的创意总监认为,广告公司最大的创意能力就表现在对广告传播策略的选择,传播策略决定一切。此话固然说得绝对,但是,最好的主题、最优的定位如果没有合适的传播策略,其广告效果就是一句空话。

同时,今天的广告受众远非10年前可比,他们更加理性,甚至挑剔地对待广告信息。因此,太过直接的、强制性地传递产品的广告已为他们所不屑,只有那些以他们所喜爱的方式,以平等的姿态与他们沟通的信息才能抵达他们的心灵深处。这样的改变显然也对广告传播策略提出了新的挑战。

第一节 广告传播策略的含义与原则

在市场综合分析的基础上,广告策划可以根据市场、产品、消费者等各要素以及定位原则来进一步确定广告活动的其他策略。广告策略是广告整合策划的核心内容,也是最能见出策划者策划能力和水平的部分之一,因此备受企业和广告策划者的重视。

何为"广告策略"呢?对于此概念,业界的理解比较宽泛。关于广告策划,最常见的认知是将策划运动分成三部分,即广告市场分析、广告策略和广告创意。有论者将广告创意也列入广告策略中,称之为"创意策略"。如此宽泛的理解,从某种程度上表明广告实务界对此概念使用的随意性,也表明广告理论界对此概念认识的模糊和界定的困难。为了比较准确地把握广告策略的含义,我们首先根据策划的需要,分成经典广告传播策略与创新广告传播策略两大类加以介绍。

一、广告传播策略的含义

广告传播策略,是对广告从立意到表现以至推出的一系列活动的运筹谋划,是围绕达成广告目标而对广告表现手段、广告对策和传播谋略的组合研究。

对企业来说,所谓广告传播策略,就是一种行之有效的促销推广的手段,能帮助企业将产品从货架上推销出去的手段就是最好的广告传播策略。对于策划者来说，情形就较为复杂一些。

大致说来，策划者的立场不同，对于"广告传播策略"概念的认识就不尽相同：

如果策划者站在产品的立场上，势必会注重与产品相关的一系列策略方式，包括产品功能策略、产品市场定位策略、定价策略、设计包装策略、多品牌策略、单一品牌策略以及产品组合策略等。

如果站在广告市场的立场上，也会相应地延伸出一系列广告策略，比如提前进入市场的广告策略或延迟进入市场的广告策略，总体广告市场策略或区域广告市场策略，等等。

如果站在媒体的立场上，同样可以列出多种多样的广告策略，比如"轰炸式"广告策略、"高点强攻"广告策略、"农村包围城市"广告策略、"饥饿投放"广告策略，等等。

如果从广告创意的角度来看，广告的策略就更是繁复多样了，比如所谓的3B广告策略（美女、孩子、野兽）、恐惧广告策略、幽默广告策略，等等。

与此同时，广告策划者还面临着更为复杂的营销环境。也就是说，市场情况的不同、竞争态势的差异、消费群体的变化、产品状况的悬殊以及广告目标的区别都会导致广告策略的变化。对于策划人来说，从广告策略的层面上必须考虑这些问题：是做企业形象的广告、产品品牌的广告，还是做直接促销的产品广告；是与竞争对手展开正面的冲突，还是采用迂回包抄策略；是选择单个广告作品大投放策略，还是选择多版本广告作品小投放策略；等等。可以这么说，营销环境的风吹草动都会影响广告策略的策划。

如果企业面临的营销市场是新进入的市场，或者是将要开拓又尚未完全进入的市场，或者目前进入这个市场困难还很多，还有各种限制，或者在当下这个市场上产品的使用者还不可能很多等，在诸如此类的情况下，明智的策划人就会放弃直接促销的广告策略，而改用对提升企业和产品知名度有利的广告策略，建立良好的企业和产品形象，以此为今后的市场开拓打下扎实牢固的基础。20世纪80年代初，日本的"三洋""东芝""西铁城"进入中国市场时大多采用了品牌形象广告策略。相反，如果面对的是一个成熟的市场，与本企业产品相类似的竞争对手又很多，而且彼此之间高低难断，伯仲难分，或者市场上因为本企业产品知名度高、信誉好、牌子响，仿冒产品很多，消费者难辨真假，无所适从时，广告策略也必须随之调整，一味地采用按部就班的广告策略非但无效，而且显得迂腐不堪。因此，有勇气和谋略的企业和广告策划人大多会采用一些有挑战性、攻击性的广告策略，比如比较性广告策略、打击假冒伪劣的广告策略等。

随着产品情况的变化,广告策略也会随之而适时调整。因为消费者在面对新产品和名牌产品时,其信任度有着天壤之别。对于新产品而言,如何吸引消费者的注意,继而赢得他们的信赖,是营销推广中的第一道难关。因为,没有使用就谈不上体验,没有使用也就不易相信,而不相信就不会有兴趣去尝试购买,不购买仍然无法相信……如此这般循环下去,新产品何时才能大量销售出去呢?对于有经验的策划人来说,遇到这种情况,往往会选择使用具有引导性、暗示性的一些广告策略,如名人广告策略、证人广告策略等,充分调动名人、权威消费者的证言来为新产品进行必要的旁证,从而激起"名人效应""证人效应",使普通消费者效仿使用所广告的产品。

广告目标的不同,同样也要求有不同的广告策略。目标市场不大,一般采用保守型广告策略。如果近期需要迅速形成大市场,则非挑战型的广告策略便不能胜任。

笔者认为,无论使用什么样的广告传播策略,其终端的接受者总是广大的消费大众,精心策划种种广告传播策略,其最终目的也是为了满足消费者的需求和欲望,或者说在产品和消费者之间找到最合适的触点,让产品自然地接近消费者,让消费者心甘情愿地接受产品。这个触点,我们认为就是深藏在消费者内心深处的"人性",是人类普遍的、共同的一些特性。人类的本性是多重的,既有爱美、求真、从善等积极的一面,也有假、丑、恶的另一面。从人性的视角出发策划广告策略,其目的是挖掘人类潜藏的真、善、美的本性,以此引起消费者的共鸣。同时,也可以利用人类本性中的一些弱点来刺激消费者的深层需求和欲望。总而言之,从人性的视角出发,既可以赋予冷冰冰的产品以感性、亲和的形象,也可以直抵消费者的内心深处。

由此可见,在广告传播策略策划中,并没有一定之规,必须围绕广告目标,因时、因地、因人、因商品而异,有选择、机动灵活地进行。广告策略的策划,是实际性和创造性的结合,也是原则性和灵活性的结合。

二、广告传播策略策划的基本原则

广告传播策略策划的展开涉及四个最基本的原则:一是产品原则,二是目标消费者原则,三是传播媒体原则,四是广告传递的信息原则。换言之,对广告策略的设计与取舍,有赖于对这四个方面内容的把握和抉择。

我们不妨以闻名遐迩的美国陆军20世纪80年代初的征兵广告为例来说明上述四方面的问题。

从 20 世纪 70 年代起,美国采用了志愿兵役制度。由于 1974—1976 年经济衰退后,美国出现了许多就业机会,这直接导致兵源的逐渐枯竭。1979 年,美国陆军非但没能完成预定的三年征兵任务,而且新征入伍者有超过半数的人员文化水平偏低。为此,美国陆军司令部成立了陆军的"营销部",他们制订了合适的营销计划和促销计划,包括提供陆军大学奖学金、体育运动奖赏,等等;他们还委托艾耶广告公司开展广告整合策划活动。

艾耶广告公司通过对应征范围内青年对陆军态度的跟踪调查,发现大多数有追求的青年人热衷于接受"对个人的挑战",而在他们的心目中,具有挑战性的地方恰恰在于考大学和从事非军事事业。在他们看来,军队仅仅是个锻炼身体的地方。这种错误的判断缘于当时的青年们并不了解陆军已是现代化装备的高技术部队,有着 270 多个军事专业可供选择,完全是一个培训智力的地方。

按照陆军的需要,征兵范围内的青年人成了这场广告活动的目标市场,具体指 17～21 岁的智力较高的年轻人。在此范围内,艾耶广告公司进一步细分市场,最后确定目标市场为:17～21 岁的年轻人,尤其是具有高中毕业文凭,在学校名列前茅且对新技术培训机会有兴趣的男女青年。

广告目标被确定为创建陆军知名度,纠正误解,重建信誉,改变人们对陆军的态度,使那些起初不考虑参军的人把参军作为一个选择,甚至主动寻找征兵站,自愿报名入伍。

最终这一广告策划以全胜告终,并成为广告策划史上的一个经典案例。

这一广告策略严格遵守了上述四个方面的原则:

产品原则——陆军是现代化高技术部队。部队生活是艰苦而富有挑战性的,个人如能迎接挑战,就能把握机会,打造全新的自我。这是针对征兵范围内青年们普遍的认知误区,提炼了陆军军队最具挑战性也最能博取青年们喜欢的特点而提出的"产品原则",既鲜明又独特。

目标消费者——在这次广告策划中,广告信息的接受者范围比目标市场略为宽广。除了 17～21 岁的优秀高中毕业生外,还包括高中高年级在校生、有愿望参军的青年、对参军尚无兴趣的青年,甚至包括了参军决策的影响者——年轻的父母亲、朋友、教师、教练、辅导员、企业或民间组织的领导、政府官员等。

传播媒体——由于上述目标消费者范围宽广,而预算却很有限,因此,策划者设计了一个巧妙的媒体组合,强调目标消费者的广告接触率,而不再追求广告的接触频率。

广告信息——以展现陆军高科技和"对个人的挑战"为特点的征兵广告,显示新兵上岗执行真实军事任务的实况,以直观可信的广告信息让目标消费者认识到陆军部队是一个充满活力、激励上进的现代化组织,参与其中的应征者可以从中获得高科技培训以及个人成长和上大学的资助。

遵循这样的广告传播策略,艾耶广告公司创作了非常出色的印刷品广告和电视广告,它们都围绕着"为所能为"这一口号,加上合适的媒体分布比重,广告效果令全社会瞩目:两三年以后陆军征兵工作形势完全变好,尽管那时 17~21 岁的青年人总数较过去减少,但仍有 21 万男女青年报名加入正规军或后备军。之后,连续 4 年自愿应征入伍的人员都超过当年的征兵指标。更重要的是,入伍者 90%是高中毕业生,50%以上属于高智商类型。跟踪调查还发现,美国陆军已成为部队中第二个年轻人愿意服务之处。

"为所能为"广告传播策略是征兵广告中给人印象最深刻的广告之一。

第二节 经典广告传播策略

所谓经典广告传播策略,是指那些历经不同市场、不同营销观念和不同广告观念考验得以永葆青春、经久不衰,至今仍具有生命活力,仍被企业和广告策划者经常使用的广告策略,比如形象代言人策略、比较性广告策略、占位广告策略、悬念广告策略以及情感广告策略等。这些传播策略虽然随着时代的变化有与时俱进的调整和改进,但基本的策略方式是不变的,并且在直接促成产品的销售方面被事实证明是行之有效的。

一、形象代言人广告策略

20 世纪初期,美国汤普森广告公司率先在力士香皂的印刷广告中启用影星照片为其产品促销,此举大获成功。

1936 年,在柏林奥运会上,美国黑人田径名将欧文斯脚穿德国阿迪达斯牌运动鞋连获四枚金牌,将西方明星形象代言广告的价值推向高潮。

20 世纪 80 年代,最引人注目的形象代言人广告是摇滚乐歌星迈克尔·杰克逊为百事可乐所做的广告,这是广告史上备受称道的案例。其广告代理公司,全球著名的 BBDO 从肯艾设计事务所接手百事可乐广告的制作任务之后,精心策划了一场名为"百事可乐新一代"的广告运动,至 1975 年又推出了鼎沸一时的"百事可乐口味挑战"。1985 年启用摇滚乐巨星迈克尔·杰克逊出演广告片,获得了与其声名相称的显著广告效应,并在当时的美国引发了明星代言广告热。1987年秋,迈克尔·杰克逊主演的第二部广告片面市,百事可乐公司借此将产品推向长久以来难以启动的日本市场。为此,公司主办了杰克逊在日本的旅行演出,总共37万张演出票几小时内便被抢购一空。公司准备的35 000件杰克逊夹克以及钥匙圈、T恤衫等也被疯狂抢购。借助杰克逊在年轻一代心目中的地位和影响力,百事可乐在日本市场的销售量递增了20%。形象代言的力量可见一斑。

20世纪90年代以来,国际球星乔丹所引起的广告效应有目共睹。美国《财富》杂志1998年6月有专文讨论乔丹所带来的经济效应。文中提及30多岁的篮球明星乔丹,除了为自己打出一片江山,三个月净赚3 700万美金的天文数字外,也使所属芝加哥公牛队的球队资产升值了两亿美元,甚至还带动了其他相关产业,如录影带、球鞋、眼镜、海报、贴纸等,只要和"乔丹"沾上边,无往而不利。

中国广告于1979年复兴。8年之后,国内的一些名人们经过激烈的思想斗争,终于顶着社会压力挺身而出。1988年,潘虹应越战残疾军人之邀,赞助上海浦东新建的霞飞日化厂,在几乎没有酬金的情况下拍摄了中国头号明星代言人广告。一时间,对潘虹的议论沸扬起来,指责多于鼓励。在当时的中国,大多数人的观念中,广告是"骗人的玩意",而自己所欣赏和敬佩的一代明星居然为了钱去拍广告片,大家感情上受不了。不久,老一代影星李默然为深圳南方制药厂拍了三九胃泰广告,其命运几乎与潘虹相同,甚至因为收了广告费而招致了更严厉的批评。时过境迁,今天,谁也不会因为某某影星又拍了某某广告片而大发议论了。相反,形象代言人已经成为企业和广告代理公司常打的牌、常用的招了。

在大量的形象代言人广告中虽然不乏创意新颖、效果显著的佳作,但从总体上说,国内的形象代言人广告仍处于摸索阶段,显得不够成熟。有些形象代言人广告矫揉造作,平庸俗套;有些广告牵强附会,引起消费者的厌烦和逆反心理;有些广告不负责任,不讲道德,误导消费者……

毫无疑问,形象代言是一种有效的经典广告策略,但是如何合理地使用形象代言人,有待于认真而深入的探讨。

(一) 形象代言人的含义和价值

所谓形象代言人,是指利用人物形象来代言品牌形象,即将品牌拟人化,将无生命的产品转化成可以清晰辨识的人物形象,鼓励消费者追随使用。事实证明,这是一种行之有效的广告策略。

形象代言人广告策略的有效性,既有心理学的基础、信息传播的规律,也有现实的功能意义。

心理学认为,个人心理与群体心态是相关联的,个人在物质和精神方面的价值追求往往以相关群体的典型代表人物作为比较和趋同的参照系,如艺术成就显赫的影视明星、健美的体育明星、各行各业的专家和权威人士,他们由于职业所长,因而被公认是某类产品的使用和消费权威,对消费大众具有指导及效仿的意义。

从信息传播的角度来看,成功的形象代言人往往是一个时期内媒体和公众关注的焦点,是注意力稀缺时代最能抢夺消费者眼球的偶像人物,也是社会流行文化的意见领袖,他们的价值观、消费取向具有积极的示范和暗示作用。

形象代言人的现实功能及其意义在于,现今的消费者选购商品时无法回避一对矛盾:一方面,全球市场处在供过于求的状态下,消费者购买商品时有非常大的选择余地;另一方面,商品良莠不齐,使得消费者面对大量商品时无所适从、无所选择。形象代言人是企业明确指出的产品使用者,是用消费者熟悉的一个人物符号取代了尚不熟悉的产品,从而大大缩短了产品与消费者的心理距离,使原本的接受难度大大降低,甚至使消费者自觉或不自觉地做出"认人"消费行为。张曼玉代言玉兰油品牌的若干产品种类,消费者甚至叫不上具体的产品名称,"张曼玉做广告的那种产品"就是他们购买的理由和产品。

(二) 形象代言人的类别

广告形象代言人一般可以分为两大类,一是娱乐界、体育界的明星人物,各行各业的专家、社会活动家,在国外还允许政界要人担任形象代言人;二是商品偶像,即由广告人根据品牌和商品的特性创造的能与消费者沟通的富有个性的商品形象,既可以是普通人的形象,也可以是人格化的卡通形象。

利用明星人物作为产品的形象代言人是最常用也最能见效的一种广告策略。概而论之,这种策略的优势在于:一是投入低、产出高。明星通常是媒体上出镜率很高的人物,甚至是某个时期大众传媒的舆论中心。这种高出镜率、高注意力是价值连城的资源,一旦他们代言某品牌的广告,其知名度、影响力等资源就自然而然地转嫁到了品牌上,从而为品牌增值。而权威人物,往往是那些在各行各业富有经验的、具有专业知识的、在产品使用方面具有权威性的人物,比如厨师之于烹饪,园艺师之于养花,营养师之于膳食,医生之于药品,美容师之于化妆品,教授之于书籍推荐,等等。消费者对此的常识就是:专家是某方面的权威,对某方面有深入的研究和独到的见解,他们的鉴赏力为常人所不及,由他们作出的鉴定和评价,更值得信赖。二是符号价值。明星人物通常是以流行、时尚、前卫的外在形象和专业、懂行的权威形象出现在公众面前的,尤其在时尚类产品消费方面,他们具有意见领袖的作用,他们的家居出行、衣着打扮可以有意无意地影响众多的消费者。而且,在年轻的消费者看来,模仿明星们的消费行为还有一种符号的意义,既可满足物质消费的需要,也可满足精神消费的欲求,从而使明星们代言的品牌成为流行的标志、时尚的代表。

商品偶像是指广告人创造出来的商品明星。他们不是娱乐界、体育界的明星,也不是行业内的大腕,而仅仅是日常生活中普普通通的人,如大卫·奥格威创造出来的"戴眼罩的男人",如朵尔创造出来的小家碧玉的倪虹洁。普通消费者作为代言人在国外通常被称为"证言广告",是指一些品牌采用由第三者向消费者强调某商品或某产品的特征,以取得消费者信赖的广告策略。大卫·奥格威曾指出,当你无法使人看到产品的优点时,证言式广告就特别合适,消费者会相信广告说的,这个产品气味好闻或味道好吃,因为消费者更容易相信消费者的话。同时,商品偶像也有可能是一些切合产品特点的人格化卡通形象,比如海尔电器的海尔兄弟形象,米其林轮胎的轮胎人形象,广告小灵通"大话西游"中唐僧师徒四人的形象,美国快餐品牌麦当劳的小丑形象等。在长期不懈的传播推广中,这些卡通形象的个性不断得到丰富,从而具有某种文化的象征意义,其广告也具有比明星形象代言人广告更长久的生命力。

(三) 形象代言人使用原则

形象代言人策略是一把双刃剑,它既可为品牌添彩增色,也可能伤及品牌信誉。合理科学地使用形象代言人策略需要遵循一些最基本的原则。

1. 形象代言人与产品关联性原则

形象代言人广告之所以能产生有效的广告效果,往往是将人物自身的权威和声誉转嫁到产品及其广告上,以取得消费者的信赖。这种转嫁的基本条件是人物的职业专长和形象必须和所推荐的产品的特点、功能以及其所能提供的利益密切相关。也就是说,只有当形象代言人以一个人们熟悉的、富有经验的、具有专业知识的、在产品使用方面具有权威的面貌出现在广告上来推荐、佐证产品时,形象代言人的声誉才能自然而合理地延伸到这个产品上来,才能使广告内容具有说服力。15年来,"舒肤佳"一直沿用身着白大褂的"中华医学会"人物形象,成功地建立起了品牌的可靠性。多年以来,联合利华的力士品牌也始终走以超级明星做形象代言人的策划之道,从而将力士品牌塑造成了洗涤用品中的明星品牌。

另外,关联性也体现在形象代言人与产品发展周期的一致性上。形象代言人,尤其是明星人物,他们的发展从出道、成长、成名到退出有一个周期,而产品也有导入、成长、成熟和衰退的周期,两者最佳的组合取决于产品的对象定位、市场定位等复杂的因素。只有当产品推出的时机与形象代言人的公众形象相一致时,广告的信息才可能被消费者最大限度地接受。

引人注目的是,戴尔在寻求品牌战略改变之时,发布了一个由代言人引发争议的广告片:

人生会碰到好多事,好事,坏事。死机?重启。崩溃?重装。电量用尽?Over,没人能帮你。人生在外,最重要不是朋友多,而是超长待机。我是陈冠希,你认识我啦。

逆反之中又透露着积极向上,戴尔在代言人选择上可谓勇气可嘉,正如它在品牌转型的道路上所做的改变。由于个人电脑消费市场的成长加速,个人需求的增长与转变,戴尔尝试在品牌风格上作出改变,突破以往给人留下的缺少人情味的商务刻板印象。

2. 形象代言人的可信度

这里的可信度既是担任代言人的人物本身的可信度,也是他(她)在广告中所言所行的可信度,两者缺一不可。在当红明星中,并不是每一个人物都能得到消费者的认同和信任,也不是在一个广告中得到消费者青睐的人物做其他任何产品广告都能得到消费者认同。因此,形象代言人需要严格地选择,选择的标准除了上述关联性外,便是消费者对其的好感度和信任度。著名影星巩俐曾因为出演"美的"空调广告片而进入广告领域并大获成功,但是,巩俐替"盖中盖"口服液代言广告却因为广告内容的可信度而遭到指责。在广告中有这样一段话外音:"巩俐阿姨,您寄给我们希望小学的盖中盖口服液,我们都已经收到了……我们要好好学习,将来报效祖国。"该广告播出之后立即受到观众质疑,他们表示从来没有在新闻媒体上看到过有关明星巩俐给任何希望学校捐赠口服液的事迹报道。同时,他们对"希望工程"涉足商品的推广、运作和诱导消费者购买感到十分疑惑和不满。中国青少年发展基金会就此广告向哈尔滨制药六厂正式递交律师函,声称其下属希望小学并未收到过广告中所谓"巩俐阿姨"捐赠的"盖中盖"口服液,认为哈尔滨制药六厂和巩俐利用"希望工程"做虚假广告,损害了青基会的合法权益,也使一向良好的"希望工程"形象遭到贬损。其实,受损害的不仅是青基会,还有"盖中盖"产品和巩俐自身的形象。

3. 形象代言人需要个性化

所谓个性化是指形象代言人价值与品牌价值的高度一致性,两者可以互为指认,即"我"就是品牌,品牌就是"我"。倪虹洁带着典型小家碧玉般的美丽和温恭代言"朵尔",使她自己和"朵尔"一起成为百姓心目中最美丽的中国女性形象。姚明作为上海城市形象广告片的代言人,随着"好一个姚明,好一个上海"的声音在海内外的播出,中国的姚明、世界的球星与中国的上海、世界的都会融为一体,"巨人"之称谓既是姚明,也是上海。

周杰伦成功代言中国移动"动感地带"也是成功案例之一。那么,周杰伦作为一个当红的明星,其价值主要体现在哪些方面呢?我们试着给周杰伦开出一张广告"价值"的名片:

外表:酷

身份:港台歌星

公众形象:时尚、前卫

成就:"e时代新音乐人"

很多周杰伦的崇拜者都知道,他来自单亲家庭,从小与孤独为伴,内心世界丰富而细腻,与大多数青少年一样,喜欢R&B曲风的音乐,喜欢鸭舌头形的棒球帽,喜欢牛仔裤和篮球鞋。正是这种略带忧伤、颓废而又另类的外在形象令周杰伦在音乐圈中独树一帜,很容易被辨识。周杰伦港台歌星的身份,在行为规范、价值观念日渐西化的年轻人看来,无疑是戴上了"准西方人"的理想光环,或者说,是中西方文化杂糅的一个视觉形象。更为重要的是,周杰伦作为新时代的音乐人,在作曲、填词和演唱方面的音乐天赋和大胆创新的音乐风格,不仅为他赢得了美誉,而且为他挣得了大量财富。年轻、时尚、独立、成功,这样一些属于周杰伦的个性价值在一定程度上反映出了年轻人普泛化的理想追求。正是在这一点上,周杰伦的形象具有极大的商业价值。

"动感地带"作为中国移动的一种服务品牌,和"全球通""神州行"的不同点主要体现在两个方面:一是服务,二是价格。在服务方面,"动感地带"用户不仅可以使用常见的服务功能,更增加了娱乐性功能,如移动QQ、无线游戏、手机宠物、娱乐新闻等;在价格方面,"动感地带"免去了用户基本月租费,而且提供了20元400条短信的"超值优惠装"。尽管商品具有了如此无可匹敌的优势,但是玩的乐趣、沟通的快乐以及潜意识里对成功的渴望需要以"打包"的方式,以可指认的视觉形象统一地呈现在人们眼前,而外形显酷、内心独立的周杰伦便是最好的选择。可以这么说,周杰伦的个性价值、"动感地带"的品牌价值和青少年一族的人生价值在这一则电视广告中是高度趋同的,即玩出自我、玩出成功。

选择个性化的形象代言人还要讲究代言人本身的品牌忠诚度,也即代言人不能在同一时期为多家企业产品代言广告,否则形象代言人与品牌的联系就会受到很大的冲击,更重要的是消费者对形象代言人和品牌会产生不信任,甚至是反感的情绪。

4. 正确处理形象代言人与产品在广告中的关系

广告的目的是将产品信息有效地传递给消费者,广告利用形象代言人只是想让这种传递更容易、更有效而已。但是,我国的形象代言人广告中出现了一些误区。误区之一是,消费者记住了产品、品牌,却对做广告的形象代言人十分反感。从广告效果来说,消费者记住了产品,广告的目的只达到了一半,然而讨厌广告代言人势必会影响最终的购买,影响最后实质性目的的达成。比如,许多消费者讨厌脑白金广告中出现的男男女女、老老少少的形象。误区之二是利用形象代言人做广告,但品牌名称没有随形象代言人的形象清晰准确地在消费者的记忆中留下烙印,相反,消费者记住了代言人的名字,却混淆了产品。陈佩斯与葛优分别代言了"双鸽"和"双汇"火腿肠广告,但是,《国际广告》杂志社的一份调查报告的数据显示,看过这两个广告的消费者,大多记住了这两个笑星的形象,却搞不清他们代言的是什么品牌。在记住葛优这个广告代言人的消费者中,有44%的消费者却错误地认为广告商品的商标是"双鸽"或"春都"(实际上是"双汇");在记住陈佩斯为一火腿肠广告代言人的消费者中,有33.33%的人把它记成是"双汇"或"春都"(实际上是"双鸽")。分析陈佩斯和葛优的火腿肠广告,两位的知名度不可谓不高,作为笑星,其形象也为大多数消费者所喜爱,产品利用这两位作为形象代言人,可以说已奠定了基础。但为什么会功亏一篑呢?"双鸽"和"双汇"这两家企业在制定广告策略时忽视了一点:两家同是生产火腿肠的企业,是竞争对手,却运用了极其相似的广告策略,起用了同类型的明星代言,造成了消费者对两种产品形象的模糊和混淆。

形象代言人广告中的主角毫无疑问应是产品,而不是代言人。形象代言人的推荐只是一种表现手段和形式,切忌喧宾夺主,过分突出形象代言人而冷落产品,绝不能将形象代言人广告做成明星海报,将产品作为名人的陪衬,否则,广告将无法达到预期效果。同时,形象代言人与产品要相得益彰,有机结合。如果在形象代言人广告中明星是明星,产品还是原来的产品,甚至产品的亮点为名人的身影所遮盖,那就是不成功的形象代言人广告,有时还会为产品带来负面作用。只有让品牌与代言人巧妙有机地结合起来,才有可能借名人光环照亮品牌形象。"凡客诚品"近年来先后起用青年偶像韩寒、王珞丹、黄晓明、李宇春担任其形象代言人,就是产品与名人气质吻合的优秀广告策略,为其赢得了广大青少年受众的喜爱。"凡客诚品"的品牌名称强调的是"我是凡客"这一理念,走平民路线,目标受众为热爱时尚、富于个性、喜欢接受和尝试新鲜事物但有自己主张的80、

90后。显然,韩寒非常符合这一群体的特征。韩寒代言凡客的文案是:"爱网络,爱自由,爱晚起,爱夜间大排档,爱赛车,也爱29块的T-SHIRT,我不是什么旗手,不是谁的代言,我是韩寒,我只代表我自己。我和你一样,我是凡客。"同样的,在王珞丹、黄晓明、李宇春为凡客拍摄的广告中,也表现出较少为人所知的平凡面,名人光鲜闪耀的背后,势必也有观众看不到的艰辛和泪水。利用平民意识和叛逆宣言,凡客挖掘出代言人身上与其契合的精神特点,把作为名人的代言人拉入了平凡的行列。而个性鲜明的文化诉求,让代言人都会烙上凡客的烙印,某种程度上也会为代言人增添不俗的一笔。

5. 形象代言人的整合传播

无论是起用娱乐界的明星人物,还是起用行业的专家权威或广告人创造的商品明星,都只是广告推广中的一种手段和形式,指望只通过一个形象代言人就能为品牌带来长久的大范围的影响力和利润只是一种浪漫的想象。策划人和企业应该意识到如何利用形象代言人所引起的注意力推动代言人参与品牌的整合传播,比如利用明星做促销活动,召开签名会、见面会等,充分发掘形象代言人广告与其他媒体之间的互动关系,将形象代言人的光环和品牌最大限度地结合起来。2011年,"我是陈鸥,我为自己代言"这句话将人们的目光聚焦到聚美优品的创始人兼CEO。2012年,聚美优品发布的宣传广告中,依旧出现了陈鸥的身影。不同于2011年第一则广告片中的蓄势待发的奋斗宣言,历经一年的品牌作战与锤炼,聚美优品呈现了更多面也更真实的梦想与现实、成功与汗水写照,广告更具有品牌生命的延续感和人情意味的说服力。一个品牌的创始人以代言人的身份给予品牌允诺十分新颖也足够吸引眼球,对于还较为年轻的品牌来说,不失为一个崭露头角的成功宣传案例。想必,没有哪一个品牌与代言人的关系比它与其创始人的关系更亲密无间了。

二、比较广告策略

"货比三家"是消费者购买行为中重要的心理之一,比的是货真价实,比的是物美价廉。因此,恰如其分的比较广告策略能够最大限度地吸引消费者的注意力。

据有关资料表明,美国广告总量的34%都属于比较性广告,可见,比较广告策略是一种使用频度颇高的广告策略。而在西班牙、法国、意大利等国家又明文禁止比较广告。西班牙广告法认为,"比较广告属不实广告,这种广告没有产品、服务的根本特征、相近似的特点及客观上可展示的特征为依据",因此予以全面禁止。在中国,尽管能否做比较广告、如何做好比较广告在认识上还有许多模糊性,但比较广告策略的有效性总是屡屡促使企业和策划人甘冒风险。

那么,比较广告策略究竟是怎么一回事呢?

(一) 比较广告策略的含义

简单地说,所谓比较广告(Comparative Advertising)是指含有产品对比内容的广告。但是,在不同法系的国家和不同的语境中,比较广告的内涵和外延又有所不同。

在德国,学者们将具备比较效果、针对特定竞争对手及有贬损意涵这三方面视为构成比较广告的重要因素,从而加以禁止。

欧共体的《比较广告议案》中指出,任何广告,无论以何种方式,或直截了当,或以间接方式,或以某种隐含暗指的手段涉及自己的竞争对手,或提及某产品和所提供的服务项目,都构成比较广告。同时规定:广告客户必须对产品的特点及有关方面做客观的比较,比较必须公平。任何结论都必须有据可证,而且广告客户必须能够对比较的准确性提供令人信服的证据。

《国际商会广告行为准则》对比较广告的规定是:"在设计含有对比内容的广告时,不得使对比内容产生误导作用。含有对比内容的广告应遵循公平竞争的原则。对比的内容应以具体事实为基础,而不得以不正当手段选择对比点。"同时,该准则还规定:"任何广告均不得直接或间接地通过侮辱对方或嘲笑对方抑或其他方式诋毁任何商号或产品。"

在中国,比较广告是个敏感的问题。《广告法》没有规定允许做比较广告,也没有规定不允许做比较广告,但在绝大多数广告人和广告主的意识中,中国是不允许做比较广告的。产生这种认识,可能是因为《广告法》第十二条规定了"广告不得贬低其他生产经营者的商品或服务"。其实,"贬低"与"比较"是两个不同的概念,"贬低"是"比较"的一种特殊形式,但"比较"不一定必然"贬低"。国家工商局广告司编写的《广告法释义》一书对"贬低"这一行为的解释是:"采用不公正、不客观、捏造、恶意歪曲事实、影射、中伤、诋毁等不正当手法。"另外强调:"一般而言,在有科学的依据和证明,并且是相同的产品或可类比产品,在有可比较之处又具有可比性的情况下,在广告中进行比较是允许的。但这种比较必须在一定的限度内,只是陈述一种客观存在,而不含有借以贬低他人,以抬高自己的表现和倾向。"《广告审查标准》中又有专门的一章内容对比较广告进行规范,第四章三十一条中规定,"比较广告应符合公平、正当竞争的原则",三十二条中又进一步指出,"广告中的比较性内容,不得涉及具体的产品或服务,或采用其他直接的比较方式。对一般性同类产品或服务进行间接比较的广告,必须有科学的依据和证明"。这样的表述将允许存在比较广告进一步具体化,即允许做任意比较广告,而不得做具体的比较广告。同时,标准还对药品、农药、医疗器械、医疗、化妆品等广告的对比性内容分别作了禁止性的规定。

由此可见,所谓比较广告策略是指一种针对竞争对手而采用的广告策略,是将两种或两种以上同类商品(或服务),以事实和证据辨别其异同或高下的方法。例如,克莱斯勒的广告在将克莱斯勒车与丰田车相比时,说丰田小轿车比克莱斯勒小轿车车窗玻璃的镶边要短 6 厘米,如买丰田车,这部分就吃亏了。又如把别家的洗涤剂与自家的相比,说别人的要用 10 摄氏度的水才能去污,而自家的洗涤剂只要 3 摄氏度的水就行,如此等等。比较广告使用得当能起到意想不到的效果,反之,则可能造成"搬起石头砸自己的脚"的结果。

1975 年,百事可乐在达拉斯的装瓶厂向总部求援,要求提供一套产品定位的有力广告,因为虽然他们的一切营运条件和方法都没有问题,但销售情况却出奇的糟糕。为了调查达拉斯人对百事可乐是否持有消极态度,BBDO 设计事务所进行了匿名品味测试,发现当人们不知道喝的是什么牌子的可乐时,大部分人都表示更偏爱百事可乐。他们用隐蔽的摄像机拍摄了免费品尝的过程,并创意剪辑成第一部广告片"百事可乐口味挑战"。广告几乎立刻引起了一场戏剧性的销售热潮。百事可乐公司副主席阿兰·波塔西说:"在第一部'口味挑战'中,我们将百事可乐瓶上标字母 M,可口可乐瓶上标字母 Q。品尝饮料的人指明更喜欢 M 瓶,然后我们揭示它是百事可乐。"可口可乐公司对此陷入极度恐慌,因为他们自己做的口味测试证明百事可乐公司所说的是正确的。恐慌之中,可口可乐公司很快在达拉斯播出一则广告,说:"在瓶子上标字母 M 和 Q 的口味难道有趣吗?所有的人都知道人们喜欢 M 胜于 Q。为什么百事可乐自己选择 M 而叫可口可乐 Q 呢?全部广告就是这些。真是有趣极了,因为我们已经拍摄了用字母 L 和 R、R 和 G 等的挑战广告。我们让他们播出三天后,就把我们的新广告推了出去。"百事可乐和可口可乐是软饮料市场的双雄,在激烈的拼杀中自然免不了使用比较广告这一利器,很显然,在这次广告竞争中百事可乐胜出一筹。最初只为达拉斯设计的这则比较广告,由于效果出乎意料的好,被公司扩展为全国性策划。该则广告在美国的收视率高达 80%。

(二)比较广告策略的基本原则

1. 比较必须建立在事实的基础之上

如果采用子虚乌有的捏造,那么广告的效果只能适得其反。在新中国成立前，我国曾发生固本皂与祥茂皂之争。祥茂皂是英商生产的，外形虽大，但水分高，易收缩变形；固本皂是民族工业生产的，含水少，含脂肪酸高达17%，产品不缩不变，经久耐用。但当时英商肥皂占据上海市场的70%，势力很大。在这种情况下，固本皂生产厂家争取各方支持，采取了比较广告策略。广告商先在《化学世界》杂志上发表了《国货肥皂与外皂的优劣观》一文，对这两种肥皂所含的各种成分逐项进行比较和分析，使祥茂皂的劣货面貌公之于世，产品信誉一落千丈；固本皂则身价百倍，愈益为消费者所信任。工厂还争取销售网点支持。有些烟纸店特地在柜台上盛两碗清水，分别放入一块固本皂和祥茂皂进行比较，从而起到了一般广告所不能取代的推销作用。"不怕不识货，只怕货比货"，比较可以体现产品的特异性能，是调动信任的有效方法。但是，比较是需要事实的。2000年4月起，农夫山泉燃起的"天然水"风暴直接挑战纯净水市场就使用了比较广告一招，但是由于缺乏事实依据，其结果不但惹恼了69家纯净水生产企业，而且直接得罪了消费者。

2. 找准比较对象

采用比较广告策略时，一定要选对比较的对象，而准确的选择取决于市场竞争状况下品牌自身发展的阶段性需要。比如，比较的对象应该是同一市场中处于领先地位的直接竞争对手，或者是平起平坐、难分伯仲的对手，选择一个即将退出市场或处于非领导地位的品牌，比较广告将毫无意义。戴尔与联想是在中国市场构成直接竞争的两大对手，在联想收购IBM全球PC业务之后，戴尔在推出的楼宇电视广告中采用了比较广告策略。广告创意显示：一位肥胖的中年人从售货员手中买走了一根冰淇淋，转身离开时，舔了一口才递给另一个人。了解IT行业的人都知道，那位吃肥了的中年人是指PC企业的分销商，戴尔要告诉消费者的信息是，电脑在到你们手上之前，被分销商占了便宜。众所周知，联想拥有国内目前最庞大的PC分销商队伍，而戴尔只是最著名的直销商。两军对垒，往往谁棋高一着，谁就能赢得胜利。

3. 掌握好比较的尺度

比较广告是一种具有较强攻击性的广告策略，伤人不伤己还是伤人又伤己，甚至欲伤人反伤了己，全有赖于尺度的把握。因此，选用比较广告策略时，一定要衡量比较对手可能做出的反应，对有可能发生的危机要有事先的评估和应急预案。同时，不要轻易作出是非判断，应有理有节地摆明事实，孰优孰劣的结论交给消费者自己去得出。自智能机上市以来，苹果和三星在手机市场一直拼比不休，对战逐渐进入白热化，在一些广告中采用了明显的比较广告策略。2012年9月12日，苹果推出了众所期待的iPhone5，身为智能手机市场上的劲敌，三星立刻在北美发布了一则挑衅意味十足的平面广告,以"It doesn't take a genius"(傻瓜都知道哪个好)为标题,通篇对比了三星 Galaxy S3 与苹果 iPhone5 的功能多寡、优劣,意为自家手机更胜一筹。该广告一经投放便引起轩然大波,即刻遭到苹果众粉丝的反击,包括"Don't settle for cheap plastic"(不要再买廉价塑料制品了)这样的标语。大众之所以喜爱苹果手机,并非全因苹果出色的功能,还因为苹果品牌成长的历史沉淀过程,三星一味的嘲讽、抨击,并不会一下子赢得苹果受众的青睐,如此针锋相对的竞争手段一旦引发不良后果反而让自己难堪,但如此鲜明的行销态度,的确给安卓阵营其他手机品牌用户留下了可观印象。

(三) 比较广告常用的策略

1. 随意性比较策略

所谓随意性比较策略,是指没有明确的比较对象,而将产品与同类产品构成或明显或隐暗的比较。

美国桑福赖防缩水布裤的广告,并列两张图,左图表示一位姑娘穿了一条新的牛仔裤,右图表示她穿了该裤洗涤后缩水的样子,短了一大截。广告说:这是因为她买裤子时忘记了看一下有没有"桑福赖"商标。上海市有关部门为了向人们推荐新的炒菜锅,曾对搪瓷熟铁锅、铝锅、不锈钢锅和生铁锅进行热效能的对比测试,并公布了一系列的测试数据,证明用搪瓷熟铁锅烹调菜肴,不仅有利于摄取人体所需的微量元素铁,而且还能节省时间和能源,从而逐步使人们建立起了对这种新的炒菜锅的信任。蒙牛旗下的牛奶品牌"特仑苏"有一句朗朗上口的广告语"不是所有的牛奶都叫特仑苏","特仑苏"在蒙语中有"金牌牛奶"的含义,突出了自身牛奶的品质以及优于其他品牌的比较之意。

有一层干爽网面的护舒宝卫生巾宣称"更干、更爽、更安心",澳柯玛的"没有最好,只有更好",飞利浦的"让我们做得更好",从严格的意义上来说,这些比较广告并没有具体明确的可比对象,而是在一种宽泛意义上的模糊比较。

2. 同一产品比较策略

同一产品比较策略是指同一产品自身的内部比较,这是一种安全的策略,使用得当同样具有较强的广告效应。这一类型的比较策略通常有产品功效比较和新老产品比较两种手段。比如某护手霜为体现其使用前后的不同,采用照片介绍同一位园林工人的手。这双手在使用某牌护手霜之前因为常与枝枝杈杈打交道,十分粗糙,而使用后,皮肤沟纹变浅,比原来细腻多了。这是产品功效的比较。所谓新老产品比较,是指通过对产品发展史的回顾,显示新产品与老产品的不同。上海全盛洗涤剂五厂就曾以新产品达尔美洗发精与本厂老产品蜂花洗发精作对比。老产品是不分头发个性的,而新产品则分别有适合油性、中性、干性头发以及调理等不同品种,消费者可根据自己的特点加以选择。通过这一比较,新产品的优点十分明显,更容易打开销路。

3. 同类产品不同品牌之间的比较策略

对策划人而言,这是最具挑战性的比较广告策略,也是我们所谓的直接比较广告策略,在广告中比较的对象直接出现,并在内容上构成直接的对比。常用的手法有以下几种。

(1) 事实性比较。

事实性比较广告的实质是抑制他人,抬高自己,其规范的手法是列举证据和事实,而不含任何贬低之辞,所谓"不着一字,尽得风流"。如俄罗斯伏特加酒的美国代理商百事可乐公司曾做过这样一则广告:"绝大多数的美国伏特加酒,看起来似乎是俄国制造,某某牌,在宾州史堪利制造;某某牌,在印州劳伦斯堡制造;某某牌,在康州哈特福制造。"这个广告接着说,它代理的伏特加酒与众不同,是在俄罗斯列宁格勒制造的。这则广告的成功在于它没有标榜自己是正宗,也没有贬低别人是假俄罗斯酒,它说的全是客观事实且证据确凿,而消费者一看就明白谁的酒更好。再如美国博登公司的"智慧"牌洋芋片反击宝洁公司的"普灵格"牌洋芋片的广告说:"在智慧牌的标贴上,你找到:马铃薯、蔬菜油、盐。在普灵格牌的标贴上,你找到:脱水洋芋、单一双酸甘油酯、抗坏血酸、丁基氢氧基苯甲醚。"这则广告刊播后,普灵格牌市场占有率从18%跌至10%。原因很清楚,一般消费者因为不懂得这些化学名称是什么东西而心存疑虑;但在未指明之前,他们根本没有在意。

采用事实性比较时,关键在于找准比较点,即品牌的核心竞争力,只有以自身最强的优势向对手挑战才能给对方以致命的打击。中国移动无疑是中国通信领域中的翘楚,具有明显的优势。但是,在竞争白热化的市场中,优势也并非具有绝对性。中国联通就借助政策优势,与中国电信的小灵通一起以廉价的资费向中国移动发起猛烈的挑战,取得了不菲的战绩。面对咄咄逼人的攻势,中国移动利用比较广告策略,在一系列广告作品中亮出自身最强有力的核心优势,即拥有最好最广的网络,以此来迎接挑战。其中一则广告语为"便宜有什么用"的作品最引人注目,一个消费者着急地到处寻找信号用手机打电话,话外音响起:"找什么?找信号;掉什么?掉线;打一个电话掉五六次线,一点不省钱。"另一则广告则动用了中国联通广告中的原班演员,让父亲教训在联通广告片中要换手机的年轻人:"换什么换?!即使在环保标准最为严格的欧洲,GSM仍然是绝大多数人的选择,咱就不换!"

（2）仿效性比较策略。

仿效性比较策略即采取与竞争对手相类似的广告策略,从而构成比较性的广告。其意并不在贬低对手或一定要把对手压下去,而是通过比较性的广告造势,引起消费者的关注和兴趣。2003年,农夫果园以"三种水果在里面,喝前摇一摇"的广告创意在果汁饮料市场异军突起,并且以30%的产品浓度拉开了与众多浓度为10%的产品的距离。娃哈哈作为饮料业中的大腕,自然不会漠视高端果汁市场,而直接挑战农夫果园是最佳的广告策略。因此,在娃哈哈推出的广告片中,我们看到了几乎与农夫果园完全相同的场景,相似的人物和音乐,外加直白的话外音:"三种水果就想打发我? 三种不够,四种才甜蜜! 四种水果还高钙!"甚至在媒介的投放策略上,娃哈哈也仿效了农夫果园。一时间,这种对垒的局势引发了消费者的好奇心,在一定范围内成了一个社会性的话题。

（3）隐性比较策略。

直接性的比较广告策略既可以如上述案例那样近乎指名道姓地将竞争对手的产品与自身的产品进行比较,起到抑制对方的作用,也可以含蓄隐晦地在字里行间比出高下。根据中国的国情,赤裸裸的比较方式未必能起到好的社会效果和销售效果。相反,中国人的性格比较含蓄、内敛,往往更倾向于隐性比较。所谓隐性比较,是指将自己的产品或服务与其他企业同类产品进行不指名的横向比较。统一公司的老坛酸菜口味方便面自上市以来,受到了广大消费者的喜爱,引起其他厂商跟风模仿,也使得方便面市场霸主康师傅作出反击,推出了陈坛酸菜牛肉面,口味、包装、市场定位都旨在与统一老坛酸菜牛肉面一试高下。对此,统一于2012年初在电视广告中表达了不满,代言人汪涵带有调侃意味地说:"有人模仿我的脸,还有人模仿我的面……"明眼人一看一听,便知道"有人"暗示了康师傅为首的其他品牌,汪涵更是说道:"模仿再像,也不是统一老坛。"此广告没有直接道出竞争对手,却给观众留下了想象和思考的余地,通过隐含的比较宣传老坛酸菜牛肉面的受欢迎程度,达到提高知名度、美誉度的效果。

三、占位广告策略

国际广告理论发展史上曾出现过一些划时代的广告理论,如20世纪50年代罗瑟·瑞夫斯提出的"独特的销售说辞",李奥·贝纳实施的"内在戏剧性",20世纪60年代大卫·奥格威倡导的"任何广告都应该是对品牌的长程投资"和伯恩巴克的"新广告"理论等。占位广告策略是继上述理论和实践后由莱斯、陶特提出的最具划时代意义的广告理论之一。

"占位"(Positing)之说初见于20世纪60年代末期美国产业行销杂志。20世纪60年代,美国逐渐进入买方市场,任何企业要想在竞争激烈的市场上争取到一席之地,首先必须理性地面对这个市场和市场上存在的消费者。倡导"寻找市场空隙,挖掘消费者心理需求"的占位理论应运而生。如今,中国企业和品牌体验着同样的市场状况和过程,不但国内生产的产品样式繁多,跨国品牌也长驱直入,消费者具有很大的选择余地。因此,尽管在目前广告策划中瑞夫斯的说法尚未过时,奥格威的说法也正盛行,但莱斯、陶特二位的说法也几乎同时被中国广告界和营销领域接受。

（一）什么是占位

所谓占位,简单地说就是使产品在未来的消费者心目中占有一个合适的位置。如果说,瑞夫斯认为广告最重要的是要找到"独特的销售说辞",奥格威认为"品牌形象"是广告的立身之命的话,莱斯和陶特则认为广告如何为产品在消费者的心中找到一个恰当的位置是最重要的。今天的企业要想取得成功,比十几年前要难得多。难就难在市场上各种各样的商品已经十分丰富,新的产品比以往任何时候都不容易被市场接纳。尤其是现代的消费者逐渐成长为成熟的消费者,他们心里对每一类产品已形成看法,要改变这种已形成的看法,虽然不是不可能,但是十分困难。

占位的基本方法不是要在消费者心里形成一种新的不同的看法,而是企图巧妙地使消费者心里已有的看法和新的看法连接起来。

占位的核心内容是要让产品信息进入消费者心里。只有在恰当的时间对恰当的人讲恰当的事情才能成功。抢先成为第一名,最早给别人一个印象,是进入一个人心里的捷径。世界最高峰的名字叫什么？喜马拉雅山的珠穆朗玛峰。而世界上第二高峰的名字一般人都答不上来。

在广告中,抢先确立产品的领先地位会带来极大的好处。那么,倘若你是落在后面的第二名、第三名,甚至更后,是否也可以采用占位策略呢？回答是肯定的。首先要弄清楚能在多大的市场里成为第一名。如果能在一个小市场里占位,抢先大量推销你的产品,占领市场,然后再扩大市场,你就是小市场中的第一名。做小池塘里的一条大鱼(然后扩大池塘面积)比做大池塘里的一条小鱼要好得多。

一家企业要想在这个信息爆炸的社会里取得成功,必须在消费者心里占有一个位置。为了取得这个位置,企业既要考虑自身的长处和短处,也要考虑竞争者的长处和短处。广告业现在已进入一个以计谋取胜、胜者为王的时期。在占位阶段,企业的广告就不能仅满足于反映产品上有什么创造或发现,而必须帮助企业抢先进入顾客心里。

(二) 产品阶梯和比附定位

为了应对产品激增的情况,聪明的消费者学会了在心里把产品和牌子分等评级。我们可以形象化地想象在消费者心里有一系列阶梯,每一"梯"是一类不同的产品,每个"阶"是一个不同的品牌。

这种阶梯原则基本上存在于每一类产品中。竞争态势明朗化的产品类别,领先者和后来者的区别相对稳定;而竞争尚处在白热化状态的产品类别,谁先谁后的局势还处在变动之中。

那么,一种后进入市场的产品要想在消费者心智结构中占有一定的位置,大致只有两种方法:一是驱逐心智结构阶梯上方的品牌——这在一般情况下是难以办到的;二是把自己的品牌用某种方法与阶梯上方的品牌发生关联——相比之下这比较容易做到。但是,事实上很多企业在制订广告计划时,根本无视竞争对手既存的位置,或者是根本不愿承认竞争对手在阶梯上高于自己。

如果竞争对手的立足点极其牢固,而后来者又不想方设法在消费者心中占位,要被市场和消费者接受确实是非常困难的。

占位的方法有很多种,比附占位方法显然是非常有效的。

在今天的商业市场中,竞争者的位置和你自己的位置同样重要,有的甚至更为重要。所谓比附占位就是将自己的品牌与其他竞争品牌,尤其是处在阶梯上方的品牌进行对比,从而找到与领先者品牌相类似的特点,使两者之间发生关联,借此突出自己品牌的优点。索尼爱立信在推出某款手机游戏的过程中就采取了与苹果 iPhone 比附来突出自我的占位策略。在这款游戏的推广期间,一则"京城甩手男"的网络视频点击率十分可观,视频的场景是在北京地铁 13 号线里,内容主要为一名男子在地铁内用手机玩保龄球游戏,因为该游戏结合了重力感应功能,因此需作出扔保龄球的模拟动作才能将保龄球扔出去。不料,该男子因用力过猛,滑倒在地,手机也恰逢地铁门闭合而被甩落在了门外,男子十分无奈。视频颇具戏剧性,逗乐了众网友,其间有人声称视频中的手机即为 iPhone,因为 iPhone 的重力感应功能在手机领域是最先应用,网友们不疑有他,戏称视频主人公为"地铁 iPhone 男",一时间 iPhone 的人气使得这则视频更加火热。随后,又有权威人士发言,称视频中男子使用的手机并非 iPhone,而是索尼爱立信的 F305c 手机。至此,亦有人看出这其实是一则网络营销病毒视频,旨在推广索尼爱立信的新款手机。由于最终"解密",大家纷纷搜索索尼爱立信 F305c 为何物,索尼爱立信也成功地将原本就高度关注的大众视线转移到了自己旗下的新款手机上,可谓环环相扣。

在占位策略的早期,艾飞斯的广告活动也是成功的比附占位的典型案例:

在租车业中,艾飞斯不过是第二位,那么为什么还要租用我们的车呢?我们更加努力呀!

当时,在美国的租车行业中,竞争的态势已经形成,在消费者的心目中,租车业的"产品阶梯"也已很明显,赫兹公司排名第一,接下来才是艾飞斯公司和全国租车公司。艾飞斯在它的广告中,将自己和排名第一的赫兹公司联结起来,公开承认赫兹公司是同行业中第一流的,自己甘居第二位,这是因为当时赫兹公司地位牢固,不可正面发动攻势。广告坦诚的告白,巧妙地将自己与市场领先者建立了联系,使人想到租车业就想到"赫兹",想到"赫兹"自然也就想到"艾飞斯"。广告活动执行过后的短短几个月,艾飞斯的市场份额大幅上升了 28 个百分点,大大拉开了与同行业中排行第三的全国租车公司的差距。如果一家公司不是第一,那么它一定要尽早占据第二的位置,而这位置是指在消费者心目中。

比附的另一种方式是和竞争对手进行层次区别。利用这种方法取得成功的是"七喜"。在美国,三份软饮料中差不多有两份是可乐饮料,可口可乐和百事可乐占据了大部分的饮料市场,余下的市场则被一些果汁型饮料瓜分。"七喜"作为一种无色透明的新型饮料,虽然有特色,但要想跻身市场,其艰难可想而知。

七喜,非可乐!

这一广告巧妙地将七喜同已有的知名品牌联系起来,又在层次上区别开来。于是,在可乐饮料的阶梯上,我们终于看到:第一阶梯,可口可乐;第二阶梯,百事可乐;而第三阶梯,七喜。可口可乐与百事可乐是市场的领导品牌,占有率极高,在消费者心目中的地位不可动摇。"七喜"选择"非可乐"的比附占位,而不是通常宣传饮料的清凉解渴,或借两大可乐地位声誉来抬高自己,犹如国产品牌"非常可乐"所做的那样,相似的口味、相似的包装,但未必能在消费者心目中占据相同的位置。"非可乐"的概念,使"七喜"处于可口可乐、百事可乐两大饮料之外的另一种层次,不仅避免了与两巨头的正面竞争,还巧妙地与两大品牌挂钩,使自身处于和它们并列的位置,并从一个默默无闻的后来者一跃成为龙争虎斗的饮料市场中的老三。

寻求一个独具的层次区别,必须扬弃传统的广告理论。传统广告理论告诉我们,要从产品之中去寻求"说辞""观念",而事实上我们不可能在七喜汽水的罐子里找到非可乐的构想,而是在消费者的需求中找到的。

(三) 领先者的占位策略

实践表明,进入消费者心里的第一品牌的长期市场占有率,一般来说比第二品牌要高出两倍,第二品牌差不多也比第三品牌高出两倍,而且这种关系不会轻易改变。像"艾飞斯""七喜"那样退而求其次,占据第二、第三的位置并不是所有公司都愿意干的,绝大多数公司都想做第一。因此,占据第一的领先者在其广告策略中要特别注意以下几点。

第一,领先者往往想要做什么就能做什么。在短期内,领先者是无懈可击的,单单势头就可成为他们发展前进的强大推力。因此,领先者应该利用他们短期的适应能力来保证获得一个长期稳定的未来。在现代经营活动中,几乎没有永恒不变的产品和占位,即使是处于领先地位的品牌也需要随着市场的变化不断更新产品,不断更新广告内容和形式,以确保占据领先地位。以美国宝洁公司的品牌运作为例。"象牙"牌香皂在1879年以来的100多年时间里已经进行了数次广告占位的创新。1879年10月,一位工人吃中饭时忘了关掉制皂机,使原料搅拌时间过长,原料中气体增加,制成的香皂呈白色并且会浮于水面。厂商决定将这批产品按次品处理,没想到投放市场后却大受欢迎。"象牙香皂轻浮于水""洗澡从此不再为找不到肥皂而发愁了"的广告语,使"象牙"香皂一举成名。1883年,宝洁公司对"象牙"香皂进行第二次重新占位,将目标瞄准了婴儿市场。"象牙牌香皂有较好的护肤作用,尤其适合婴幼儿的嫩肤",使产品顺利扩大至婴幼儿市场。第一次世界大战后,"象牙"香皂及时改进香型、形状、色泽和包装,同时意识到广告宣传必须抓住家庭主妇的心。于是,广告形象经重新占位后成为"象牙牌香皂柔和着主妇的双手"。1976年以后,"象牙"香皂再次改变自己在消费者心目中的形象,着眼于健美皮肤,以"美国姑娘——展露你健康的肌肤"为标题进行真人真事的广告宣传活动,从而又吸引了年轻人的心。

第二,获得领先者地位必不可少的因素是抢先第一个进入消费者的心里;保持领先者地位必不可少的因素是加强原先的第一名概念。对于一个处于领先地位的产品来说,可以通过不断地强化品牌名称、品牌标志、标准色等CI来提高消费者对品牌的记忆度;也可以通过强化品牌的核心优势以巩固品牌在"阶梯"上的领先位置。另外,领先者也必须通过多种方法直截了当地告诉消费者自己的位置,像可口可乐所做的那样,始终不忘强化自己才是正宗的可乐的形象。中国移动与中国联通是国内两大移动通信运营商,基本上垄断了国内的移动通信市场,而中国移动无疑是该品类中的领导品牌。但是中国联通在近几年也发起了一些强而有力的广告运动,其势头直逼中国移动。为了压制竞争对手,中国移动推出了一系列彰显自身核心竞争力的广告作品,强化在消费者心目中已有的第一品牌的位置。

第三,当竞争者对自己构成威胁时,大多数领先者可以推出另外一个品牌来压制竞争者的销售,这就是所谓的多品牌单一位置策略。就像宝洁公司所做的那样。"象牙"牌香皂是宝洁公司最早的产品,市场占有率极高。然而,洗衣粉的问世直接冲击了香皂市场,宝洁公司迅速推出了"汰渍"洗衣粉,并以1700万美元的广告费为后盾,使之迅速成为市场的领导品牌。此后,又开发了液体"汰渍"、洗餐具的"快乐牌"洗洁精等新产品,将洗涤品市场进一步细分,有力地压制了竞争对手。对于同一产品,宝洁也发展出多个品牌来稳固自己的领导者地位。典型的例子是洗发水,目前市场上数得上的品牌大部分都是宝洁的产品,这些产品分割、涵盖了洗发水的主要细分市场,如:"海飞丝"强调去头屑功能;"飘柔"着重突出头发的柔顺、飘逸;"潘婷"则以含维他命原B5,能营养头发,使头发更有光泽为号召。在洗涤剂上也是如此。宝洁公司为了满足不同细分市场的特定需求和抑制竞争对手的进入,设计了九种不同的品牌[1]:

汰渍——洗涤能力强,去污彻底。它能满足洗衣量大的工作要求,是一种用途齐全的家用洗衣粉。"汰渍一用,污垢全无。"

奇尔——具有"杰出的洗涤能力和护色能力,能使家庭服装显得更干净、更明亮、更鲜艳"。

奥克多——含有漂白剂。它"可使白色衣服更洁白,花色衣服更鲜艳,所以无需漂白,只需奥克多"。

格尼——最初是宝洁公司的加酶洗衣粉,后重新定位为让衣服干净、清新,"如同太阳一样让人振奋"。

波德——其中加入了织物柔软剂。它能"清洁衣服,柔软织物,并能控制静电"。

象牙雪——"纯度达到99.44%,这种肥皂碱性温和,适合洗涤婴儿尿布和衣服。"

卓夫特——也用于洗涤婴儿尿布和衣服,它含有"天然清洁剂"硼石,"令人想念它的清洁能力"。

达诗——宝洁公司的大众产品,能有效去除污垢,但价格相当低。

---

[1] 菲利普·科特勒.市场营销原理.北京:中国人民大学出版社,1998:276.

时代——天生的去污剂,能清除难洗的污点,在整个洗涤过程中效果良好。

(四)追随者的占位策略

领先者适用的占位策略不一定适用追随者。领先者常常能借助压制竞争者的活动来保持自己的领先地位;而追随者则不能从压制策略中得到利益,因此追随者的占位策略是在消费者心里找到一个未被占有的位置。怎么找?这就是寻找一个漏洞,然后填满它。

1. 填满规模方面的空隙

例如,汽车行业都强调车身更长、价格更低、更好看。大众汽车公司的金龟车,既小又短又丑陋。如果用传统的方法去推销,显然不会有市场。于是,广告商推出了如下广告语:"想想还是小的好,Think small。"仅仅一个片语,产生两种作用:一是定位,二是对其潜在消费者认为"要想更好则体积必然更大"的看法表示不以为然。金龟车很快占领了小型车的市场。

2. 填满价位的空隙

定价是一种优势,如果能使产品抢先占领高价位或低价位的位置,也可增加产品的市场份额。当然,抢占高价位一定要有高品质作保障,而且高价位必须在消费者能接受的范围内,否则,高价位反而存在驱逐潜在消费者的风险。低价位也是一种优势,2011年在智能手机市场竞争异常激烈的时候,国产小米手机成功抢占受众视线。小米手机是世界上首款双核1.5 GHz的智能手机,旨在为中国手机用户贴身定制,最重要的是在网络销售时预订价仅为1999元,公开预订首日1小时内突破了10万台。这样的性价比在当时的手机竞争中是极具优势的,令很多想要购买苹果等品牌智能机却对高价位犹豫的消费者动心。

3. 填满性别空隙

长久以来,在我们的消费观念中,很多产品是没有性别差异和年龄差异的,男人用的东西女人也能用,老人用的东西年轻人也能用。但是,人类的生物特征告诉我们,男女有别,老少有别,他们在生理上、心理上有着很大的差别。凌仕是联合利华旗下的一个男士品牌,于2011年进军中国市场,展开了一系列高调的营销宣传,旨在攻占男性市场。尤其是在凌仕男士沐浴露的电视广告中,带有诱导性的广告词"你还在洗得像个女人吗"试图引导目标消费者明确区别产品使用的性别差异,广告内容从男性消费者为了吸引异性增强魅力的角度切入,成功迎合了当下男士的普遍心理,定位可谓十分精准。

4. 填满年龄空隙

年龄也是占位策略中可以加以充分利用的角度之一。不同年龄的人,不仅有不同的需求,而且消费观念和审美心理也有很大的区别。例如在美国,从20世纪60年代开始人口结构就已逐步趋向老龄化,这使原来一直为婴儿市场服务的强生公司的产品销量锐减。为了增加市场份额,强生公司就把其部分产品如婴儿香皂转向老年市场。老年市场是一块很大的空隙。强生公司便在他们的广告宣传中充分强调其生产的婴儿香皂无任何刺激性,结果"强生婴儿香皂适合婴儿又适合老年人"这一观念深入人心,从而改变了原先只为儿童市场服务的旧的品牌占位,而新的品牌占位则扩大了强生公司所服务的市场。日本卡通品牌 Hello Kitty 在进入欧美市场的时候,出现了一个品牌生命周期怪圈。Hello Kitty 的女性目标受众第一次青睐这只卡通猫的年龄是在5至12岁,心智逐渐成熟便慢慢对其失去兴趣。但到了离家求学时期,又会成为印有 Hello Kitty 商品的购买者,其中包含了一种不想长大的情绪。等到成家以后,这样的循环又会出现在她们的女儿身上。所以 Hello Kitty 这个品牌本身所具有的特质,使得它的目标受众年龄范围弹性变化,从而使该品牌巧妙盘踞市场,经久不衰。

5. 填满一天中的时段空隙

如"白加黑"感冒药,将一个普通的药品从时段上来加以划分,从而使之有了鲜明的特征。在"白加黑"感冒药推向市场之前,已经有了数以百计的感冒类药品,知名品牌就不下十来种。面对强手,初出茅庐的盖天力如何突破重围,后来居上?盖天力分析了感冒的主要特征和感冒药品的共同缺陷:感冒令人不舒服但不至于让人无法工作,事实上许多感冒患者是边吃药边上班的。感冒药尽管很多,但是没有一种可以药到病除,基本办法是让人休息,吃药以后马上睡意浓浓,这就影响了那些不能休息的患者的工作。市场上缺少一种既能治病又不影响患者正常工作的感冒药,于是盖天力产生了开发两种药品的创意:白天服用的药去掉一般感冒药常用的"扑尔敏"成分,使患者服用后能够正常工作,上班不会打哈欠、打瞌睡;晚上服用的保留"扑尔敏"成分,使患者加重睡眠,保证休息好。为了加大区别,白天服用的片剂用白色,晚上服用的片剂用黑色。产品命名为"白加黑"。广告语为:"白天吃白片,不瞌睡;晚上服黑片,睡得香。"清除感冒,黑白分明。"白加黑"一问世,立即受到感冒患者的热烈欢迎。盖天力巧借时段,打破感冒药的常规,产生了意想不到的效果。

6. 填满地域的空隙

不同地域的人们因区域地理环境的不同、气候的不同、生活习性的不同以及文化传统的不同,自有特定的思维方式和审美习惯。当大量洗衣机都在强调产品造型美观、轻巧便携时,威力集团看中了广大的农村市场,并通过一系列的广告活动,塑造了"威力洗衣机厂是全国最大的洗衣机厂"和"威力洗衣机,够威够力"的良好形象。在当时的情况下,企业大意味着实力强、技术过关。20世纪末,洗衣机行业群雄崛起,威力率先推出了富有人情味的农村版电视广告:"我又梦见了故乡的小溪,梦见了妈妈……妈妈,我给您捎来一台威力洗衣机",在中国广大的农村建立了更为良好的品牌形象。

(五) 重新占位的策略

到一定的时候,当市场上每类产品都有数以百计的品种时,再要在消费者心中找到一个漏洞或缺口就十分困难了。这时,公司怎样用广告炸开一条路,使自己的产品进入消费者心里去呢?有一个办法,就是去改变竞争对手在消费者心目中已经占有的位置。这样做的难度是显而易见的。

要将一个新的消费观念或一种新产品移进消费者心中,就必须把老消费观念和旧产品挤出去。旧的观念一旦推翻了,要说服人们接受一种新观念就比较容易了。事实上,人们常常主动寻找新观念来代替老观念,填满空出来的地方。

为了让消费者自然而然地接受新的观念和产品,首先必须对竞争对手的产品加以客观的评述,找出它们的不足之处并且坦诚地告诉消费者,从而促使消费者改变他们对原有产品的看法。

四、悬念广告策略

悬念广告策略,国外也称之为猜谜式广告策略,即做广告时不直接说明是什么产品,而是将产品渐次地表现出来,让消费者感到好奇而加以猜测,最后一语道破,给人留下很深的印象。

这种广告策略比较适宜于做尚未发售之前的产品广告。比如,国外有家化妆品公司发明了一种新的化妆品,某天刊载该公司广告的报纸上用整整一个版面登出一个大问号,读者自然很奇怪,议论纷纷,真可谓"不著一字,尽得风流"。第二天报纸一到,人们争相翻阅,急于弄清昨天那个问号的答案,可报纸上除了那个大问号之外,只不过是加上了该公司的名字。直到第三天,该公司的新产品才登上报纸,广告详尽地介绍了产品的功效、价格、售货地点、方式等。由于广告手法奇特,强烈地刺激了市民的感官,使新产品给消费者以深刻印象。20世纪80年代初,摩托罗拉寻呼机开始进入中国市场时,就使用了上述悬念广告策略的模式。

悬念广告策略,看起来似乎延缓了广告内容的出台时间,其实却延长了人们对广告的感受时间。悬念的出现,可使原来呈纷乱状态的顾客心理指向在一定时间内围绕特定的对象集中起来,并且为接受广告内容创造比较好的感受环境,为以后更有效地接受广告、加深印象埋下了伏笔。

悬念广告策略有三个特点:一是欲言又止,欲扬先抑,决不和盘托出,而是留下一连串无法猜透的哑谜,耐人寻味,耐人思索,驱使人们去追根究底,弄个明白。二是一反常规,出其不意,以奇制胜。比如,天津市饮料厂的路牌广告,其标题是:"夏天,并不可怕!"这是一个悬念,若想弄清什么原因,就得看下去,原来该厂提供了消暑佳饮。三是针对所要传递的新的商品知识,处处设下疑问,只要你想找到答案,广告的目的就达到了。上海洗涤剂三厂的"双鲸"牌柔软剂广告是:"您真的会洗衣服吗?"人们不禁会想:洗衣寻常事,难道还有真洗假洗之别?真的会洗又是怎样?于是广告就介绍说:传统的两步洗衣法是搓洗、漂清,这还不算会洗衣。现代洗衣应当用三步法——搓洗、漂清、柔软。只有如此,才能恢复织物弹性,消除静电、薄型化纤裙子缠脚、毛巾变硬板结等问题。读到此处,读者方恍然大悟:自己确实还不是真的会洗衣服。

悬念广告策略在具体表现方式上是可以变化的。有逐日加强的悬念广告,即每天加重悬念的分量,如台湾"野狼"牌摩托车上市之前的悬念式广告推广;有连续撞击的悬念广告,即连续10多天出现同样的悬念形式,天天撞击人们的思考,最后一下子点明,如20世纪80年代香港著名的某汉堡品牌所做的那样;有旁敲侧击式的悬念广告,即出现奇怪的广告图像,并配画外音加以强化。手法不一而足,贵在创新。

宝马在推出 M3 25 周年的限量珍藏版 Tiger Edition 时,上演了一出悬疑大戏:

第一阶段:在优酷、土豆、新浪视频等国内知名视频网站的首页都出现了一则诡异的视频——"来自绿色地狱的惊人发现",视频内容是一名观察人员在检验一只发出异响的集装箱,视频画质模糊,内容单一重复,令人摸不着头脑。视频结尾,显示了一个即将揭秘的日期。

第二阶段:两天后,与视频中如出一辙的集装箱出现在了北京王府井步行街上,许多不明真相的群众驻足围观,引发不少猜测,还引来多方媒体记者进行采访。

第三阶段:此后,"集装箱"悬念终于揭秘,官方发布了最新视频——集装箱内的不明物体正是宝马最新推出的一款车型。随后,宝马趁此悬念的余热召开了声势浩大的新车发布会,引发了最高潮。

恰到好处的悬念广告策略的使用,起到了以一当十的作用。

五、情感广告策略

在产品差异化程度越来越低而消费的个性化越来越突出的今天,巧妙地利用情感因素,可以赋予品牌独到的个性化特征。

利用人类天性容易为情所动的特性所发展出来的广告策略由来已久,也算得上一种传统的、经典的广告策略了。给我们留下深刻印象的一些广告往往与某种情感表达的强度有关。如雕牌洗衣粉早期的"下岗女工篇"和雕牌牙膏的"后妈篇"等,利用了人类同情弱者和母女亲情的天然本性,通过下岗女工和懂事女儿,年轻后妈努力付出和赢得女儿心的故事叙述,为雕牌注入了平民化的元素和亲和力,俘获了消费者的同情心、理解和购买力。

情感性的广告策略在消费社会的背景下,为了迎合消费者对商品物质属性的轻视和对符号价值意义的重视,被提到了新的高度,它不再是商品的一种华丽包装,也不再是同质化商品的一种个性化标签,而是成为了品牌、企业的一种文化理念。

QQ 是腾讯旗下最深入人心、最具品牌说服力的产品,拥有众多用户,几乎成为现代人的沟通必备选择。腾讯公司成立于 1999 年,这些年里,不同年代的人们历经了不同的人生阶段,腾讯 QQ 作为一个即时通讯工具或多或少见证了许许多多历史时刻的发生。十几年来,新技术和产品不断涌现,沟通工具不断推陈出新,但腾讯 QQ 仍陪伴在我们左右,帮助人们消除距离带来的隔膜。因此,腾讯在 2011 年,也是 12 周年之际选择用 QQ 这个产品来串联起人们的共同情感,传播企业形象。电视广告《弹指间,心无间》讲述了一对普通母子的亲情故事,一开始,叛逆期的儿子对母亲十分不耐,"她是我最亲近的人,但也许正因为相聚太近,反而有了距离。那个时候,我好想逃开",后来因为求学深造,终于能够"逃离"母亲的身边。在独自生活的孤独与艰辛中,儿子惊奇地发现母亲居然出现在 QQ 好友列表上,身处地球两端的母子因为 QQ 而沟通起来。距离变大,心却因沟通而拉得很近,弹指间,心无间。广告画面如同真实的生活片段,配合舒缓的背景音乐,在细节处,将腾讯 QQ 品牌自然而然地融入其中,情感真实而隽永。

人类的情感触媒存在于各个方面,事实表明,越是接近人类本性的情感因素就越具有普泛性和典型性,比如亲子之爱、手足之谊、男女之情、天伦之乐、快乐和伤痛之感、人与自然的交融之景等。这些情感不仅存在于不同年龄、不同阶层中,而且也存在于不同民族、不同文化中,它们的表达方式和强度可能不尽相同,但是具有共通性。

六、公益广告策略

公益广告由来已久,最早可以追溯到20世纪40年代初的美国。当时,著名的广告人韦伯·扬就颇有预见性地指出,公益广告可以"用于加深国际间的理解、防止摩擦的公开宣传中,用于根绝无知恶习中和为国家利益的工作中"。在中国,公益广告的历史并不长。20世纪80年代中期,贵阳电视台播出了我国历史上第一则真正现代意义上的公益广告。1987年10月26日中央电视台开办的《广而告之》栏目以及此后举办的以"中华好风尚""自强创辉煌"为主题的公益广告月活动,推动了公益广告的发展。

公益广告在美国被称为"公共服务广告"(Public Service Advertising 或 Public Interest Advertisement),是指通过广告增进公众对突出社会问题的了解,并影响他们对此类问题的看法和态度,改变他们的行为和做法,从而促进社会问题的解决或缓解。国内学界认为,公益广告是为公众利益服务的非商业性广告,旨在以倡导或警示等方式传播某种公益观念,促进社会精神文明建设[1];所谓公益广告是为公益行动、公益事业提供服务的,它是以推广有利于社会的道德观念、行为规范和思想意识为目的的广告传播活动[2]。

公益广告一般有两类:一是所谓的公共广告,主要由政府和社会公共机构发布;一是意识广告,大多由企业发布,表示自己对社会的功能和责任,表明自己过问和参与了如何解决社会问题和环境问题。我们在此视公益广告为一种广告传播策略,不是指企业出资赞助播出某条公益性广告,而是指企业主动参与公益性广告的制作和传播,参与公益性事业的扩大,通过公益活动加速大众对品牌的认知和实现大众对品牌的情感赞同。例如,"非典"时期,很多企业开展了系列公益传播:汇源果汁赞助了《同一首歌》抗"非典"专辑;蒙牛在第一时间推出了"预防非典"的FLASH广告片;洗手液领先品牌威露士等顺势大打事件营销牌,从而使洗手液一夜之间从奢侈品变为必需品;养生堂借此机会推出成人维生素新产品等。又如汶川地震期间,中国电信的《接通情亲,传递希望》反映通讯企业全力抢修地震造成的线路故障;伊利乳业的《早一秒,就多一份希望》表现企业在第一时间向灾区运送牛奶;中国平安保险放弃"买保险就买平安"的商业主题,重新采用以前的"平安中国,中国平安"的广告口号。这些企业凭借公益传播都在民众心目中树立起了良好的企业形象和品牌形象。

[1] 高萍.公益广告初探.北京:中国商业出版社,1999:11.
[2] 马玉梅,周云利.论公益广告的社会价值.学术交流,2000(2).

在推崇形象经济的今天,公益传播正在成为一个快速建立品牌知名度、不被大众排斥的推广模式和建构企业品牌核心价值的有效措施。

公益广告策略主要有以下几种常见的形式。

(一)利用公益广告建立品牌,提升企业形象

公益广告的成效或许不是一朝一夕能够看得出的,因此,制作、投放公益广告需要有长期"作战"的心理准备。张裕集团从1998年开始在中央电视台投放公益性广告,利用黄金时段的效应,树立了集团具有社会责任感和使命感的良好形象。华北制药厂本着企业"一切为了人类健康"这一宗旨,将支持公益事业视为企业对社会的一种回报,同时利用公益广告传播企业形象和企业价值观。比如,他们在中央电视台投放的公益广告篇目先后有:"抗非典篇""新凝聚篇""新公众篇""晨跑篇""拥抱健康篇"等,强化了品牌内涵。

(二)利用公益广告模式与商业广告互动

对于大多数企业来说,商业广告的投放是不可或缺的,但大量投放商业广告又容易引起消费者的反感,产生负面效果。因此,很多企业有意识地将公益广告与商业广告结合起来,使之互动或融为一体,以商业广告投放拉动正常的销售,以公益广告来创建企业或品牌的形象。哈药集团的广告策略正是如此。经过了最初和原始的密集式产品广告投放,哈药六厂从昔日名不见经传的亏损小厂一跃成为全国瞩目的知名企业。但是在"盖中盖广告风潮"事件之后,消费者对哈药六厂的大投放量广告和虚假广告产生了抵触情绪。为此,哈药以全新的方式和心态来应对这场危机,那就是借助公益广告。他们以亲情、爱心、爱国和民族精神为主题,为自己的广告注入了新的意涵,播出后得到了消费者的好评,在一定程度上纠正了消费者对哈药六厂广告的厌烦态度,改变了以往的不佳形象,有力地支持了渠道和终端购买。

(三)抓住突发事件,树立企业公益形象

日常生活中经常会遇到一些突发事件,这些事件对于品牌传播有时是千金难买的。所谓的突发事件,通常是与国家、社会和人民生活密切相关的重大事件,是万众瞩目的事件。因此,企业或品牌能以合适的方式迅速介入其中,并表明自身的态度和立场,往往容易得到消费者的认可和好评,有利于建立良好的公众形象。2003年5月1日,中央电视台新闻频道开播,24小时滚动播出全球新闻资讯,这一举措迅速成为国内电视观众关注的焦点。同时,新闻频道开播之日,也是"非

典"正在国内部分城市肆虐的时候,反应快速的海尔集团抢得了在中央电视台抗击"非典"公益广告中的先发优势。广告播出后,收到了良好的反响,新浪网也把它作为一个优秀作品,在线播出,海尔集团借此大幅度提升了的品牌形象。

康恩贝集团也于2003年5月紧急制作了"抗击非典,我们必胜"的公益广告,从5月1日起在央视新闻频道进行大量投放,赞扬全民齐心抗击"非典"的精神,激励民众的斗志,鼓舞大家的士气。同时,康恩贝集团还通过卫生部向北京市捐赠了价值1 000多万元的阿奇霉素冻干粉针等"非典"防治专用药品,同时将总价值400万元的"非典"防护用品和保健药品通过浙江省慈善总会向100多万中小学生进行大面积免费赠送。据不完全统计,康恩贝集团在这场抗击"非典"的斗争中全部捐赠物资的累计价值达到了1 776万元以上。结合以上的捐赠行动,康恩贝集团又及时制作了"康恩贝人在行动"的公益广告,带动了不少企业纷纷行动,共同为公益事业尽力。随着"非典"事态的逐步缓和,普通百姓的情绪逐渐恢复平缓,再加上康恩贝集团的产品多为治疗中老年疾病的非处方药品,康恩贝集团又制作了"生命之树常青"公益广告投放央视,以此来呼唤亲情,倡导关爱中老年群体的生命健康,此举得到了中老年消费群体的大力支持,企业形象牢牢扎根于寻常百姓心中。

2012年,中日钓鱼岛争端再起,民族情绪在"九一八"之时达到顶峰,荣威以一组平面广告传递了自己的态度。"绝不退让"的主题配合指代鲜明的文案,将荣威的爱国心提升到了极致。如此轻松地借力,使得观众很容易对品牌产生亲近感与认同感,宣传风格亦符合其一贯的硬汉路线。

第三节 创新广告传播策略

所谓"创新广告传播策略",是指那些刻意淡化产品功能性诉求,淡化广告的商业色彩,转而注重品牌形象、企业形象,尤其是企业文化形象的广告传播策略。如果说上述传统的、经典的广告传播策略更注重广告的直接促销功能,注重广告所带来的即时销售利益的话,那么,创新广告传播策略则注重以消费者更能接受更灵活多样的方式与之沟通,注重广告的沟通功能和广告所带来的长期传播效益。

创新广告传播策略日渐被广告策划者和企业重视,其原因是多方面的,既有大众媒体小众化倾向带来的广告传播覆盖率大大缩水的局限,也有消费者理性消费趋势所带来的对广告的漠视、审视、排斥,但更为重要的是广告传播环境的变迁所带来的传播策略的改变。

那么,广告传播环境发生了怎样的变迁呢?

20世纪90年代以后(有学者精确地给出了1997年),中国社会开始进入消费社会。一方面,改革开放以来,中国的经济快速成长,物质产品异常丰富,人们的生活水平也得到了前所未有的提高;另一方面,在全球化背景下,西方世界的文化和观念更容易、更直接地被我们理解或接受。而西方社会是在第二次世界大战以后开始进入消费社会的,消费社会的缘起首先是由于物质财富的大量增加,人们被鼓动着消费,甚至挥霍浪费,形成了所谓的"消费主义"。消费主义的盛行带来了两大特征:

第一,过度消费和消费者的狂欢情结。所谓消费主义,指的是"一种价值观念和生活方式,它煽动人们的消费激情,刺激人们的购买欲望,消费主义不在于仅仅满足'需要'(need),而在于不断追求难于彻底满足的'欲望'(desire)……'消费主义'代表了一种意义的空虚状态以及不断膨胀的欲望和消费激情"[1]。换言之,消费主义时代,人们不再追求纯粹的精神愉悦和幸福体验,甚至放弃了信仰和理想,沉湎于对单纯物质财富的占有和享受,满足于假想的虚幻场面所表达的消费的狂热与兴奋,快乐幸福也仅仅表现为极端浅薄的过度消耗。因此,物质消费的本质在现代人这里变成了一种狂欢的情结。所谓"我消费,故我存在",是一种快乐至上的文化。消费主义的盛行改变了广告传播的策略,直接的功能诉求往往不能引起消费者的注意,大投放的广告甚至引起他们的反感,而以快乐为原则的广告传播策略却能长驱直入,深得人心。

第二,符号消费和消费者的品牌文化情结。消费主义的特征除了过度消费外,就是它的符号消费。商品的符号价值理论是让·鲍德里亚提出的,指的是为了某种社会地位、名望、荣誉而进行的消费,"一件商品,无论是一辆汽车、一款大衣、一瓶香水,都具有彰显社会等级和进行社会区分的功能,这就是商品的符号价值。一件商品越是能够彰显它的拥有者和使用者的社会地位和社会声望,它的符号价值也就越高"[2]。也就是说,消费主义作为一种生活方式,它强调的不只是对某一特定商品的消费,而是对商品附加价值的消费,是对一系列商品所构成的意义的消费。例如,作为一位白领丽人,她购买手袋时,所考虑的因素更多体现在风度呈现、身份契合等意义性方面,因此,国际性大品牌、有文化渊源的品牌便成了她们的首选。同时,有了品牌的手袋,她必须考虑服装的搭配、饰

---

[1] 王宁.消费社会学.北京:社会科学文献出版社,2001:145.
[2] 罗钢,王中忱.消费文化读本.北京:中国社会科学出版社,2003:32.

物的点缀,甚至鞋袜的选购。这样,商品不再是简单的个性,而是被整合成了一个整体,它们暗示与召唤着其他相应的商品。而品牌,尤其是有着深厚文化底蕴的品牌,是最具这种符号消费价值的,这促进了广告传播策略中品牌文化意识的盛行。

一、体验式广告策略

体验式广告策略是指广告主利用精心的广告策划和创意,带给消费者体贴入微的情感体验,令他们有身临其境、感同身受的交互体验。

优衣库在美国的一家分店内,在试衣镜上玩起了花样,乍看之下它们与普通试衣镜没什么区别,但当顾客试穿某款衣服时,站到试衣镜前,只要按动按钮,就能把镜子中衣服的颜色更换为同款样式的其他颜色。镜子的神奇在于它采用了一个半透明反射镜触控面板以及动态颜色演绎引擎,这一技术的引进使得走进店内的顾客大感兴趣,新奇有趣的同时又十分实用。顾客往往在选购某款服饰的时候对具体选择哪一种颜色犹疑不定,若一一试穿,麻烦且浪费时间。对于店铺本身来说,此举降低了试衣间的使用率,有利于吸引更多人流量。因此,采用这种特别的试衣镜,不但帮助人们接受了换衣服的时间,完善了店铺自身的购物体验,更重要的是,还吸引了更多因好奇前来观看、试穿的客流。

二、连续剧式广告策略

消费者认知一个品牌、信任一个品牌、购买一个品牌起始于对广告的认知、信任和接受。一个品牌如果能持续不断地让消费者接触到它的广告,或者大量地接触它的广告,往往能先声夺人、以势压人,于无形之中俘获消费者的心,与此同时,也会在市场环境中造成一种消费趋势,促使消费者从众购买。笔者曾在学生中就脑白金品牌做过调查,95%的调查者讨厌或不喜欢它的电视广告,但是有90%以上的人认为逢年过节选购礼物时首选的保健品品牌是脑白金。被问及原因时,一致的回答是,脑白金系列广告的大投放使这个品牌家喻户晓,因此,脑白金使送礼者觉得有面子,受礼者也知道这是个著名品牌。

脑白金有如此广告效果,与其连续剧式广告策略和大投放策略密切相关。

所谓"连续剧式广告策略",是指广告主出于连续推广的需要,在同一广告主题的指导下创作一系列广告作品,它们在创意诉求点、广告内容和风格上基本相似,从而构成一个完整的整体,在媒体上连续刊登,以此形成合力,对企业形象或产品、服务进行有效推广。

首先,连续剧式广告策略中的每一则广告在内容上具有紧密的关联性,它们大抵都是为同一产品所做的广告宣传,即使是为不同产品型号或款式所做的广告,在广告内容上大体还是比较接近和相似的。有时,连续剧式广告作品从不同的角度展示产品的特性,有时也可能是重复同样的诉求内容。其次,连续剧式广告作品在风格上保持一致性,无论是视觉构图、色彩搭配还是语言文字,总有一些部分是相似的,以形成系列作品之间的呼应和连贯性。再次,连续剧式广告作品的创意具有一定的戏剧性,情节结构上有一定的相似性,乃至于完全相同。

依据内容的关联程度,连续剧式广告策略主要可分为以下两种表现方式:

第一,广告主题相同,内容呈现不同,各自成立独立的篇幅。"横扫饥饿"是士力架一贯的宣传口号,2012年在此基础上,士力架通过三则视频广告借助巧妙创意推出新口号——"饿的时候,你是谁?"三则广告片都传达了这一提问背后的搞笑要领,由同一组演员,演绎了三个相独立的故事,构成了"士力架剧场"。广告采用夸张的表现手法讲述人们在吃掉士力架前后的转变,分别为韩剧悲催女奴"饿"求抱抱,易怒包租婆"饿"吼撼全场,犯懒猪八戒不来劲遭BS。熟悉的主演和相似的恶搞方式,使人们很快适应并记住了士力架的新营销。

第二,广告主题一脉相承,剧情连续,构成一个完整的故事框架。情节性、连续性的广告可以通过演绎一个生动有趣的故事,借故事情节来解说商品、传递信息。故事情节如果能吸引观众的注意力,在某种程度上观众就会与广告发生关系,对广告产生浓厚的兴趣。历时三年,益达口香糖推出的《酸甜苦辣》系列三部曲,最终以有情人终成眷属结尾。由两位具有独特气质的当红偶像彭于晏和桂纶镁主演,讲述了男女主人公在加油站相识,一见钟情后浪迹天涯,在路途中发生的酸甜苦辣的爱情故事。两位演员出色的演出为广告聚集了很高人气,成功将人们的关注点从广告剧情引到了产品,"关爱牙齿,更关心你"的理念也完美融合其中。在这个系列广告中,益达的产品仅作为表演道具出现,围绕"吃完喝完嚼益达"的需求延伸发散,以精彩的剧情和广告中的明星效应以及待续联播的方式吸引了受众的注意力。

三、植入式广告策略

广告与影视业的紧密合作,不但体现在传统的贴片广告上,随着消费至上和娱乐至上观念的普泛化,广告与影视业还在创造快乐、娱乐消费者和观众方面携手共谋,出现了广告影视化的现象。具体表现在:

广告或者说品牌暂时隐去了自己的真实身份和真实目的,将自身植入电影电视的剧情和画面中，成为影片中的一个道具或一个布景，或者在电影的场景中以不为人注意的方式插入产品的名称、标志或广告牌等，使产品与影视情节或画面的其余部分融合在一起，从而产生积极的广告效果。1985年，电影《墨菲的浪漫史》中有一个例子，影片的男女主人公初次见面时，约在一家杂货店的门口。这家杂货店的门口悬挂着可口可乐的醒目标志，浪漫的约会发生在可口可乐门前，积极的场景气氛使得可口可乐品牌从中受益。这种通过潜意识发挥广告劝服作用的手法在今日中国的影视界也被大量使用，比如电视剧《编辑部的故事》中的矿泉壶，贺岁片《手机》中的摩托罗拉手机，影片《天下无贼》中一口袋一口袋的诺基亚手机以及清晰醒目的中国移动标记等。

　　植入的手法重在利用暴露频次，但这是远远不够的。2011年7月21日，《变形金刚3》全球上映，让观众印象深刻的不仅是该影片的故事情节和技术特效，更是一场让人应接不暇的品牌汇聚。这是中国品牌首次如此大规模地植入好莱坞大片。在影片中出现了中国观众熟悉的四个国产品牌：美特斯邦威T恤、伊利舒化奶、TCL电视和联想电脑。影片刚开始，希亚·拉博夫扮演的男主角Sam赖床，身上穿的正是美特斯邦威的经典款T恤，露出一个大大的LOGO；当华裔演员郑肯摇头晃脑地喊出"能不能让我先喝完舒化奶再跟你说"的时候，导演给了伊利舒化奶一个完整的特写镜头，电影院所有的人都笑喷了；影片后段，一台TCL智能3D电视以最新变形金刚的模样亮相，阻挠男主角前去搭救女主角；而出现频率最高的则是联想电脑，甚至贯穿影片始末，办公室和美国宇航局官员都在使用联想白色液晶电脑，Lenovo的字样不停出现，最后陪伴在Sam身边的一台联想电脑也变形成了机器人。中国品牌的植入甚至比变形金刚更抢戏。除了品牌要大、推广实力要强外，好莱坞大片寻找植入产品的时候更看重他们是否和故事契合。合乎情理的植入不但有助于推动电影情节的发展，还能让观众心领神会，默契一笑，自然而然就让品牌深深地留在人们脑海里。

　　除此之外，也有品牌拍摄影视化的广告片，将品牌形象隐藏得更深、更不容易发现，而娱乐的色彩更浓厚。几年前，《城市画报》杂志社拍摄了一部名为"欲望城市"的形象广告片，7分钟的时段讲述了城市中两个男女青年的故事和他们内心的欲望，色彩丰富，意象迭出，具有极强的娱乐性，但是杂志名并没有出现。

四、恶搞广告策略

　　在传媒业发达的今天，广告与新媒介的结合也产生了许多意想不到的快乐，广告与互联网的结合、与电脑游戏的结合，为消费者创造了全新的接触广告的方式，而且让这个过程充满了快乐。以轻松愉悦的方式进行品牌推广并恰到好处地进行表述,其效果显然比动辄花费数百万且一本正经地在电视上强硬灌输要好得多。

北京 BBDO 公司为 M&M's 巧克力豆做了一则名为《Funky Duddies》(时髦老爹)的户外广告,画面中呈现的是三个神情严肃、眉头紧蹙的老古板形象,但 M&M's 巧克力豆却被摆成胡子、镜框和蝴蝶结的形状,装点了他们的不苟言笑,让人忍俊不禁。M&M's 巧克力豆明亮活泼的色彩,彰显了属于年轻人的活力,也将产品的形态准确无误地传递给了消费者,让人印象深刻。

广告不再局限于一定要传递广告主的产品、服务、企业形象的信息,广告不是一定要具有说服功能,广告就是让消费者参与其中,让消费者获得愉悦。

当然,优秀的广告创意本身也具有丰富的娱乐性,如将幽默、讽刺、诙谐杂糅进广告创作,也能让消费者发出会心的一笑,得到快乐。当然,将幽默和讽刺用来发展广告策略不太容易把握好,往往会失之毫厘谬之千里。但是,这种策略很有吸引力,而且充满乐趣,值得一试。步步高来电显示电视广告"小丽篇"就是一例。男主人公坐在客厅的沙发上着急地等待女友的来电,电话铃一响他就抢着接电话,但都不是她的。正当他沮丧之时,电话铃再次响起。男主人公看都不看就认为是他妹妹的电话。戏剧性的场景是他让妹妹接电话的话音未落,来电显示让他知道这就是他女友的电话,于是他从沙发上一跃而起,并用夸张的温柔声"小丽呵……"接听电话。轻松、愉快、适度的夸张将产品"来电看得见"的方便功能表露无遗,让受众在会心一笑中感受那份被关怀的人性叙述。

盛世长城为乐之新品薯你脆制作了一则视频广告,名为"女生宿舍——炫富篇",广告内容结合时下的网络热点事件,描绘了几个宿舍女生攀比、炫富的情景,手持产品的作为正面形象的某女生说到"这是我自己买的"对比另一女生的"干爹送我的",广告播出后,引发广泛热议。暗含讽刺、幽默和搞怪,乐之以轻描淡写的姿态传递了鲜明的立场态度,获得了不少网友的好评,为品牌本身加分不少。

五、微电影广告策略

微电影(Micro film),即微型电影,多在新媒介平台播放,可以说是一种更注重形式的"长广告",相比电视广告等传统媒体,营销的性价比更高,其传播范围之广、接受度之高以及传播成本之低,吸引了众多品牌尝试和采用微电影营销。经过近几年的发展,微电影营销策略已呈百花争鸣之势。

2010 年 12 月 27 日,凯迪拉克为自身品牌打造的号称史上第一部微电影《一触即发》在中央电视台 1、2 套播出,同时上传到各大视频网站。一时间,微电影终于掀开了神秘面纱,时长一分半钟,由著名影星吴彦祖主演,却没有给观众带来太多惊喜,对于大多数消费者来说,只是一则过长的广告。可以说,这是一次具有开创意义的尝试,虽未深刻诠释微电影的奥义,但给广告形式的多样性带来了启迪。

短短两三年时间,凯迪拉克定制作品带来了微电影营销热潮。传统广告市场竞争日益激烈,微电影广告凭借强大的互联网传播平台和更为优越的表现形式,成为备受瞩目的广告营销新阵地。怎样使微电影的情节与品牌真正融合,是执行上的难点和重点。以电影的噱头吸引受众的视线,辅以情节,串联品牌,张力足够,即能十分有效、深刻地传达品牌内涵,而过于注重微电影情节,无法与品牌形成互动,则只能成为单纯的娱乐视频。

2012年,中国移动推出了一部名为《老人院》的微电影,这则微电影也是张杨导演电影《飞越老人院》的番外篇。电影和微电影的题材都针对社会老龄化和亲情问题,体现了品牌爱心和社会责任心,广受人们关注。微电影的主演是青年演员王珞丹和张译,朴实、真挚的剧情启发了人们与父母、亲人沟通的情感,符合品牌功能,十分契合品牌精神。

六、品牌文化策略

"品牌"概念的提出始于20世纪20年代的美国。20世纪30年代初,宝洁公司首次制定了品牌经理制。20世纪60年代,奥格威第一次在广告领域系统提出了品牌形象理论,他认为,每个人都必须对品牌形象有所贡献,每个广告都是建立品牌声誉的长期投资。奥格威品牌形象理论的可贵之处在于,改变了广告直接促进销售的传统观念,提出了广告是塑造品牌最有用的利器。20世纪90年代以来,品牌重新引起了中国广告界的高度关注,一些广告公司相继推出了所谓的"品牌小组""品牌计划""品牌管家",以一整套方法和流程去管理客户的品牌。

品牌的经营离不开文化。文化在这里既指品牌所在区域的社会文化,也指品牌的企业文化。由于商品的同质化和市场竞争的白热化,产品的个性差异逐渐模糊,因此,策划者和企业都转而寻求品牌的文化附加值,以区别其他品牌,给消费者以深刻印象。柯达产品在技术上与其竞争对手如柯尼卡、富士究竟有多大的区别,一般消费者无法判断,但是几十年来柯达广告所塑造出来的"柯达与你分享生活中每一刻快乐时光"的人性化品牌形象,却是其他技术上相似的产品无法取代的。联想数码产品赋予品牌"失去联想,人类将会变得怎样"的地位,从文化的角度确立了品牌的高度。

（一）品牌与品牌个性

根据韦氏大字典的定义，"品牌(Brand)是被烙铁或其他方法印下的记号，用来识别品质及制造商"。美国著名营销学者菲利普·科特勒表达了相似的观点："品牌是一种名称、名词、标记、符号、设计或是它们的组合运用，其目的是借以辨认某个销售者或某群销售者的产品或服务，并使之同竞争对手的产品和服务区别。"〔1〕美国市场营销协会也将品牌定义为用以识别一个或一群产品或劳务的名称、术语、象征、记号或设计及其组合，以和其他竞争者的产品或劳务相区别。奥美公司给予品牌的解释为品牌是某一产品属性的综合——它的名字、包装、价格、历史、名声及其广告形象；品牌也是由消费者对该产品使用者的印象和他们的使用经验来界定的。

换言之，品牌首先是被设计的，是容易识别的，是具有个性的；同时，品牌必须得到消费者认可。正因为此，品牌与产品有着明显的区别：首先，产品占领的是功能的领域，品牌占领的是心灵的领域；产品存在于货架上，品牌存在于消费者心中。其次，产品在工厂内制造，品牌由消费行为生产。再次，产品容易被竞争者模仿，品牌则无法模仿。第四，产品会过时，品牌却是永恒的。

品牌个性(Brand Character)是由美国格雷广告公司阐释品牌内涵时提出的，今天已被广泛使用。所谓品牌个性，是指品牌在展示产品利益、产品定位时表现出的品牌的个性、特性，如特定的包装风格、个性化的核心价值、人格化、象征物以及文化内涵，等等。

（二）挖掘品牌的核心价值

任何一个品牌都有其核心价值。品牌核心价值作为品牌资产的主体部分，一方面，能让消费者清晰、深刻地记住品牌的利益点与个性，驱使消费者认同、喜欢甚至热爱品牌；另一方面，核心价值是品牌营销传播活动的原点，企业的一切营销传播活动都围绕着品牌核心价值展开，营销理念、促销活动、广告传播都是对品牌核心价值的体现和诠释，并进一步强化和丰富品牌的核心价值。只有坚持不懈地、倾全力地去实施，让品牌的每一次营销活动、每一分广告费都为品牌做加法，向消费者传达核心价值或提醒消费者联想到核心价值，才能成就一个品牌的个性魅力。

一个品牌最重要、最具独特性、最恒久的要素大多表现在其核心价值上。

---

〔1〕 菲利普·科特勒.营销管理——分析、计划与控制.上海：上海人民出版社，1996：67－68.

如:劳斯莱斯象征着"贵族风范",万宝路代表了"美国精神",耐克被物化为"体育精神",舒肤佳使人联想到"健康",ZIPPO 是"英雄"的化身,微软是"高科技软件"的代名词。

全力维护和宣扬品牌核心价值已成为许多国际一流品牌的共识。宝洁一旦通过对消费者的研究,对品牌的核心价值进行了严格定位,就绝不会轻易更改理念,一切广告与营销传播活动都是以核心价值为原点进行演绎。如舒肤佳的核心价值是"有效去除细菌,保护家人健康",多年来电视广告换了几个版本,但广告主题除了"除菌"还是"除菌";潘婷品牌的核心价值是"健康亮泽",为广告代言的明星换了一个又一个,但"含维他命原 B5""拥有健康,当然亮泽"的承诺总是一脉相承。宝洁的许多广告,就其原创性而言往往是平淡无奇的,但其强劲的销售促进力令人称奇!奥秘就在于它对品牌核心价值的精确定位和持之以恒的坚持。宝洁在推广全球性品牌时,也特别注重使品牌在各个国家与地区消费者的心智中有一个清晰且始终如一的核心价值或识别,从一个国家到另一个国家,品牌核心价值定位是一致的。"护舒宝"是宝洁在全球范围内都被高度认可的品牌,"护舒宝"的核心价值是"一种更清洁、更干爽的呵护感觉",在不同国家都坚持这一诉求,只不过根据不同国家的文化调整了广告表现形式,如在中国采用平铺直叙式,在日本由于妇女对此话题很隐讳,广告改为了悄声耳语式。

(三)诠释品牌的象征意义

品牌对消费者而言,除了具有功能价值以外,还有极具诱惑力的象征价值。品牌的象征意义表现在两个方面:其一,"象征的消费"。消费者购买某个品牌的产品,不但是消费产品本身,而且是消费这些产品所象征或代表的某种社会文化意义,比如身份地位、消费档次、心情情调、美感愉悦等。宝马车是作为成功者的象征被购买的;豪宅别墅是被作为身份符号消费的;香奈儿是被视为高贵情调使用的。其二,"消费的象征"。消费者借助某些消费行为表达和传递某种意义和信息,比如自己的地位、身份、个性、品位、情趣和认同。通过消费,人们不但满足了基本的需求,而且也以这种方式参与了社会交流和社会表现。

将品牌文化视作一种传播策略时,可以追问品牌的人格化象征价值,即回答和识别"我是谁"这个问题,以此去诠释品牌的符号意义。品牌的人格化可以牵动消费者的情感,令他们认为自己是品牌的主人,品牌是他们精神生活中的一部分。哈雷·戴维森是美国著名的摩托车品牌,在其长达几十年的品牌积累过程中,通过广告可以看到驾驶这辆摩托车的男男女女不是毕业于名牌大学的才俊就是公司的高级经理,要不就是律师或会计师,这些白领们居住在宁静的伯克郡、诚恳、真实,在他们的骨子里流淌着自由的血液,渴望反抗。但不幸的是,这些人在他们平日的生活里,很难有机会把理想的生活状态付诸现实,因此,他们需要从来不会安静下来的哈雷摩托车。当哈雷摩托车的驾驶员踩下油门,从这部功力强劲的美式机车中发出隆隆的声音时,日常的一切将远远地被抛在后面。其中一则广告展示了美国电报电话公司雷厉风行的首席执行官迈克尔·阿姆斯特朗每逢周末就会驾驶这个品牌的车子,以体现与日常不同的本真的性格和气质。与此同理,持美国运通卡的用户被描述为一群能英明理财与具有进取精神的金融成功人士,是经济地位和荣誉的象征。

(四)提炼品牌的文化内涵

品牌的缔造始于品质支撑,终于文化支撑。同质的产品,由于品牌文化的不同,带给消费者的享受是不同的。同样是手机,摩托罗拉让消费者充分领略什么是稳重和尊贵;诺基亚采用人性化的手段,告诉消费者科技以人为本;索尼爱立信向消费者传递了一份时尚的气息。相反,如果品牌经营的重点只是强调品质,停留于对品质的赞美,而未能将品牌上升到文化经营的阶段,那么,只能做低端的缺少附加值的知名品牌。"草原兴发"依靠一定的知名度和连锁经营,从众多的街头小火锅店中脱颖而出,它的知名度来源于消费者对其肉制品质量和物美价廉特性的认可。然而,虽然美誉度高,但从本质上来说,在消费者心目中它还是街头小吃店,并没有超越这个层次。究其原因,只能归咎于营销过程中缺乏对"草原兴发"浓厚文化内涵的经营和挖掘。

品牌的文化内涵首先来自于对企业文化的深刻洞察。企业文化是品牌文化的源泉,我们难以设想一个没有企业文化的企业可以创建出高附加值的品牌。诺基亚的成功在于其"以人为本"的企业文化,这是诺基亚及其历届 CEO 所共同遵循的一个基本准则。诺基亚的"科技以人为本"包含了两层意义:一是"人",不仅指员工,也指消费者,诺基亚满足所有人的需求;二是"本",不仅指产品的设计人性化,还指售后服务等以消费者为中心的企业行为的人性化。摩托罗拉的"智慧演绎,无处不在",海尔的"真诚到永远",都是企业文化的集中体现。

如何将企业文化很好地转化为品牌文化呢?

第一,体现企业的核心价值观,即企业一贯所秉承的核心观念和做事原则,如"以人为本""真诚"等。可以说任何有长远目光的企业都不可能不重视消费者,关键在于如何将这样的理念传递给消费者,让消费者感觉到这份人性化的关怀和真诚。李宁公司的文化是致力于"通过专业化的高品质产品,传递积极健康的生活理念",提倡"体育运动精神和进取精神",崇尚"挑战自我,超越自我",在此基础上提炼出来的企业精神便是"一切皆有可能"。

第二,表达企业的使命和宗旨,这是展示企业实力和责任感的最好的方式。惠普的企业文化中,非常重要的部分是崇尚科技,并且希望通过不断的创新科技来满足消费者的需求,于是"惠普科技,成就梦想"就成了弘扬企业文化和品牌文化的响亮口号。杜邦公司早先在中国市场提出的口号是"开创美好生活",并通过广告展示,告知消费者杜邦公司虽然不提供最终的产品,但消费者使用的许多最终产品和享受的美好生活都是用杜邦的原料制造出来的。"开创美好生活"的重点在于产品,与其他许多公司强调产品的广告策略没有多大区别。因此,后期杜邦从公司的文化精髓出发,提出了"创造科学奇迹"的企业使命和宗旨,强调自己在做什么(科学)及为世界提供什么(好处或奇迹)。由此,杜邦将自己的事业上升到很高的境界,是"为地球做的事"(这是杜邦系列报纸广告的主题),为人类做的事。

第三,展示远景和目标。企业的远景和目标是企业对未来的展望,可以用来展示企业远大的理想和气魄。格兰仕声称自己的远景目标是"成为全球名牌家电生产制造中心",并在其产品标识上清晰地表明自己是"全球制造,专业品质"。

品牌文化的内涵还可以来自对品牌民族文化的深刻挖掘。尽管世界经济文化一体化趋势日益明显,但品牌的民族文化特征依然非常鲜明。丰田是日本的品牌,虽然它的工厂可以设在美国,产品可以在美国生产,但日本式的精致还是丰田品牌的文化内涵;中国可以组装大众车,但大众车所代表的依然是德国文化和技术的严谨。因此,挖掘品牌所代表的民族文化和民族精神虽然难度极高,不易达成,但还是不失为提炼品牌文化的重要构想方向。

可口可乐,一种最普通不过的碳酸饮料,何以能风靡全球,成为一个家喻户晓的成功品牌?何以能在美国以外的国家和地区被视为与自由女神具有同等价值的象征符号?何以能让消费者在喝着可口可乐时嗅到了美国式的自由和民主?除了历史悠久、理念先进外,其过人之处在于对美国文化符号的准确把握。可口可乐把美国精神、美国生活方式糅进了品牌,并长期不懈地强化这些东西,以无与伦比的传播力度让这些东西从美国向全球渗透。可口可乐的成功在于为消费者提供了一个品牌而不是产品,它告诉我们:当一个品牌成为某种文化象征的时候,它的传播、影响和销售是难以估价的,而且这个品牌就将与它所代表的文化共浮沉。

第四节　跨文化传播策略

电信网络遍及全球,大众媒体铺天盖地,经济科技日趋一体化。我们正是在这样的形势下走进了 21 世纪,这个时代在文化上的一个最重要的特点就是全球化和多样化,随之而来的就是传播的跨国界和跨文化。

跨文化传播并不是新事物,只要不同文化背景的人发生接触,跨文化传播就会随之而出现。只不过,当下跨文化交流的参与人数和重要性远远超过了人类历史的任何时期。这首先得益于交通和通信的便捷。强大的信息技术创造了遍布全球的交流网络,能够在顷刻之间将各种信息、声音、影像从一个地方传递到另一个地方,这使得不同地区的人们几乎可以在同一时间接收到同样的声画信息。其次得益于国际贸易的兴盛和经济全球化。时至今日,一个企业如果不走全球化的发展道路,它就很可能面临不利的竞争局面,甚至被并购,或沦为外国企业的子公司。因此,在美国,"连小企业都意识到它们仅有三种选择:全球化、退出经营领域或是破产"[1]。再次,也得益于大量新移民对跨文化传播的推动,比如在美国境内讨论的"美国人",不再局限于用来描述具有欧洲传统的一群人,而应该从更广泛的意义上来指称美国人。阿巴杜埃(Arjub Appadurai)认为,全球化对于文化的意义首先体现在包括旅游者、移民在内的全球范围内流动人口所造成的文化和种族融合,其次是传媒的综合,也即图像和信息的传播跨越了国界和民族,最终导致许多意识的同一化。[2]

换言之,就广告而言,面临着比以往更为复杂多样的情况,广告的生产、传播、消费不再是在一个单一的文化内部进行,不管创作者或受众是否愿意、是否自觉,这条广告生产、传播、消费的"链条"都已被纳入到国际化的范畴。因此,将广告的传播策略纳入这样的文化语境中去关注是非常必要和值得的。

一、策略全球化,执行本土化

中国改革开放后,尤其是 1993 年以来,国际跨国公司纷纷来华投资,全球

---

[1] 保罗·郝比格.跨文化市场营销.黄建伟等,译.北京:机械工业出版社,2000:2.
[2] 乐黛云等.文化传递与文学形象.北京:北京大学出版社,1999:328.

500强企业中的400多强都在中国有投资项目，许多企业在中国土地上生根开花，结出了丰硕的果实。随着中国民族资本的日益壮大和国产品牌的建立，中国对外贸易也逐渐走出粗、浅、低加工的阶段，走向创建国际性品牌的阶段。因此，国际营销和全球性广告推广是现代企业的生存之道。

一般而言，跨国公司在广告推广活动中所信奉的策略是所谓的"全球化战略，本土化策略"，或者是"标准化策略与适应性策略"。也就是说，跨国公司在全球范围内使用集中管理的手段，实施统一的传播行动，但在执行时又针对不同国家、不同文化语境区域的特点加以适当的调整，使全球化与本土化协调统一，避免自相矛盾。

所谓"全球化策略"，是指某个在国际上使用的广告，在不同的文化语境中传播时，除了必要的翻译工作外，其主题创意、图像、音乐以及传播途径都没有实质性的变化。比如，大多数跨国公司的广告在中国境内传播时，一般都采用全球统一的广告创意、广告语，翻译直接来自英语原文，如飞利浦的"让我们做得更好"，戴比尔斯的"钻石恒久远，一颗永留传"，苹果电脑的"不同凡'想'"，哈根达斯的"尽情享受，尽善尽美"等。

适用于"全球化"的创意产品通常有一些共同的特征，比如使用者情况基本相似（城市居民、中产阶层、青少年等），再如高科技产品或奢侈品，它们可以通过广告中的可视性元素在跨文化传播中获得共鸣。

但是大多数情况下，大多数产品并不完全适合采用"全球化策略"，在具体执行中需要作适度的调节，也就是所谓的"执行本土化"。本土化的执行表现在：一是在遵循品牌全球化主题创意的前提下，根据各区域国的具体情况对主题进行适度的调整，其余表现元素不变。如可口可乐公司的全球性广告创意主题为"无法抓住那种感觉（Can't beat the feeling）"，在日本执行时被调整为"我感受可乐（I feel Cola）"，在意大利被改为"独一无二的感觉（Unique sensation）"，在智利则被修整为"生活的感受（The feeling of life）"，电视画面同样都是一群青春活泼的男女在跳舞的情景。二是套用全球化的广告模式，改变广告表现的元素。百事可乐电视广告"还有吗"篇，在全球执行的是同样的创意主题，但是在不同的国家置换了形象代言人，在中国起用的是当年颇受消费者欢迎的偶像派明星王力宏，取得了较好的广告效果。三是遵循全球品牌的统一定位，但广告主题和表现本土化。壳牌石油公司曾在全球范围内要求子公司把"壳牌帮助你""壳牌是驾驶员、摩托车手的好帮手"作为其广告创意的核心诉求点。围绕此诉求点，各子公司可以结合本区域的文化特点加以自由创造和发挥。

强调广告策略的本土化原则，是基于广告信息必须适应当地的文化才能被生活在这一文化语境中的消费者接受的最基本的跨文化传播共识。如果无视文化的本土化特征，无论出于什么样的目的，试图将全球化的信息强制地传达给不接受的受众，其结果必然是失败的。

二、文化差异与传播误读

文化差异是一种客观存在，而且历史也证明，不管多少人曾经企图进行文化吞并、文化征服或文化融合，文化差异始终存在。也正因为不同的文化保持了不被同化的魅力，在全球化进程中，才赋予了人类文化以多样性。

由于文化的差异和多样性，当两种文化在传播过程中相互接触时，就不可避免地会产生误读。所谓误读，就是按照自身的文化传统、思维方式和自己所熟悉的一切去解读另一种文化，从而产生错误的理解。"一般说来，人们只能按照自身的思维模式去认识世界。他原有的'视域'决定了他的'不见'和'洞见'，决定了他将如何对另一种文化进行选择、切割，然后又决定他将如何对其加以认知和解释。"[1]在文学艺术的跨文化传播中，误读未必是一件坏事，因为误读给了不同文化视角下对同一对象多重诠释的可能性。但是，在广告的跨文化传播中，误读却不是一件有利的事。只要广告信息的编码者与解码者处在两种不同的文化语境中，文化的差异性就必然存在，但广告终极的目的不会因为文化的差异而变得不同。

可口可乐是来自美国的产品，它的全球化广告策略出自生活在美国文化语境下的创作人员。可口可乐又是销往世界各地，销往有着不同文化传统的国家的，因此，可口可乐的广告也随之在有着不同文化传统的国家的媒体中大量出现，广告的表现形式可能有差异，广告的传播策略也可能有很大的差别，但广告的目的不会因为国家的不同、文化的差异和广告风格的不同而不同。而传播误读，会导致编码者与解码者的错位，广告信息无法得到准确传递，甚至引起信息接受者对广告的反感和厌恶。因此，在广告的跨文化传播中，必须清醒地意识到广告接受者所处的文化传统、文化语境，小心谨慎才能最大可能地避免传播误读现象。

广告跨文化传播中的误读现象是如何产生的呢？

1. 缺乏跨文化敏感，容易导致传播误读

所谓"跨文化敏感"，是指一种个人能力，它能够形成理解和欣赏文化差异

---

[1] 乐黛云.跨文化之桥.北京：北京大学出版社,2002:67.

的积极情绪,从而促进跨文化传播中恰当和有效的行为。陈国明和威廉·J·斯特罗斯塔的研究表明,有跨文化敏感的人通常具备自尊、自控、思想开放、移情、互动参与以及延迟判断能力。[1] 从广告传播策略的角度来看,就是要求策划者能有意识地培养自己对异域文化的敏感性,善于抓取异域文化中具有共识性、代表性的内容和符号,巧妙地将此融入广告中。比如,富豪汽车在美国实用主义占上风的文化中,强调的是经济、耐用和安全;在法国浓郁的情调文化中,它强调地位和休闲;在德国理性的技术主义文化中,它强调功能优异;在墨西哥这样经济不太发达的文化语境中,它又改为强调产品价格的优势。而如果缺乏文化敏感性,传播误读几乎是不可避免的。强生公司在波兰所做的一个广告表现了医院里一位刚生完孩子的妇女。而在波兰妇女看来,只有在她们或她们的孩子们有严重疾病时,才在医院生产,因此,误读就影响了妇女们对产品的好感度。

2. 文化偏见极易引起传播误读

在跨文化传播中,文化偏见无处不在,这些文化偏见既可能来自强势文化对弱势文化的歧视,经济大国对经济小国的轻视,也可能来自男性对女性的性别歧视以及世界范围内对有色人种和少数民族的歧视。有些文化偏见是有意识造成的,而有些文化偏见往往是无意识的。广告传播是一种商业经济行为,如果策划者能意识到某种创意或某些言词带有文化偏见,那么这些偏见往往是容易避免的,而那些无意识造成的偏见却是难以避免的。

几年前,北京某西餐厅推出了一套四张海报广告,引起消费者激烈的抨击。暂且不论广告设计的粗糙艳俗,仅就文案和画面来看,一种西方民族的优越感便扑面而来。西餐是一种外来食品,来自泛指的西方国家。作为一种食品,西餐是美味的;作为一种文化,西餐代表了西方文化和西方传统,典雅高贵,情调浪漫,标示了一种现代的生活方式。"It's time for the east to eat west",仅从文案意义看,指的是中国人因为这家西餐厅的开张可以吃到美味正宗的西餐了。但是,画面上西方男子与东方女子的出现以及构图所透出的意蕴恰好相反,从文化的角度透露出男子所代表的西方强势文化、男性强势文化对东方弱势文化、女性弱势文化的肆无忌惮的欺凌,文化偏见充满了整幅广告。

3. 当涉及文化差异时,翻译问题往往也容易导致误读

语言是跨文化传播必须面临的最大问题之一,语系跨度越大的语言,这种障碍越明显。汉语与英文是两种完全不同的语系,因此,广告的跨文化传播首先须

---

[1] 陈国明,威廉·J·斯特罗斯塔.跨文化敏感//见拉里·A·萨默瓦等.文化模式与传播方式.北京:北京广播学院出版社,2003:448~454.

通过语言的翻译。由于一种文化语境中的创作人员或翻译人员并不能完全真正懂得另一种文化语境下创作出的广告文案,在翻译时,常常会出现误译、错译、言不达意,或只知其一不知其二的情况。著名的"快乐绿色巨人(Jolly Green Giant)"翻译成阿拉伯文时却成了"令人恐怖的绿色妖魔",使得人根本不敢去尝试。美国福特公司向一些经济不太发达的拉美国家推销一种价格低廉的卡车,为其取名"Feira",然而,在西班牙这个词的意思是"丑陋的老妇人";福特另一个名为"Caliente"的产品推向墨西哥市场时,这个名字在墨西哥的俚语中是指"妓女"。我国曾生产过一种白象牌电池,但是如果将此直译进入国际市场,恐怕就没有人问津了,因为"白象(white elephant)"在英语中是"无用而累赘的东西"。可口可乐公司为了进入中国市场,曾请在伦敦任教的精通中国语言文字和文化的华裔学者设计中文译名,"可口可乐"的译名采用了双声叠韵的方式,音意俱佳,读来朗朗上口,同时又显示了饮料的功效和心理博彩的快乐。可口可乐公司另一个品牌"Sprite"翻译却没有这么顺利。"sprite"直译成汉语的意义是"魔鬼"和"妖精"。在中国文化中,"魔鬼"和"妖精"代表了邪恶势力,因此无法直译,只能对此作直接的音译处理,译成"雪碧",让字面体现出纯洁、清凉的饮料的感觉。

三、文化资源利用与禁忌

在广告的跨文化传播中,所在国的文化资源是广告传播策略值得充分利用的因素,它们可以帮助广告传播逾越交流的文化障碍,以所在国消费者喜闻乐见的形式和表现方式获得他们的喜爱。

对文化资源的利用没有一定之规,但是一种文化中的神话传说、民间故事和谚语,不仅为所在国的受众所熟悉,而且它们所反映的价值观也基本上体现了这种文化的价值倾向。英国有《坎德伯雷的故事》,强调礼仪、举止和尊严;日本的《四十七个浪人》,传授的是责任、义务和忠诚的重要性;中国的民间故事《牛郎和织女》,推崇的是忠贞不渝的情怀。其次是所在国的图腾、符号,这些可视的元素中包括了一种文化最原始最古老也最深入人心的被"神化"了的东西,非常容易引起民族的文化情结。比如,中国文化中,蛟龙、狮子、仙女等都是具有图腾意义的事物,凝聚了中国人对美好事物的想象和联想,是力量和美丽的化身,是吉祥的代名词,善用之,能得到非常好的广告效果。可口可乐自1999年起,每年年末推出新的广告贺岁片。在这一系列的贺岁片中,出现了许多最能代表中国的元素,比如舞狮舞龙、贴春联、放烟花、泥娃阿福、大红灯笼等,以吉祥如意的贺岁形式进一步加强了与中国消费者的沟通。

当然,文化资源的利用在跨文化传播过程中要谨慎为之,尤其是在缺乏文化敏感性的前提下,往往会在不知不觉中触犯了传统文化中的一些禁忌。2004年,在中国市场上出现了一系列的广告事件,比如立邦漆广告事件、丰田车广告事件、耐克广告事件等,无一不是源于在利用文化资源时逾越了文化防线,触犯了文化禁忌,伤及了中国消费者的感情和心灵。

立邦漆"盘龙滑落"篇是全球著名的李奥·贝纳广告公司广州分公司的作品。李奥·贝纳公司素以创意的戏剧性著称,因此,单就广告的创意而言,在"盘龙滑落"中,这种戏剧性得到了淋漓尽致的表现:两条龙,一条腾飞冲天,一条惊慌滑落;两根柱子,一根暗淡粗糙,一根鲜亮光滑,两两对照间,产品的特点和生动的视觉形象得到了完美的表现;再加上广告创意执行中有意识地选取了特定的中国元素和符号,如园林建筑、亭台楼阁、宫殿城门等作为背景,更加大了表现的戏剧性。丰田陆地巡洋舰"崎岖"篇也采取相似的对比原则进行创意:一向以踏平坎坷、视危途如坦途的北京吉普车,此刻却远远地落在丰田车的后面,在画面中显得又小又破;相反,丰田车占据了最主要的视觉画面,巨大、锃亮、稳重,品质孰优孰劣,不言而喻。我们说,如果排除了接受广告时的文化语境的话,这也不失为一个好的创意广告。然而,以上这些广告不论创意优劣,都是在中国区域内投放的。换言之,广告的接受者是中国公民,是在中国文化中浸润已久的中国人。在他们眼中、心中,甚至在他们的血液中,龙是民族的图腾和符号,代表着5 000多年的中国精神文化,而北京吉普车则是中国民族工业的优秀产物,是中国物质文化的象征之一,这些都是神圣不可侵犯的,即使是在以颠覆传统、突破创新为创意精髓的广告中也不能例外。也就是说,广告创意在鼓励颠覆和突破时,必须坚守一些原则,比如,尊重一个民族的文化传统、思维习惯、审美心理,尊重不同国度受众的心理特征和行为习惯,以及准确把握当下的时尚文化元素等,只有这样,在跨文化广告传播中才能理解、尊重"他者"的文化,从而获取创意的胜利。否则,最好的广告创意只能停留在设计稿上,一旦传播就注定要失败。基于此认识,笔者不敢苟同某些人认为中国受众排斥上述广告是"神经脆弱""民族心理自卑症"或"狭隘的民族主义"的论调。虽然我们不能无端地猜测这些广告的创作者是有意和中国人过不去,但是笔者还是深深地为这些国际跨国公司有意或无意的文化冒犯而感到痛心,为这些广告传播策略如此缺乏文化敏感而感到痛心!

第七章

广告媒介策划

内容提要：

广告媒介是广告信息得以传播的物质载体，具有传达性、吸引性、适应性的功能，能够把广告适时地、准确地传递到一定范围、一定时期内的消费者群中去，以便满足他们的要求。广告媒介策划是指通过媒介策略、媒介创意以及合理安排广告时段和版面以达到广告和营销目标的过程，具体地表现为要选择能够到达潜在消费者的媒介，选择交流效果大的媒介，选择用低成本能够达到预期目的的媒介以及科学合理的媒介排期。在对媒介进行选择时，除了直观感受、理性分析的方法以外，更应注重各媒介效果调查的方法和数据运用。

用于传播商品信息的广告,只有凭借一定的物质形式或手段,才能对接受者进行信息传递,从而达到广告的目的。这种承载广告信息的物质形式或手段,在广告主与广告接受者之间传播某种信息的物质实体,就是所谓的媒介,因此,媒介在信息的传播过程中起着中介物的作用。施拉姆认为,媒介就是插入传播过程之中,用以扩大并延伸信息传送的工具。如传播声音符号的物质载体是广播,传播声音信息符号和图像信息符号的是电视和电影等。麦克卢汉进一步指出"媒介即信息",言下之意,传播媒介本身的价值就是一种信息,如权威媒介可强化广告信息的有效传播。现代媒介又可以分为大众传播媒介和小众传播媒介两大类别。前者指向大众传播信息符号的物质载体,它包括电视、广播、报纸、杂志、电影、网络和书籍等;后者指除大众传播媒介以外的用于传递广告信息的媒介,如户外媒介、交通媒介、直邮媒介等,特点是无法面向全体接受者,因受地域影响,无法达到广为宣传的目的,影响往往有限。

媒介策划是广告整合策划众多元素中的一个方面,它需要与其他要素进行互动和整合。这些要素主要包括市场背景分析、媒介的市场目标分析、广告运动的诉求策略、媒介间的组合以及媒介计划的排期等。

通常,媒介策划是从市场调查和分析入手的,其中,找到广告的目标市场显得尤为重要,只有把目标市场准确无误地标示出来,恰当的媒介才能被挑选出来。而媒介目标是在通盘审视企业市场营销目标和广告目标的基础上制定出来的。一旦选定了媒介类型,媒介策划就可以明确这些媒介类型对广告效果产生的影响,可以制定更为详细的媒介排期表。

媒介经过策划,可以最大限度地利用单个媒介或多个媒介整合后的效果,通过科学的方法使广告主的广告投放实现利益最大化。具体而言,广告媒介策划的基本任务就是:选择能够达到目标消费者的媒介,选择沟通效果最大化的媒介,选择用低成本能达到预期目标的媒介,优化媒介组合,适时利用和开发新媒介。一言以蔽之,广告媒介策划就是对媒介进行恰当的选择和组合。

第一节 大众媒介特性透视与消费者媒介选择

有产品,有市场,就有消费者,也就可能有适合这个产品、面对这个市场、易于被消费者接触到的传播媒介。对广告而言,其面对的市场和消费者可能是现实的,更可能是潜在的。现实的市场需要广告去巩固,潜在的市场需要广告去发掘。因此，选择广告媒介，首先要明确现实的和潜在的消费者是谁，能够到达这些消费者的媒介是哪些，这两者缺一不可。

如何去寻找、发现、明确、把握目标市场中的消费者呢？通常，我们可以根据广告诉求的重点将消费者分为主要消费者市场和次要消费者市场。而媒介策划中，主要是要把握处于主要消费者市场的四种人：一是掌握大批使用者；二是掌握对于其他人群的消费行为具有影响力的某些人；三是掌握对购买行为起决策作用的人；四是掌握潜在消费者，分析他们的心理，洞察他们的利益点和关心点，将此作为广告传播沟通的重点。

那么，能够影响目标消费者的媒介怎么来把握呢？

首先，让我们对各种广告媒介的优缺点作一个简单的分析；其次，尝试从媒介特性的角度发现其与目标消费者之间的内在联系。

一、大众媒介类别及其特征

传统的大众媒介是指报纸、杂志、广播和电视。在传媒技术的发展过程中，这些媒介潮起潮落，体现出明显不同的发展际遇，如广播媒介的日渐衰落，杂志媒介的东山再起，报纸媒介的再创辉煌以及电视媒介的一路高歌。当20世纪90年代末网络媒介异军突起后，传统大众媒介遭遇了前所未有的挑战，时至今日，国外已出现大量报纸媒介关门歇业或转向新媒介的现象。虽然新媒介的出现强占了传统媒介的市场，但传统媒介在努力稳固原有的受众群体，使其不被过多分流的同时，也在尽最大可能争取新媒介的受众。不难发现，从最早的网络媒介形式可以看出，它就是传统印刷媒介的电子版，而在网络媒介兴起的同时，许多传统媒介也借机建立了自身的网站等网络社交平台，可以说是电子版的印刷媒介。因而，把传统媒介自身的内容优势与新媒介的渠道优势相结合，才是融合共赢的道路。

传统的大众媒介经历了或长或短的发展历程，形成了自己固有的传播方式和传播特征，并应时代的需要成为今天的强势媒介、主流媒介。了解此，掌握此，对我们正确选择广告媒介至关重要。

（一）报纸媒介的基本特征

近代广告业的发展与报纸媒介的兴盛密不可分。1620年，第一份新闻报纸在荷兰出版发行；1704年，美国第一份报纸《波士顿新闻报》在创刊号发布了第一则报纸广告，此后，美国报纸广告迅速发展。1815年，第一份中文报纸《察世俗每月统计传》在马六甲出版发行;1872年,我国近代史上最有影响力的报纸《申报》在上海创刊,带动了近代中国广告业的繁荣;1979年,新中国的广告业在沉寂了30年后,率先在报纸媒介上得到恢复,并且一直到1994年,报纸广告都是广告业的"领头羊"。1995年起,电视广告营业额首次超过报纸广告,再加上报纸版面扩张太快,报纸媒介广告"吃不饱"的现象日益普遍,致使营业额增长速度受到限制。尤其是网络媒介的强势突起,再次影响到报纸媒介的生存,因此,有所谓报纸是"夕阳媒介"一说。报纸果真失去广告威力了吗?否。作为一种比较成熟的媒介,报纸有其他媒介不可替代的优点。事实也证明,尽管广播、电视的触角已经伸至社会生活的方方面面,但报纸依然有着旺盛的生命力,有着存在的价值和空间。当然,在多媒介时代的背景下,报纸媒介同时也有着不可避免的弱点。

1. 报纸媒介在广告传播上的优点

(1) 阅读的自主性。报纸与电波媒介如电视、广播等被动接受信息不同,在阅读时间的选择、阅读速度的选择、阅读地点的选择等方面有比较大的自主权,媒介本身几乎无法干预,人们可以根据自己的阅读习惯自由地读解报纸上的广告。例如,可以每则广告都读,也可以跳读;可以在阅读新闻时顺带着读,也可以专门去读分类广告;可以只读一遍,也可以读上几篇:自主权掌握在自己手中。而电波媒介往往必须听从媒介的安排,受众很少有选择的权力和可能。

(2) 传递大量的产品情报和服务信息。报纸可以被认为是一种非常有弹性的媒介,其版面可以根据内容的需要适时增减,当有重要的内容或大信息量的广告需要刊登时,可以通过临时增加版面来处理。电波媒介则不然,每个频道在播出时间、播发信息量上总是受到限制的。比如,一天只有24小时,播发的总时长不可能超出24小时的限制,更何况受众也不可能24小时都在收看、收听。再比如,自2010年1月1日起实施的《广播电视广告播出管理办法》明文规定,"广播电视广告播出不得影响广播电视节目的完整性。除在节目自然段的间歇外,不得随意插播广告","播出机构每套节目每小时商业广告播出时长不得超过12分钟。其中,广播电台在11:00至13:00之间、电视台在19:00至21:00之间,商业广告播出总时长不得超过18分钟","播出电视剧时,可以在每集(以45分钟计)中插播2次商业广告,每次时长不得超过1分30秒。其中,在19:00至21:00之间播出电视剧时,每集中可以插播1次商业广告,时长不得超过1分钟"。这就使得电视广告播出的时间和总量受到了很大的限制。报纸广告的大信息量还体现在可以承载信息量比较大的广告作品,比如,详细介绍楼盘的房地产广告,而这些就不适合在电波媒介上发布。

（3）可以凭借报纸广告的权威性加强广告效果。根据受众多样化的需求，当下的报纸媒介种类众多，从《人民日报》《经济日报》等以报道时事、政治、言论性很强的综合性大报，到以追求适合大众口味、雅俗共赏的晚报、生活信息报、专业报等小报。不同的媒介类别可以凭借自己在不同领域中的权威性，为对位的广告信息增强广告效果。

（4）受众群体可以被细分，且比较稳定。比如，党报和晚报的阅读群体就可以被明显地区隔开来。党报被称为"机关报"，晚报被称为"家庭报"，这一"别号"就区隔了两大类不同的受众群体，为提高广告的针对性和效果提供了前提。

（5）具有可保存性。纸质媒介的优点是无须具备什么特别的条件就可以永久保存。而同样的信息，如果是来自电波媒介，若不经过录音或录像设备，信息便无法保存。就广告而言，报纸媒介提供了反复阅读、查阅的可能性。

（6）制作费比电视便宜。报纸媒介是平面媒介，相对于电波媒介尤其是电视广告而言，制作成本和刊播成本都比较低廉。

2. 报纸媒介主要的不足之处

（1）不能抵达不接触印刷品的人。文盲、文字阅读能力较低以及受各种条件限制而很少接触报纸的人难以利用这种媒介，这些都使广告的传播效果受到了很大的限制。

（2）与电视媒介相比，注目率较低。注目率是获取广告传播效果的第一步，报纸媒介虽然可以利用色彩和静态图片来提高注目率，但受到平面媒介本质特性的影响，无法传播商品的动态和声音，也不能自由地运用色彩。因此，在广告的表现力上，报纸无法与声画皆备、可视可听的电视媒介相媲美。

（3）印刷不够精美。由于印刷技术、纸张材质以及成本的限制，为数不少的报纸媒介在印刷上还不能达到精美的程度。而这对于图文并茂的广告作品来说，这无疑是信息传播的一大障碍，粗糙、模糊的印刷容易令受众下意识地产生一种轻视或不信任感，从而影响广告传播的效果。

（二）电视与广播媒介的基本特征

电视是利用电子技术传输图像及声音的现代化传播媒介，它通过光电转换系统将图像、声音和色彩及时重现在远距离的接收屏幕上。电视作为现代化的传播媒介，自它诞生那天起，就彻底改写了大众传播媒介的历史，而且作为广告媒介中的后起之秀，风头正劲，成为最大众化、最具效力的传播媒介之一。

1. 电视媒介的优点

从广告效果的角度来看，通常人们认为电视媒介的优点在于以下几个方面。

（1）同时作用于受众的视觉和听觉，注目率高。电视媒介具有"图文并茂""声色形动兼备"的特点，能直接表现商品的动态和声音，能自由地运用色彩，与其他传播媒介相比，更能刺激受众，使他们产生印象、形成记忆。同时，电视媒介还是一种带有一定强制性的媒介类型，广告的播出通常是突如其来，强行插入节目的自然间歇中，令人防不胜防，无法回避自己的注意力。尤其是近年来，随着电视媒介非广告节目质量的下降和电视广告艺术性、娱乐性的增加，制作精良的电视广告改变了一部分受众被动接受的习惯，使之主动欣赏广告。

（2）传播范围广泛。电视是一种大范围传播的媒介类型，从理论上说，只要通过卫星进行电视广告传播，具有接收能力的国家和地区就能同时收看。而自从1936年英国广播公司在伦敦的亚历山大宫建成世界上第一座电视台以来，几十年间，这一媒介得到了全面而高速的增长。就中国而言，天上卫星、地面微波、地下电缆以及有线和无线结合的全国电视网络已覆盖疆域的每一寸土地，中央电视台的节目各地都能同步收看。比如，春节晚会作为中央电视台每年春节期间推出的重头大戏，其影响力和传播范围更是任何媒介无法企及的，根据央视—索福瑞媒介有限公司(CSM)对53个核心城市调查的数据，有超过80家的各级电视台即时转播了这台节目，有63%的电视观众收看了这台晚会。按此比例推算，全国收看春节晚会的总人数可达近7亿之巨，其中，有超过86%的电视观众收看了CCTV-1的现场直播，也就是说有6亿多人通过CCTV-1享受这道文化大餐。这六七亿人便是春晚插播广告的受众。整个电视频道的收视率始终位居其他各媒介之首，平均每天的到达率为84%，远远高于报纸的65%和广播的45%。因此，电视媒介一直都是广告商传达商品信息的首选媒介。由此不难看出，电视广告的传播范围是相当广泛的。当然，这种广泛也是相对于其他媒介而言的。

（3）容易被理解和接受。电视是一门视觉艺术，通常是客观形象的直接反映。因此，要理解其内容不需要特别的能力（如对文字识别的能力），更易于被受众接受。这对于中国这样一个新媒介迅速崛起的国家来说，正如D·李斯曼所言，新视听媒介的影响是爆炸性的，文盲水平的大众可以完全被新媒介带来的无限制、无规律的感情压倒。也正是在这个意义上，有人将电视媒介称为"低智商"的媒介。

2. 电视媒介的不足之处

与这些鲜明的优势相随而行的则是电视媒介无法避免的不足：电视媒介的视听层不稳定，受众会因为电视节目内容的变化而潮涨潮退，广告效果受视听率所左右；电视在为广告利用时，能传达的信息有限，不利于对商品的功能进行详细说明，保存性能较差；电视是一种大投放量的媒介，也就是说，如果不做大量广告,就不可能产生明显的广告效果,因此,电视广告的制作费用和投放费用位居各媒介广告之首,电视是一种感性大于理性的媒介类型,它的优势在于通过视觉来调动受众的感官,通过声音、画面、色彩和所有这些因素所构成的感觉对广告受众产生影响,这使得电视在劝诱和说服的深度上受到很大的限制。根据广告心理的 AIDMA 原则,广告效果的产生要经历 Attention(引起注意)、Interest(激发兴趣)、Desire(挖掘欲望)、Memory(促使记忆)以及 Action(导致行动),电视最大的功能在于引起注意和激发兴趣,只有少部分电视广告能影响受众心理变化,直达最终目的。

(三)广播媒介的基本特征

广播是用电子技术装备起来的现代化的传播媒介。它是通过无线电波或导线向广大地区传送声音信号的传播媒介。运用无线电波传送信号的广播称为无线广播;运用导线传送信号的广播称为有线广播。作为一种传统的媒介,自爱迪生 1877 年发明留声机开始到 1995 年可视型广播出现,广播媒介已克服了技术和网络上的局限,成为一种"无国界的媒介"。也许随着电视媒介的诞生和发展,广播媒介不再像以往那般风光,但是,广播媒介凭着无可替代的便利性、广泛性以及它的高音质将永远存在。

1. 广播媒介的优点

(1)能限定接听对象。随着媒介技术的发展,一度曾是人们生活中获取信息和娱乐的核心媒介的广播已让位给了电视,这使得广播的收听对象、收听方式和收听环境都发生了变化。广播成为一些受环境和条件限制而无法选用其他媒介的受众的首选信息渠道,这在无形之中锁定了受众对象,为广播广告提供了具体、稳定的细分市场,如早晨上班路上的公司职员、私家车和出租车驾驶员、晚间的年轻学生、晨练的老年人群等。日本 Video Research 公司对日平均收听广播达 2.5 小时以上的听众进行了调查,发现以下群体就是所谓的广播的"重度收听群":

职业:外勤人员、送货工、小商店主、值班人员、理发员、小摊主、30 人以下小公司的职员、手工艺人、店员、驾驶员、临时工、内勤人员。

与汽车的关系:汽车拥有者、加油站利用者。

利用的设施与服务:文化中心、体育设施、健身中心、家庭服务中心、住宅派送、无店铺销售、彩票。

进行的体育与休闲:高尔夫、散步、冲浪、骑马、赛车、登山、钓鱼、野营、看足球、打麻将、园艺、饲养小动物、下棋。

当然,中国广播媒介的收听人群未必与上述所列等同,但这启示我们,可以利用各种评价尺度去筛选出广播广告的重度收听群,从而提高广播广告的传播效果。

另外,广播媒介的接触基本上是一种个人行为,任何一个收听广播的人与主持人之间仿佛是一对一的传播形式,具有非常强烈的亲近性。为了适应这种收听方式,广告也正在由为大众所利用的"广播",向为个人所利用的一对一的"窄播"方向发展,这对于新形势下广告传播的个性化服务非常有利。

(2) 听众可以一边做事一边听,不需要特别的专注。一边听广播,一边做其他事情,是广播媒介传播的行为特征,也是几乎所有听众的行为习惯。有人认为,一心二用的结果就是降低了广告信息传递的有效性。也有人认为,听众处在一种无意而为之的状态,心灵不设防,因此,更容易在放松的状态下接受广告信息。其实,这里涉及广告效果评估中的两个重要概念,即收视率(对广播广告而言,应改用收听率)和心理效果。收视率是广播广告的一个基本效果指标,但中国对此尚缺乏研究。通常,收听率是指在特定的时间里,以特定的时间段为单位,对特定电台的内容是否被收听进行调查的结果。而心理效果是指广播广告作用于人的认知效果、商品认知效果、态度改变效果以及满意度、购买意向等具体的综合的指标。心理效果的优劣应该与广播广告的投放量、单个广告的长度以及广告表现相关。但是,目前国内对此也尚未展开全面系统的研究。

(3) 有良好的性能价格比。广播广告制作相对其他媒介类别而言成本比较低,因此,企业投放广播广告可以针对不同的目标对象,设计多种版本的广告,并及时更换版本内容,提高受众的收听兴趣。广播广告单位播放的信息量大,收费标准比较低,中小型企业都能承受,是一种经济实惠的大众媒介。

2. 广播媒介的不足之处

广播媒介除了具有以上明显的优势外,它的劣势也是十分突出的。比如,广播广告容易被忘记,因此,如果不大量地投放重复性的广告,实际的效果会非常差。而且,当收听者在此时此刻想获得某一信息时,或当收听者有了时间、有了需求、有了购买欲望时,瞬息而过的广播广告却难以适时提供信息来满足收听者的需求。再如,与今天丰富多彩的电视媒介相比,广播广告的多样性、娱乐性相对而言就比较逊色,对受众刺激方式也比较单一,这对于吸引喜欢视觉刺激的年轻一代消费者来说是很不利的。

(四) 杂志媒介的基本特征

杂志媒介与报纸媒介同属于印刷类媒介,因此,特性上有许多共同之处,只不过杂志的出版周期不如报纸媒介那样频繁和及时,但在对某一特定信息的报道上,其深度又远远超过报纸媒介。

1. 杂志媒介的优美

(1) 目标对象更明确。

在四大传统媒介中,杂志无疑是最具细分读者层次功能的,有读者称它为"特殊社会集团的媒介",就是指杂志的读者层大致稳定,杂志是属于特殊读者群的自我意识的产物,非常容易分门别类地加以掌握。

日本是一个期刊大国,据 2004 年的统计数字来看,日本人均年杂志拥有量为 26 本,其中女性杂志占相当大的比重。日本女性杂志是世界上最细分化的媒介。日本著名的出版集团光文社以《JJ》为核心的系列女性杂志的创办过程非常具有代表性。《JJ》创办于 1975 年,"JJ"两个字母是日语中"女性自身"的字头,其办刊理念是"打扮、购物、娱乐、应用、学习……为充满活力的 20 岁左右的女大学生、白领女性不断提供可爱、漂亮的时尚信息"。在日本针对同样年龄段女性读者的同类期刊中,《JJ》的发行量名列前茅,甚至被一些对流行敏感的女大学生和白领们视为"圣书","JJ 品位"成为社会公认的价值观。然而,《JJ》的成功并没有使光文社满足现状,1984 年,光文社创办了以二十几岁职业女性为目标读者的《CLAS》杂志,1995 年创办了面向三十几岁家庭主妇的《VERY》杂志,2002 年创办了面向四十几岁家庭主妇的《STORY》,2003 年又推出专门针对不满二十岁的高中生和大学生的《JJ'BIS》。这样一来,中、青、少年的女性都被一网打尽。纵观整个日本的女性杂志,对目标读者的年龄做了更加细致划分的杂志还有很多。

20 世纪 90 年代以来,中国的杂志媒介无论在种类、数量和发行范围上都有了前所未有的发展,读者市场进一步分化。女性杂志如《瑞丽》很好地学习了日本杂志的这种年龄细分的方式。《瑞丽可爱先锋》针对 16~18 岁的充满活力和个性的城市女孩,《瑞丽服饰美容》针对 18~25 岁的追逐时尚的年轻女孩,《瑞丽伊人风尚》则是针对 25~35 岁、月收入在 5 000 元以上的都市职业女性。

细分的读者市场为广告提供了最有效的目标市场。尤其是专业化程度很高的专业性杂志更能普遍深入到某一行业或某一层次的读者中。

(2) 杂志媒介可以大量和迅速地传递广告信息。

在四大传统媒介中,杂志的转读率是最高的,它通常可以被辗转阅读,能向购买者之外的人进行传播。作为纸质媒介,杂志的重复阅读率也是最高的,并且杂志媒介的留存性也是最强的。一般来说,杂志的印刷质量可以很精美,广告的表现力比较强,可以较为丰富、详细地对广告商品进行介绍、说明、描绘、解释和论证,而受众对较长的广告内容并不具有很强的排斥心理。

2. 杂志媒介的不足

任何一种媒介在具有优势的同时都存在着这样或那样的不足,杂志媒介也不例外。比如杂志媒介受定期发行的限制,出版周期长,出版频率低,因而在时效性上要低于同为印刷媒介的报纸媒介,难以刊载有时间要求的广告。另外,杂志细分读者市场的优势,从另一个角度来看也是它的劣势,即发行范围有限,影响面窄,容易失去另外一些潜在的消费者。杂志媒介的发行份额统计不够准确,可靠程度受制于媒介本身的影响力。

二、网络媒介的基本特征

网络媒介是20世纪90年代以来影响社会生活、市场经济和广告业发展的最重要的媒介之一。网络集传统大众媒介的优势于一体,将声音、文字、图形、动画融会贯通,具有无可比拟的技术优势,被誉为"第五大媒介"。

网络是冷战时期的产物,由美国国防部高级研究项目机构(ARPA)于1969年开发成功,其部分目的是为了在一场核战争中保证数据畅通无阻。1993年初,克林顿就任美国总统不久,就把建设信息高速公路放到新政府技术政策和产业政策的核心地位。同年9月,美国宣布要建设一个覆盖全美国的宽带高速信息通讯网,引起世界各国的关注和极大反响。短短10年的时间,网络从无到有,而且在我们的日常生活中发挥着越来越强大的作用。1986年,北京计算机应用技术研究所和德国卡尔斯鲁厄大学合作,启动了名为CANET即"中国学术网"的项目,并于1987年9月20日22时55分发出了第一封来自北京的电子邮件,在国际学术界、计算机网络界和中国留学生中引起了很大反响。1990年10月,互联网网管中心登记注册了我国的最高域名CN,从而开通了使用自己域名的电子邮件。短短几年来,互联网在中国得到了超速发展。据CNNIC统计数据可以得知,1998年我国互联网用户只有210万人,1999年上升至890万,截至2004年12月31日,我国互联网用户数已跃升至9 400万人,成为仅次于美国的第二大互联网国家。有"互联网之父"之称的维顿·瑟夫10年前说道:"我可以毫不迟疑地预言,到2005年之前,互联网会像今天的电话一样普及。"这一预言在许多国家和地区已经成为了现实。《第30次中国互联网络发展状况统计报告》显示,截至2012年6月底,中国网民数量达到5.38亿,增长速度更加趋于平稳。

网络以现代光纤传递信息,可以把电话、无线电通讯网、有线网和商业网连接在一起,使网络集传播媒介之精粹,成为继报纸、杂志、广播、电视四大媒介之后的又一个大众媒介。网络广告,简称 Web Ad(Web Advertisement),指利用国际互联网这种载体发布的盈利性商业广告。网络广告是伴随着互联网络的发展而悄然崛起并迅猛发展的。与传统媒介比较而言,网络广告媒介有明显的特征。

(一) 主动性

网络媒介广告的主动性体现在两个方面。从广告主来说,可以通过 IP 地址及 Cookie 技术,将网上受众进行分类,以细分化的有差别的市场策略确立品牌的位置,获取消费者的认同。从广告接受者(网民)来说,与传统媒介广告的被动接受相反,网络广告的接受是完全的自动"点击",是非强迫性的。它有点类似报纸分类广告的性质,可以让受众自由查询,受众既可以只看标题,也可以从头浏览到尾,还可详细查看,将自己需要的东西集中呈现在面前。这样,既节省了时间,也避免了受众注意力集中的无效性和被动性。网络媒介广告还可以十分准确地瞄谁目标受众群,从而更深入地了解潜在消费者的特性,建立起一对一的持续关系。如 Electric Insurance 公司在搜索引擎上做广告,它瞄准了可能的汽车保险买主并把他们引入自己的直销网站。凡是在搜索引擎上使用"汽车保险"(auto insurance 和 car insurance)或者不那么精确的"汽车"(auto 和 car)关键词进行搜索时,该公司的广告就会出现在网页上。从这些不同的搜索中,公司取得了 8.13%~25.69% 的点选率,而且关键词越精细,像"汽车保险",点选率就越高,几乎是那些不怎么精细的关键词带来的点选率的两倍。

(二) 互动性

网络广告是一种互动的广告,这种互动性基于网络媒介的传播模式。在互联网上有两种基本的传播模式:人—机对话和人—机—人对话。通常,广告商可以将制作好的内容放在网站上,受众就可以随时查阅网站上的内容。例如,在美国通用汽车公司的网站上,受众甚至可以在电脑上模拟试车。在人—机—人的对话模式中,远在千里之外的双方可以自由地进行相互的沟通;在游戏广告软件中,异地间可以通过电脑终端在网上博弈,真是趣味横生。传统媒介中较少有互动性,即使是目前电视、广播节目中正在盛行的观(听)众参与形式,其互动性因受到时间、地域的影响,效果也是十分有限的。

(三) 信息广泛及时

互联网作为一种大众传播媒介,与传统媒介不同的是,没有时间和空间的限制。网络广告可以通过覆盖全球的 Web 网络将信息最大范围地传递给 150 个国家和地区成千上万的网络用户,并且这个用户群还在以10%的年增长速度增长。相比之下,传统的广告往往局限在一个地区内传播。互联网还是一个无限量的超大空间,可以容纳难以数计的内容和信息。越来越多的企业和个人在网上建立站点,进一步加大了互联网上的使用空间。因此,网络广告可以尽可能做得详尽,以满足受众进一步详细了解有关情况的需要。而且互联网的技术可以使人们通过各种"搜索引擎"迅速找到自己需要的信息,使信息共享成为可能。另外,互联网也是一种即时性最强的媒介。在互联网上做广告能按照需要随时变更广告内容。例如,一则电视机广告因销售价格变动,更改时间只需要短短的几分钟,成本甚至可以忽略不计。

(四) 多媒介特性

互联网迅猛发展的原因之一在于它的多媒介的特性。网络广告制作集声、像、动画于一体,融合了传统媒介的优点,既可以像广播、电视一样得到听觉与视觉的刺激,又可以获得阅读报纸、杂志上广告的感受;不仅具有文字查找和数据库功能,而且能够容纳声音、图像和影像,成为所有媒介中最生动、最容易使用的媒介。随着网络技术的不断发展,网络广告不仅动感形象强烈,而且消费者还可以主动点击进到广告的产品和服务的内部详细了解情况。例如,可以进入房地产广告中的"室内"进行"实地考察",甚至可以触摸,运用麦克风与销售人员即时交谈。买卖双方通过摄像镜头,可以在时装商场试穿不同的衣裤鞋帽,选取适合的款式,并可通过电子商务系统直接成交。

(五) 制作成本低廉

网络媒介是一种价格最经济的广告媒介形式。如果一个企业想将自身的形象和产品推上互联网,只需要注册一个域名,租用一点空间,然后付少量的制作费用就可以了。即使是借其他网站做纯广告,价格也比传统媒介低很多。网络广告的计费,一种是以投放网站的级别及投放时间的长短和投放画面中所占面积的大小等为参考依据收取固定费用;另一种则以到站每千人次访问次数为收费单位,类似传统媒介中的 CPM,客户的付费和利用网站浏览人数直接挂钩,激励网站有效利用各个页面;第三种计费的方式则是按照网络广告的点击率来收取费用,其精准程度更高,广告费支出也更为合理。

(六) 效果可测性

使用传统媒介发布广告,评价广告效果就很困难或者带有很大的主观性。

虽然可以知道报纸的读者人数和电视的收看人数,但并不等于这些人就是报纸、电视广告的接受者。众所周知,电视观众中遇见广告立即换台或做其他事情的人不是少数,因此,我们无法确切地知道有多少人接收到了你所发布的广告信息。而通过互联网发布广告就能很容易地统计出每条广告被多少用户看过,以及这些用户浏览这些广告的时间分布、地理分布等,从而有助于广告主评估广告效果,进而审定他们的广告策略。

三、媒介特征利用与消费群选择的关系

将目标消费群与各种媒介的特点结合考察,才能有助于我们做出适当的选择,才有可能让信息沿着适当的媒介传递渠道到达企业或产品所要到达的消费者群中。所以,媒介策划的第一步就是要明确目标受众对象,广告要把信息传达给什么样的消费者。每个品牌都会有不同的目标受众,需要分析出目标受众的特质,描绘出他们是怎样的人群。其次就是结合媒介的传播特点,研究通过什么样的媒介才能把信息传达给他们,或者说什么样的沟通手段能够最有效地覆盖到他们,是电视还是报纸,还是两者的组合,或者是电视与网络的结合。因此,广告策划人员对目标消费群的选择和确定非常重要,一旦能够将目标消费群确认下来,接下来的任务就是为他们寻找能够匹配的媒介,也即能够覆盖他们的媒介。

由于广告媒介具有广泛的覆盖率,且使用上灵活多变,结合媒介特点和消费者群的选择,我们可以这样认为:哪里有目标消费群,哪里就应当有适当的媒介;消费者在哪儿,媒介就应该跟到哪儿。

谋求目标消费者与媒介相匹配的方法可以有许多种。最常用的方法有人口统计的方法、社会心理学的方法以及产品使用的方法。

所谓人口统计的方法,是指根据年龄、性别、收入、职业、教育程度、家庭状况、家庭规模、种族、区域以及具体的城市等因素去细分市场,从而找到目标消费者。社会心理学的方法,就是在细分市场的基础上参照不同的社会价值观、生活态度以及生活方式,分析目标消费者的态度、兴趣和观点,以便更深入地了解目标消费者与媒介之间的关系。比如,A、B两个目标消费者的人口统计特征极为相像:35~44岁的男性,大学毕业,年收入在8万~10万元人民币之间。但是A性格外向,独立,有激情和爱心,愿意帮助他人,敬业,很少有休闲时间,但常常有商务旅行;B则性格内向,为人处世愿意跟随他人,中规中矩,很少加班,喜欢定期休假、钓鱼。很显然,两位目标消费者的人口统计特征虽然很相似,但采用相同的广告媒介不能对他们产生同样的效果。所谓产品使用的方法,是指通过消

费者使用产品的特征来判明目标市场。通常,研究者们将产品的使用特征分为习惯使用者、经常使用者、偶尔使用者和从不使用者,媒介的策划不能仅仅只顾习惯使用者,因为,从来没有使用过的人只要有合适的媒介和恰当的诉求方式,或许也能成为潜在使用者。

除此以外,在媒介特征与目标消费者之间磨合时,还有一些可变的但又很重要的因素必须加以考虑。

媒介的地域性是必须考虑的因素之一。只有媒介的覆盖率和目标消费者所在的区域相一致时,广告才是有效的。比如,报纸广告的特点是读者层比较稳定,那就可以结合某种报纸的读者对象,进行某种面向这部分消费者(读者)的有效的广告宣传。《扬子晚报》是江苏省范围内发行量最大的晚报,如果我们的产品针对江苏省的目标消费者,无疑可以先考虑在《扬子晚报》上做广告。《新民晚报》是长三角经济区内发行量最大的一份晚报,如果我们的产品的目标市场是整个长三角经济区,那就可以考虑在《新民晚报》上做广告。

考虑媒介当然不仅要考虑地域的特点,还要考虑特定的接受者(潜在消费者)的稳定性。比如,某个商品的目标是指向全国的,那就应考虑在全国性的广告媒介上做广告。分析下来,某家电视是全国性的,某家杂志也是全国性的。这时候又要分析,电视的特点是视听层不稳定,而杂志的读者层却相对稳定。可是这家杂志主要针对企业管理人员,而我们的产品则是儿童用品,杂志读者与目标消费者之间不一致,企业管理人员中相当一部分人员对于儿童用品不那么关心,可能买也可能不买,于是这家杂志也不能选择。分析结果,应另找合适的媒介。

到达目标消费群,还要考虑媒介在时间上可能达到的协调性。比如,我们的商品季节性很强,只有在某一时刻之前必须启动广告,才能赶在销售旺季之前产生效力。这时候,又需要对各种媒介可能具有的时间特点加以分析比较。杂志周期长,广告制作的提前期也长,错过了时机,不一定插得上;电视或报纸虽然在时间安排上也有不确定性,但因为每天播放或出版,有相当的回旋余地,是最有可能满足企业的应时性广告要求的。只有经过再三考虑和权衡,才能最后确定合适的广告媒介。

四、消费者动机习惯与媒介选择

消费者是企业营销和广告传播过程的最终接受者。他们的心理状态各不相同,对不同种类的媒介产生的广告效果反应也不尽相同,有时候甚至对同类的广告媒介也会产生不同的广告效果反应,此种消费动机和媒介接触习惯也影响着媒介选择。

消费者动机与媒介接触习惯的影响力主要体现在以下几个方面。

（一）消费者心目中对媒介的评价影响媒介的选择

所谓消费者对媒介的评价主要有两层意义：

一是指消费者意识中对不同媒介类别认知价值的判断。比如，大部分消费者认为报纸媒介是一种比较理性的、有深度的、可信赖的媒介，电视媒介是一种更感性的、娱乐化的媒介，网络媒介则是一个虚拟的世界，丰富多彩，时尚前卫，但可信性逊色于前者。日本电视台对电视、报纸媒介的接触状况调查的结果可以用来佐证。[1]

调查问卷的问题为：电视、报纸分别在多大程度上具有以下所列举的媒介作用？

(1) 带来生活乐趣与情趣；
(2) 及时反映社会动态；
(3) 丰富消费生活；
(4) 信息量大；
(5) 信息分布领域广；
(6) 信息详细；
(7) 政治报道简明易懂；
(8) 多角度地反映社会；
(9) 具有批判精神；
(10) 报道真实的信息。

也就是说，消费者接触报纸和电视时的心态是不一样的。由于报纸是一种理性类的媒介，阅读时需要更多的主动性，也表现出更多的理智性。

二是指消费者对某一类媒介不同类型的评价的差异，主要体现在对媒介类型权威性、可信度等方面认知的差别。比如，同一位企业家在看杂志时，对《经济研究》《企业管理》《上海管理科学》等不同的经济类杂志在心理上的接受程度是不同的，因为这些杂志在他的心目中的地位是不同的。即使是使用同样广告信息、同样广告创意的作品，在不同心理地位的媒介上发布，其广告效果也是完全不同的。在我们的生活中，党的机关报、国家的一级媒介都具有至高无上的心理地位，在这类媒介上刊登的广告其内在的说服力量是相当大的。

---

[1] 小川茂男.JNN数据库.东京：诚文堂新光社，1997：97.

(二) 利用广告媒介的动机不同,目的也不同

2012年7月19日,中国互联网络信息中心(CNNIC)发布了《第30次中国互联网络发展状况统计报告》。报告显示,即时通讯、搜索引擎、网络音乐、网络新闻、博客/个人空间分列前五位,也就是说,人际交往、信息获取和分享、娱乐成为网民上网最主要的用途。与此同时,我们也注意到,2012年第2季度网络视频用户的人均单日访问时长比第1季度增加近10分钟,网络视频在用户规模和用户使用深度上均呈现增长趋势。与整体网络视频用户规模的稳步增长相比,手机端视频用户的增长更为强劲,使用手机收看视频的用户已经超过1亿人,在手机网民中的占比由2011年底的22.5%提升至27.7%。在视频网站、运营商等多方积极推动下,用户使用手机终端在线看视频的习惯正在逐步养成。

表7-1 网民上网目的调查

应用	2012年6月		2011年12月		
	用户规模(万)	网民使用率	用户规模(万)	网民使用率	半年增长率
即时通信	44514.9	82.8%	41509.8	80.9%	7.2%
搜索引擎	42850.5	79.7%	40740.1	79.4%	5.2%
网络音乐	41060.0	76.4%	38585.1	75.2%	6.4%
网络新闻	39231.7	73.0%	36686.7	71.5%	6.9%
博客/个人空间	35331.3	65.7%	31863.5	62.1%	10.9%
网络视频	34999.5	65.1%	32530.5	63.4%	7.6%
网络游戏	33105.3	61.6%	32427.9	63.2%	2.1%
微博	27364.5	50.9%	24988.0	48.7%	9.5%
电子邮件	25842.8	48.1%	24577.5	47.9%	5.1%
社交网站	25051.0	46.6%	24423.6	47.6%	2.6%
网络购物	20989.2	39.0%	19395.2	37.8%	8.2%
网络文学	19457.4	36.2%	20267.5	39.5%	-4.0%
网上银行	19077.2	35.5%	16624.4	32.4%	14.8%
	18722.2	34.8%	16675.8	32.5%	12.3%
论坛/BBS	15586.0	29.0%	14469.4	28.2%	7.7%
团购	6181.4	11.5%	6465.1	12.6%	-4.4%
旅行预订	4257.5	7.9%	4207.4	8.2%	1.2%
网络炒股	3780.6	7.0%	4002.2	7.8%	-5.5%

数据来源:CNNIC《第30次互联网报告》,2012.7

由此可见,网络在当代人的生活中,主要价值在于了解外部世界和提供个人娱乐,兼有电视媒介和报纸媒介之特征。

(三) 人们利用媒介的习惯也会影响媒介的选择

目标消费者群接触媒介的情况和使用媒介的习惯在很大程度上左右着广告媒介的选择。比如:人们多半喜欢边做家务边听广播,这时就可以选用广播广告介绍日用生活品;旅游服务广告可以选用电话号码簿作为媒介,这样便于旅游者和本地人在寻找所需的信息时阅读到刊登在上面的广告;某些药品与食品,人们习惯于从包装上了解产品的成分、功效和用法,广告就可以结合包装展开;取奶卡、客机票签、游泳卡等小媒介是成千上万的人经常使用的,且接触时间长,可以在上面做些广告,起到随时提醒的作用。这里以网络广告的投放为例,据 CNNIC 2011 年对上一年度网上受众的调查结果,我们选取几组数字:

表 7-2　网络广告受众情况调查

用户年龄分布	10 岁以下	10～19 岁	20～29 岁	20～39 岁	40～49 岁	50～59 岁	60 岁及以上
	1.3%	26.0%	30.8%	23.2%	11.6%	4.8%	2.4%
用户文化程度分布	小学及以下	初中	高中	大专	大学本科及以上		
	8.7%	35.1%	33.9%	10.5%	11.7%		
用户个人月收入	无收入	500 元以下	501～1 000 元	1 001～1 500 元	1 501～2 000 元	2 001～3 000 元	3 001～5 000 元	5 001～8 000 元	8 000 元以上
	7.7%	19.3%	12.2%	11.2%	12.5%	17.3%	12.7%	3.9%	3.2%

数据来源:CNNIC《第 28 次中国互联网络发展状况统计报告》,2011.6

由此可见,不同年龄、不同收入、不同学历的人利用互联网这种新媒介时有着很大的差别。29 岁以下的受众超过了总人数的一半以上,大专以下学历者居多数,2 000 元以下的收入人群超过了 60%。换言之,年轻族群、中低学历以及中低收入的消费者青睐网络这种媒介。

第二节 营销目标与广告媒介选择

完整的传播过程应该有发送者、接收者和传播媒介。信息传递的双方——发送端(信息及信息个性)和接收端(经销者及用户)各有各的特性。然而,任何信息传播的行为都是在市场这个环境中进行的,因此,如果能够更深入地了解企业营销目标对媒介策划的影响,将更利于我们理解媒介沟通的特性和选择恰当的广告媒介。

一、广告目标差别对媒介选择的影响

在进行广告策划或开展广告活动之前,确定广告目标是很重要的。不同的广告活动应该有不同的广告目标,而目标的不同反过来又制约着我们对广告媒介的选择。

首先,根据美国学者卢塞尔·克里的观点,广告目标的建立要从沟通的终极目的开始。整合营销传播的观念也认为,沟通是传播的核心价值。在今天这样信息资讯爆炸的社会,广告作为提供商品信息的一种手段,要起到立竿见影的效果已经非常困难,仅靠广告是不可能承担起企业所有的市场营销工作的,它只能在营销体系中发挥作用,其作用主要就是沟通。

沟通的目标与媒介选择之间的关系呈现出清晰的阶段性特征:未知—认知—了解—接受—相信—行动。通常消费者通过有效的广告信息,首先会对广告有所认知,最终有或多或少的了解。如果消费者能认同广告所传播的信息,而广告的产品又是自己所需的,他们就可能考虑将广告中的品牌列入下次购买的名单中,以至达到实际的购买。

这些不同的沟通目标又是如何影响媒介选择的呢?

假如广告被设定在认知的阶段,那么,媒介在一定的时间内就要尽可能地让消费者认知品牌。由于在认知阶段通常是告之全新的产品信息,使消费者在短期内知道产品或对商标和品牌感兴趣,媒介的预算主要是花在电视上,尤其是那些具有威望的电视媒介上。近几年,一些地方性的产品,如蒙牛牛奶、伊利牛奶、雅客V9等,借助中央电视台广大的覆盖率和信息传播的权威性,在短时间内一跃成为全国范围内认知度很高的品牌就是最好的佐证。

其次,虽然沟通是广告传播的终极目标,但是,在广告传播过程中,阶段性的广告信息内容对媒介的选择也具有非常明显的影响力。

假如广告的目标是要详细传递商品情报,以商品的性能、特征、用途、服务等信息来说服消费者的话,那么,最好的媒介选择就是印刷品,如报纸、杂志、直邮广告,还有新兴的互联网广告,因为它们允许对商品作详细的介绍。

我们不妨来看一下劳斯莱斯车的广告:

(标题)这辆新型的"劳斯莱斯"在时速60英里时,最大的闹声来自里面的电钟。

(副标题)什么原因使得"劳斯莱斯"成为世界上最好的车子? 一位著名的"劳斯莱斯"工程师说:"说穿了,根本没有什么,真正的戏法——这只不过是耐心地注意到细节。"

每一个车门内都装有音响喇叭,流泻出优美柔和的音乐,使人犹如置身于音乐的殿堂。即使在行驶中,也能同样享受到寂静无声的舒适。

独创的双重自动空气调节系统,是"劳斯莱斯"花费8年时间开发出的划时代装置。

为了调节最适合人体的气温,温度感应器分别安装于车顶、座椅、仪表板等处,还随时能依外界气温变化而调节车内温度,让驾驶员和乘客永远处于舒适环境之中。

时速达110公里时,刹车仅需4秒钟,并独创双重刹车系统,两套系统同时启用,使用和航空引擎相同的2 500磅高油压装置,安全可靠。

"劳斯莱斯"名车,有史以来,从无碰撞伤人的记录,许多顾客就是对此特性十分满意而签约的。

………

整个广告文案长达2 000多字,对"劳斯莱斯"的尊贵气派作了最强势的诉求,而且对许多子诉求包括舒适性、安全经济性、方便性等作了详细的介绍。大卫·奥格威说,讲述的事实越多,售出的商品也就越多。广告中介绍的与商品有关的实例不断增多,广告成功的机会就会越来越大。要承担大信息量的广告内容,就非印刷媒介或皆具印刷特性的媒介不可,这大概也就是一些理智型广告主不选择瞬间性的电视广告的原因。

假如广告目标是要让消费者长时间记住企业或产品的名称,起到一个随处可见、随时提醒的作用,促使消费者认牌购买,那就可以选择户外广告、招贴广告、交通广告以及瞬间的电视广告。因为这些媒介具有随时提醒的作用,让人别忘记。广告目的达到了,就不必花很大的费用去制作过分昂贵的广告。

假如广告目标是为了提高或保持企业的形象,那就应当注意与权威媒介的合作。宝洁公司在业界被尊称为"品牌教父",广告媒介的选择在宝洁的策略中具有特别的重要性。长久以来,宝洁采用的是选择央视作为全国性市场的媒介,再辅以省级和地方主流媒介的组合策略。2004年,宝洁在媒介选择和策略上推出了对高端媒介采取排他性占有的重要策略,以此来压制同类产品中的本土品牌。因此,在2003年11月的央视广告黄金时段的招标中,宝洁公司的举措令人瞠目结舌。首先是宝洁公司大中华区媒介总监庞志毅以2 660万的价格获得A特段(央视一套《焦点访谈》前)第二单元正三的位置。接着,宝洁公司大中华区高级媒介经理赖良锐又获得了A特段第二单元正四的位置。也就是说,在这一时段里,宝洁公司拥有了30秒的广告时间。这是第一家在央视黄金时段广告招标中举牌并中标的国际品牌。宝洁借助中央电视台一套的绝对权威性,在日化行业的传播声音较量中完全占据了压倒性的优势,这与国内品牌分散投放和在低端媒介上投放形成鲜明的对比,也更拉大了在消费者心目中品牌及企业形象的档次差别。再如,春兰集团在全国很多城市做了霓虹灯广告,他们的宗旨是要么不做广告,要做就做这个城市中最大的霓虹灯广告,如在上海东方明珠电视塔上的霓虹灯广告、在南京鼓楼广场的霓虹灯广告,其面积都达到2 000多平方米,气势恢宏。

假如广告目标是为了导致消费者的冲动性购买,就必须在铺面的POP广告(即售点广告)上下功夫,使广告宣传带有特殊的华丽气派。有时候,为了传递细致具体的情况,也可向消费者直接邮寄广告。

二、产品信息个性对媒介选择的影响

不同的企业或产品间存在着很大的差别,这种差别会影响广告对不同媒介的选择。

首先,媒介策划时会受到产品所处生命周期的影响,这种影响主要表现在媒介目标的不同。对于处在导入期的产品来说,提升知名度是最为重要的,因此,媒介策划的目标就是要在尽可能短的时间内让尽可能多的目标受众接触到广告信息;对于处在成长期的产品来说,媒介的策划尤其重要的是要关注竞争对手的广告媒介策略;对于进入成熟期的产品,选择广告媒介时更需要将重点放在媒介接触人次的最大化上;由高峰走向低谷的产品,进入了产品生命期的最后阶段,退出市场是其必然的趋势,为此,媒介选择的侧重点主要是提醒式的,在投入的量上也会大幅度减少。

其次,产品的类别特征对媒介的选择也表现出很大的影响力,不同的产品类别对媒介的选择具有特别明显的影响。比如儿童食品,其广告对象很自然是年轻的母亲和孩子们,这个消费者群比较容易接受感性的、形象的宣传。电视媒介直观形象,有声有色,具有很强的表现力,所以很多儿童食品选择电视媒介做广告。例如,"娃哈哈"所做的电视广告片:

童声齐唱:甜甜的,酸酸的,有营养,味道好。天天喝,真快乐。
女童独白:妈妈,我要喝……
童声齐唱:娃哈哈果奶。

娃哈哈果奶的接受主体是儿童,"说什么""怎么说"在这一电视广告片中都体现出了儿童的心理、生理特点。被夸大的动画式儿童形象:硕大的头,顶着小小的鸭舌帽,大嘴横咧,壮实的躯体紧裹着条纹汗衫和背带裤,这就是富有童趣的娃哈哈吉祥物。那种活泼可爱、快乐逗人、健康结实的形象表现非电视广告莫属。整个广告片采用了儿歌的音乐旋律和语言形式,唱起来如同吟诵一般,极易上口。值得一提的是"妈妈,我要喝"一句独白,不仅具有"唆使性",而且符合消费程序,以儿童的口吻,把娃哈哈果奶、消费者(儿童)和购买者(父母)这消费的三个要素紧紧地连接在了一起。

再如老年食品,其广告对象很自然的是老年人。哪些是老年人可能光顾的媒介呢?一类是有关身体健康的媒介,包括报纸、杂志、广播、电视,因为他们关心自身的延年益寿。另一类可能是文化生活类的媒介,如棋类杂志、花鸟虫草类杂志,这与老年人的精神生活特点有关。老年食品的另一组广告对象可能是中青年人,因为他们可能以此为孝敬老人的礼品,这就需要根据老年食品具体品种的市场定位来选择媒介。旅游食品,其对象是旅游者,可以选择旅游杂志做广告,也可以考虑选择青年杂志做广告,因为旅游者中大多数是青年人,他们好动,闲不住,又具有体力上的优势,并且还有在游玩中不吝花钱、追求时尚、追求乐趣的特点,旅游食品可能更适合他们。快餐食品、冰箱食品、营养疗效食品等也有各自的消费者,而不同种类消费者又有各自经常接触的媒介。广告策划者可经过仔细的调查分析,分别加以选择。

大类商品之间的差别更明显,对媒介的选择性更强。如果是为某个品牌的食品来做广告,就应当考虑如何体现它的色、香、味、形俱美。能够做到这一点的有哪些广告媒介呢?电视、电影、网络、画报、派发广告、海报等是最佳的选择。如果为某种家用器械做广告,就没有色、香、味、形之类的要求,而是要更详尽地表现产品的功能、特点和用途。哪些广告媒介可以满足这一要求呢？户外广告、报纸、电台、网络等无疑是比较适合的。当然，还需要在考虑其他因素之后才能最后定下来。

三、竞争对手与媒介选择

在企业营销过程中，还有许多因素左右着广告媒介的选择。其中，竞争对手媒介选择的情况将是媒介策划中不得不予以重视的重要因素。

竞争对手对媒介选择的影响主要表现在两个方面：一是避开与竞争对手使用同种媒介；二是迎头挑战，采用同种媒介，有可能的话将自己的广告与对手的广告编排在一起。

显然，选择回避还是挑战，取决于若干方面。一般来说，如果自己的产品或者广告创意与竞争对手具有同质化的倾向，那么，选择回避的方式是明智的。比如，国内的家电行业产品同质化现象非常明显，无论是产品的外观设计、功能设置、价格档次、品质质量还是售后服务都已难分伯仲，并且，广告营销的策略和创意风格也缺乏明显的差异性。这时，如果从目标消费者媒介接触习惯的角度来看，有两种杂志适合用来发布广告。A 杂志没有其他家电类的广告，而 B 杂志却有整整六个版面刊发了竞争对手的广告，那么，A 杂志就是一个优选的媒介，B 杂志则不是。因为，一个同质化的产品在有多个同类产品信息广告的媒介投放广告，广告效果就会被冲淡。在《时尚》杂志投放化妆品的广告，如果产品没有突出的特点，或创意不够新锐，那么除了给消费者留下一个似是而非的印象外，不可能产生实质性的广告效果。相反，如果你的产品比竞争对手具有更引人注目的特点或利益点更明显，就可以选择挑战的策略，将自己产品的广告刊登在竞争对手的广告边上，在直接比较中突出自身产品的优势，给消费者留下更深的印象。

另外，竞争对手的广告投放往往会影响媒介投放的预算以及选择成本不同的媒介投放广告。这主要取决于广告的策略。如果是与竞争对手直接对抗，那么，广告媒介的预算一般会超越竞争对手的预算，不然，很难撼动对手已经获得的市场。

第三节 对各种广告媒介的综合评价

人们总是希望用最少的广告费用来获取最大的广告效果。在实际操作中，媒介策划的第一步是确立恰当的媒介目标。

广告客户在大部分的情况下会综合运用各种媒介来达到广告目的，因此，只从单个媒介效应考虑广告的投放是远远不够的。为了让尽可能多的人看到广告，必须寻找接触者多的广告媒介。

同时，研究表明，在不同的国家和地区，除了科学的统计模式和冷冰冰的收视率等数据外，媒介成本的计算还受到消费者心理对媒介的接受度的影响。

如果是报纸和杂志，收视率公式是发行数乘以每本的平均阅读人数；电视的收视率是拥有电视的家庭数乘以节目收看率，再乘以电视机周围的接触者。

那么，混合采用媒介时，如何来考察媒介的价值呢？通常，我们计算的方式是对到达成本进行分析，这种分析可以从以下四个方面来进行。

一、平均千人成本

选用何种媒介做广告宣传，取决于广告主的广告预算和支付能力。一般来说，利用全国性大报和电视做广告，宣传的覆盖面很大，影响很广，但广告费用要比在地方性报纸、电视上做广告高得多。而如果从一定宣传面的广告费平均值计算，覆盖面越大的媒介广告费越便宜。比如，某牌号的产品用100万元的广告费组织了一次"某某杯国际围棋邀请赛"，中央电视台和地方电视台对每一场比赛都作了实况转播，转播中多次出现某某产品的广告形象、广告标题。如果届时全国有1亿人次观看，其影响面就很广，比平时零打碎敲地做广告，效果要好得多。当然，这也不是一概而论的，如果是一个中小企业，经营范围有限，经济实力不强，就没有可能，也没有必要在全国性的大报上和电视台大做广告，也没有必要去组织规模大、耗费多的大型赛事。

综合评价广告媒介最常用、最简单的方法是以平均千人成本来测算。

平均千人成本(Cost Per Mille, CPM)是将媒介收视率、阅读率与广告成本关联起来的一种计算方式，即广告每到达一千人次需要多少钱。借助平均千人成本可以说明一种媒介与另一种媒介、一个媒介排期表与另一媒介排期表相比而言的广告成本。其计算公式为：

平均千人成本＝广告投放费用÷广告总收视/阅读人数×1000

广告媒介的广告费是根据读者或视听者的数量而设定的，其中也包含了不能成为商品潜在消费者的人们，这一部分无效的宣传造成的浪费被称为"流通"浪费。

潜在的消费者是广告宣传的准目标。我们在对广告媒介进行选择时有必要弄清到达潜在消费群的成本。例如，在考虑电子计算机的广告成本时，就应考虑广告传播到购买电子计算机的负责人时所需要的成本。

在广告媒介中，有些是易于计算到达成本的，如散发广告单、网络广告；也有些是难以计算到达成本的，如户外广告、广告招贴等。

压缩 CPM 的方法有两种：一是减少广告费，二是增加观众。

二、绝对千人成本与相对千人成本

在分析广告媒介成本时，不能忘记广告终极的指向是目标消费者。所以，媒介的有效到达，不能理解为到达所有接触广告的人，而应理解为到达目标消费群。因此，着眼于接触者总数，还是着眼于目标消费群，广告的千人成本是不一样的。我们将面对所有接触广告的人计算的千人成本称为"绝对千人成本"，将面对目标消费者群计算的千人成本称为"相对千人成本"，如下表所示：

表 7-3　A、B 媒介绝对/相对千人成本表

	广告费(元)	阅读人数	绝对千人成本(元)	相对千人成本(元)
A	6 000	200 000	30	40
B	5 000	250 000	20	50

很明显，从绝对千人成本的角度来看，B 媒介的成本比 A 媒介低。但是，加入 A、B 两种媒介的目标消费者指数(假设为：年收入 50 000 元以上，上海地区的居住者，男性，30～50 岁)，则 A 媒介有 15 万人，B 媒介有 10 万人，据此计算出的千人成本就是相对的。因此，尽管接触 A 媒介的总人数较少，A 媒介广告费投入也大，但是针对目标消费者的广告效果却好于总阅读人数多、广告费用投放又小的 B 媒介。

三、总收视率、到达率和平均接触频率

考察混合使用多种媒介时的另一个重要指标是总收视率、到达率和平均接

触频率的关系。

（一）总收视率

总收视率 GRP(Gross Rating Point)，指所有收视率加起来的总和。
总收视率 = 到达率 × 平均接触率
式中，到达率 R(Reach)指广告被消费者接触的到达频率，平均接触率 Av.F(Average Frequency)指消费者平均接触该广告的频率。

（二）到达率

到达率：想让多少人看到广告？

任何媒介都有它的特性及到达极限，我们不可能利用小众媒介，即覆盖面很小的局部性的媒介来达到较广的接触到达效果。因此，如果希望更多的消费者看到广告，就必须选择大众媒介来完成这样的目标。如电影广告，通常需要在很短的时间内把信息传递到最大的范围内，这样就不得不选用电视这样的强势媒介。

（三）平均接触频率

平均接触频率：这些消费者看到广告多少次？

接触频率，也称"暴露频次"，指的是目标消费者在一段时间内接触到广告的平均次数，而不是广告的刊播次数。我们知道受众接触广告的次数的多少，与他们对广告产品产生的反应有着直接的关系。广告次数过少，未能超过受众的感觉阈限，广告就没有效果；广告次数过多，不但造成浪费，而且还会引起消费者的厌烦情绪。一般来说，消费者对看到广告的反应是按下列顺序递进的：第一次看到广告片时，只有印象："那是什么？"第二次看到时，会多些关心："广告在表达什么呢？"第三次到第五次看到广告片时，开始考虑尝试去购买产品，但对广告内容很容易忘掉。第六次到第十二次看到广告时，广告效果最好。当然，不同的产品、不同的市场和不同的消费者所构成的频率效果不尽相同。从国外 4A 公司对媒介的策划原则来看，在确定接触频率时除考虑上述因素外，还必须考虑到以下多方面的内容。

1. 整体营销方面

（1）品牌的历史：新上市的品牌需要较高的频率，旧品牌则可以低一点。

（2）品牌的市场占有率：占有率越小的品牌，需要较高的频率；占有率越大则频率越低。

（3）品牌的忠诚度：忠诚度越低的品牌，所需频率越高；忠诚度越高的品牌，所需频率越低。

（4）购买周期：购买周期越短，所需频率越高；购买周期越长，所需频率越低。

（5）目标消费者：目标消费者越属于学习能力、教育程度较低的一群，所需频率越高；反之，所需频率越低。

2. 内容创意方面

（1）信息的复杂程度：广告的内容越复杂，需要的频率越高；越简单的内容，越不需要很高的频率。

（2）信息的独特性：越是创意一般的广告，越需要较高的频率；越是创意与众不同的广告，则频率可以低一些。

（3）广告的性质：促销广告不需要太高的频率，但形象广告则要求有较高的频率。

（4）广告的大小：小版面的广告与大版面的广告相比，需要较高的频率。以电视广告来说，20秒钟的广告片，较10秒钟的广告片可以有较少的频率。

3. 媒介投放方面

（1）干扰：刊登或播放于广告较多的媒介时，通常需要较高的频率。上黄金时段的广告时，干扰较多，需要较高的频率。

（2）媒介环境：媒介环境越能让自己的广告与其他广告相区隔，所需频率越低；反之则需要较高频率。

（3）目标群对媒介的专注度：专注度越高的媒介，越不需要高的频率；专注度越低的媒介，越需要较高的频率。连续剧的专注度较高，特定目标群较固定，频率可低些；娱乐性节目的专注度较低，需要较高的频率。

（4）排期方式：越是连续性的广告，越不需要较高的频率；间歇性的广告，则需要较高的频率。

（四）到达率和平均接触频率之间的关系

到达率指在市场上有多少人看到广告。例如，对于100万人的市场，如果有10万人看到广告，到达率就是10%。

展开到达率，这是在做两次或两次以上广告的情况下对到达率的计算。如果第一次做广告时，到达率是10%，第二次做广告时，到达率是20%，但其中5%的受众是重复的，那么把两次的到达率展开相加就是30%，即展开到达率是30%，但纯接触频率是10%加20%再减去重复的5%，即25%。

平均接触频率是指接触过该广告的人的平均接触次数，测算方式是展开到达率除以纯到达率,即用 30% 除以 25%,是 1.2 次。

在同一地域或同一市场内做两次或两次以上广告,如果展开到达率相同,那么纯接触频率越小,平均接触频率就越高。因此,在选择媒介时,必须按照广告目的,弄清究竟是重视广告到达率,还是重视广告频率。

四、广告收视率/阅读率分析

媒介(节目/版面)收视率/阅读率是选择广告媒介和衡量广告媒介投放效益的另一个重要的量化指标。通常而言,广告媒介投放时会选择那些收视率/阅读率高的媒介或栏目。但是,由于广告收视率/阅读率并不完全等同于媒介收视率/阅读率,因此,这种机械的方式并不可取。同时,广告收视率/阅读率的提升还取决于广告媒介投放时的技巧。

(一)广告收视系数

广告收视率/阅读率这一概念来源于媒介的"收视率理论",但两者又有区别。

所谓收视率,是指暴露于一个特定电视节目的人口数占拥有电视机人口总数的比率。收视率的高低取决于收看电视的人数。由于广告收视率/阅读率具有很大的不稳定性,不易调查及预测,在实际过程中,一般的方法是依据投放媒介的节目收视率来类推广告收视率或对广告收视率进行预测。常用的方法主要有"广告回忆(Recall)""广告认知率(Awareness Index)"等。央视—索福瑞媒介研究(CSM)提出了一个可供借鉴的经验性数值"广告收视系数",即广告收视率约相当于媒介/节目收视率的 60%。

(二)广告收视率/阅读率

除了区分收视率/阅读率与广告收视率/阅读率的差别外,正确理解何为收视率/阅读率,还要特别注意这一概念与其他概念之间的差别,比如与广告满意度、目标收视等的差别。

广告满意度是测量观众对广告喜好与评价的一项指标,而广告收视率/阅读率是对观众收视行为的一种评价,两者分别从"质"和"量"的角度对广告节目进行

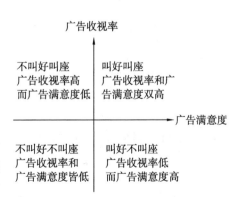

图 7-1 广告收视率和满意度划分

评估。据此，我们可以将广告收视率和满意度划分为四大类，如图7-1所示。

目标收视率是一种更加精确的数据考量法，指的是确定的产品目标消费者暴露于一个特定电视节目的人口数占所有目标消费者人口的比率。比如某品牌的目标消费者为30~45岁的人口，而在19:00~20:00之间收看A频道的30~45岁人口占所有该年龄段人口的比率，就是A频道在当天该时段的目标收视率。因此，广告媒介投放时不能只看观众/读者的总人数，而是要看它的目标收视率，这样才能更确切地反映媒介广告投放的效益。

（三）提高广告收视率/阅读率

提高广告收视率/阅读率除了上述增加广告满意度、提高目标收视率等方法以外，也需要从广告作品创意、广告时机等方面入手。

广告作品创意质量的高低直接影响到广告的满意度，创意新颖、制作精美的广告较之创意平庸、制作粗俗的广告作品更有利于提高广告收视率和广告满意度。将广告与电视节目/刊物内容融为一体，或者特别精彩的广告甚至反客为主带动节目/内容的收视/阅读，这是广告媒介投放的理想状态。可口可乐动用六大明星拍摄三个系列广告，彼此独立又相互贯穿，令人看完一集又期待下一集，连续剧式的剧情吸引了众多观众和网友的关注，利用悬念引起消费者的兴趣，得到很高的广告收视率。

把握媒介投放的广告时机也是提升广告收视率/阅读率的有效途径，恰当的时机选择可以起到事半功倍的作用。近年的热点事件如"非典""伊拉克战争""申奥""神州五号""雅典奥运会"等都被一些企业看好，他们及时把握时机，以很少的投放取得了较大的广告效益。2003年3月20日，伊拉克战争爆发。次日，统一润滑油"多一些润滑，少一些摩擦"的广告第一个在中央电视台战争直播报道的特别节目中播出。由于广告与节目内容间的巧妙互动，这家年销售额尚不足7亿元的民营企业仅花费了200万元广告费，就将市场份额从14%提升到了40%，其广告效益有目共睹。

第四节　媒介整合与媒介创新

企业在实施广告时，可以使用一个广告媒介，即单个媒介运用；也可以同时使用多个广告媒介，即媒介组合运用。这要根据情况的不同来加以选择。所谓单个媒介运用,是指企业仅使用一个他营广告媒介,不包括已有的自营广告媒介。一般是小型企业因财力所限,只能使用单个媒介在一定时期内做广告。大中型企业也有使用单个媒介做广告的情况,但多数是出于临时的、短期的需要。选择单个媒介,须采取比较分析的方法。一种是经验法,即企业经过使用多种广告媒介后,发现其中的一种媒介效果最好,便在一定时期内,只集中使用这个媒介。另一种是分析法,即通过调研分析来选定一个媒介。

20世纪90年代以来,中国的广告业发展迅速,进入了繁荣期,媒介方面的变化主要体现在:其一,媒介的数目呈逐年增加的趋势,从而导致单一媒介的覆盖率下降。其二,媒介的剧增导致受众分流。以电视媒介为例,以前,美国主要三大电视网播一个星期的广告就能接触到全美90%的人口。而进入20世纪90年代以来,同样的广告投放,所接触的人口则降至60%或者更少,而且比率还在继续下滑。对中国的企业来说,投放几百万甚至上千万广告费便能一炮打红的时代同样一去不复返了。随着电视台数量的增加,各电视台的电视频道数也呈上升态势,央视调查咨询中心对北京、沈阳、上海、武汉、广州、成都、西安七个城市的调查数据显示,1997~1999年两年间,各城市可接收到的电视频道总数平均增长约40%,其中成都增长最高为44%。七个城市平均每户可接收到的电视频道的数量增长更快,平均达70%,其中广州、成都最为突出,分别为2.4倍和2倍。央视的收视率调查报告同时还显示,两年间电视受众的平均收视时间没有大的变化。这说明,媒介的数量越来越多,单个媒介的覆盖面却越来越小,而每个受众接触的媒介数量却越来越多,其选择的自由度也越来越大。其三,新兴媒介对传统主流媒介构成威胁。20世纪90年代中后期率先崛起的非主流媒介是户外广告。作为一种较为特别的广告形式,户外广告具有相当强的针对性和逼视性,同时随着现代人休闲活动和户外活动的增多,越来越多的企业将广告费用投向户外媒介。据估计,中国户外广告市场已超过100亿元,每年增速高达20%。

20世纪90年代后半期互联网的兴起,更如狂飙一样冲击着传统媒介。时下,"互动"之声不绝于耳,而最能抓住亿万人注意力的媒介则是国际性的"竞技运动",它是能整合一切媒介的媒介之王。

在这样的背景下,企业如果想要达成与以往相同的广告效果,一是必须加大投入广告费用,二是必须考虑媒介的整合运用,三是必须提高媒介使用的创新程度。

一、媒介整合运用

所谓媒介整合,是指同一时期内根据市场、消费者和产品的不同,综合运用各种媒介的优势发布广告主题相对集中的广告。其特点是不仅可以使消费者接触广告的机会增多,还可以在一定时期内围绕某种商品造成很大的声势,引人注目,扩大社会影响。据西方某些广告学专家的研究,广告媒介的整合运用可以产生两种广告效果:一是相辅相成的效果。同一广告主题,某人在电视、报纸、杂志等三种媒介中各接触一次,其效果比只在其中一个媒介上接触一次要好一些。二是相互补充的效果。即是两种以上的广告媒介传播同一产品的广告信息时,广告效果是互相补充的。因此,媒介整合的好处是把各种媒介质方面的特性与其到达效果的量的特性综合加以考虑,使某一广告预算的效果实现最大化。具体来说,媒介整合利用的长处主要表现在以下几个方面。

(一)广告信息传播渠道的拓宽

利用不同的媒介使广告信息在不同的形式下得到传播,可以使广告活动得到最大范围的传播,而且可以将各媒介的优势进行整合从而以最合适的形式进行传播。如某一房地产的广告,组合利用不同的媒介时,就可以从不同的视点进行表现。比如:利用电视广告的可视性,展现产品的外形美;利用广播语言亲切动人的质感,对产品的存在感加以表现;利用报纸文字的准确性,详细说明产品的性能及服务细则;利用杂志在受众中的准确定位,从产品的外形到内在内容,从性能到服务细则,准确地把商品信息传达给它的目标消费群;利用户外广告强烈的提醒性,随时引起消费群的关注;利用互联网广告的多媒介性,让目标消费群可以在互联网上对产品进行视、听、查阅甚至触摸诉求。组合媒介的效果既有传播的广度,又有传播的深度;既有感性诉求,也有理性诉求。媒介之间优势互补构成一个立体的传播平台,其优势自然是大大超过单一媒介的使用。

(二)广告信息传播的相对集中

在广告活动的初期,特别是对于新上市的产品来说,这是一个重要的时期。通过利用多种媒介,能尽早增大产品信息的传播总量,增强信息对目标市场和目标消费者的渗透力。一个产品的广告在今天这样一个资讯业高度发展的时代,单一媒介往往会被人视而不见,只有当消费者从不同的媒介渠道多次获得某一个产品信息时,广告才能起作用。比如,引起广告界和消费者许多议论的保健品

"脑白金"的广告,连续几年在各大媒介上展开"地毯式的轰炸",使你无论是出门还是在居家过程中都能频繁地接触该广告。

(三)实现最大的到达率和接触频率

由于同时组合了多种媒介展开广告攻势,各小众化的媒介所特有的消费群得到整合,从而提升了广告的到达率。再加上不同的媒介传递的是相类似的主题,这使广告受众的平均接触频率也得到较大幅度的提高。

二、媒介整合的方式

现代广告的特征之一是从单一媒介的使用到多种媒介的组合使用。由于各种媒介在特性与功能上具有较大区别,因此媒介的有机整合就成为广告策划者必备的知识要素。媒介的组合主要有以下几种。

(一)点面效应互补整合

有些广告媒介具有短时间内全面铺开、受众面广、影响大的特点,比如电视媒介;有些则受众面有限,但针对性很强,如直邮广告。如果说,前者是"面"的话,后者就是"点"。两者如果单独使用的话,其效应往往受到媒介本身特点的制约,而一旦结合起来使用,点和面就都能顾及到。

(二)时效差异整合

有些媒介长于短期内先声夺人地打知名度,可以造成极大的声势,比如密集投放的电视、广播与大幅报纸广告;有些则长于细水长流地逐步进行心理、感情的渗透,比如静止的路牌、运动的公交车广告以及各种小额投入的小幅报纸广告。两者结合使用,就实现了优势组合,能有效地提高广告效应。

(三)功能差异整合

有些广告媒介主要强调视觉冲击力,但仅具有瞬时性,比如电视;有些广告媒介虽然视觉冲击力不强,但具有内容诠释的优势,且具有恒久性,可反复阅读,比如报纸媒介。两者在产品推广中整合起来使用,效果会非常好。

(四)大众媒介与小众媒介的整合

大众媒介的优势是覆盖面广、影响力强大。但是,随着媒介产业的政策变化和媒介市场的细分,能完全覆盖目标消费群的单一大众媒介越来越稀少,因此,非常需要通过小众媒介的投放进行区域性的平衡,使无法接触大众媒介的受众也能接受同样的广告信息。同时,小众媒介还能起到随时提醒消费者关注的作用。

比如,雅客 V9 媒介投放就整合了电视媒介、平面媒介以及车体、地铁灯箱、写字楼及高尚社区电梯间可视电视、网络、贴纸等,短时间内就使原本知名度低、销量又不大的品牌一跃成为维生素糖果类产品的领导品牌。

(五)传统媒介和新媒介的整合

新媒介特指通过互联网络和新型数码媒介构筑起来的传播平台,传统媒介特指传统大众传播媒介。两者的结合使用,可以起到单类媒介无法企及的效果。2012 年伦敦奥运会前,Nike 全球统一的广告片"Find your greatness(活出你的伟大)"在社交媒介上预热,随后在奥运会开幕式当天登陆全球 25 个国家的电视台。中文版"活出你的伟大"短片于 7 月 27 日通过社交媒介、网络渠道以及电视在大中华地区播出。引人注目的是,奥运期间,耐克全面启动全网宣传计划,在电视、网络、平面等媒介占满了受众视线。根据不同的赛事状况,Nike 即时更新了不同的线上平面广告,跟随品牌理念,为运动员加油,放大品牌声音,广告发布形式的独特性在更大的范围内引起了广告业界、媒介和公众的共同关注和讨论。

三、媒介创新策略

现代广告业竞争激烈,要突出产品,除了广告内容必须创新外,媒介表现也须力求创新。创新的媒介策略是指一些新颖的媒介使用方法,它们可为产品品牌带来超越竞争对手的好处。在日益繁多的广告之中,要使自己的广告给消费者留下深刻印象,采用新奇的媒介和对媒介创意性的使用会带来意想不到的效果。

媒介的创新策略是指通过媒介使用的创新,达成最小投放最大效益化的媒介投放目标。主要的创新途径有以下几种。

(一)发掘和利用新的媒介类型

新的媒介如手机媒介、数字移动电视等,这些媒介凭其新颖性可以先声夺人。再如电脑游戏,以往只具有娱乐功能,自从七喜饮料利用电脑游戏软件负载广告信息,开展互动营销以来,已经有越来越多的广告主注意到电脑游戏软件的广告媒介功能。电信部门和其他机构合作开办的自动应答电话资讯系统也在成为一个颇受欢迎的广告新媒介。

(二)媒介编排方式创新

媒介编排方式上的创新,也即对传统媒介进行再思考,突破一些使用上的误区,从而在形式上创出新意。比如:电视广告编排时对所谓的"黄金时段"与"非黄金时段"的突破性使用;线上媒介与线下媒介整合时,用电视广告引导消费者登录企业、产品或活动的网站,使消费者更自主、更自由地获取广告信息。即使是传统的平面媒介,编排时也可以突破常规,出奇制胜。"Ford Escape"突破视觉常规,利用文字的编排与推挤,在报纸版面上制造"开路"的视觉效果,很好地传递了福特车所向披靡的优秀品质;西泠电器在《文汇报》头版发布整版广告,前无古人,非常前卫和突出。

(三)媒介资源创新

媒介资源创新,也就是充分利用媒介现存的资源,使广告投放达到最大效益化,比如善用优质媒介资源。所谓优质媒介,既指处在目标消费者心理优势位置的媒介,也指媒介中的优质时段或版面。再比如,对高收视率新闻节目、娱乐节目的跟进和借势,也往往能起到事半功倍的效果。又如,增强广告与节目/版面内容的切合度和融合率,加强广告与媒介内容的深度合作也是媒介资源创新的广阔空间。宝洁公司在中国日化行业中能独领风骚10多年,与其高度重视媒介资源创新有密切的关系,其独到之处值得借鉴。[1]

媒介策略能否创新成功,除了要借助广告人的努力及想象外,还依赖于媒介的合作。若媒介墨守成规,不肯尝试新的广告编排,则一切都是徒劳。

---

〔1〕 吴胜.宝洁:与媒体建立策略型营销伙伴关系.中国广告,2004(7):165-167.

第八章

泛广告传播策划

内容提要：

泛广告传播是广告方式中除广告媒体方式之外的其他广告手段和方法,是现代广告活动的重要组成部分,它可以在不知不觉中让人们自然地接触和接受企业所要传递的信息和观念,并且可以充分地调动视、听、闻、尝、摸等各种感官功能,以增强广告的感染力。泛广告传播包括的范围比较广泛,各种事件策划、主题促销策划、活动赞助策划、体育运动策划、品牌体验策划等是最主要的泛广告传播方式,在广告运动中发挥着越来越重要的作用。

广告传播途径是实施广告策略、达成广告目标的手段。

广告传播途径包括广告媒介方式(如通过报纸、杂志、电视、广播、互联网等传播)和泛广告传播方式(如通过新闻事件、促销活动、赞助、运动赛事、品牌体验传播等)两大类型。本章着重阐述泛广告传播途径的主要特点、功能和表现方式。

所谓泛广告传播,是指不直接通过付费给大众传媒进行广告宣传而将产品或服务的信息传递给消费者的广告传播形式。它的特点是可以在谈笑风生之中,不着痕迹地让人们自然地接触和接受企业所要传递的信息和观念,并且可以充分调动视、听、闻、尝、摸等各种感官功能,以增强广告效果,造成一种可信的感染力。随着"整合营销理论"观念的传播,泛广告传播方式得到了广告客户和广告代理商的青睐。近年来,国内市场的啤酒之争、水市场事件、本土快餐与洋快餐的交锋、百事可乐与可口可乐的较量等,演绎了一个个精彩绝伦的泛广告传播案例。尤其是在一些以"广告导向"为铁则的时尚商品中,不依赖大众媒介广告,转而利用泛广告传播途径大获全胜的品牌尤其引人注目。

泛广告传播方式的出现和盛行基于下列原因:

一是大众媒介的费用越来越昂贵,不仅是中小企业,就是一些实力雄厚的大企业有时也难以承受。哈药六厂的"盖中盖"广告聘请了数位名人,在全国不同媒体、不同时段上大做广告,年耗资高达30亿元左右。

二是传播环境发生改变,媒介的分众化导致每个媒体的覆盖面积缩小,一两个媒介意欲囊括一个细分的消费市场已经成为神话,通过媒介传播广告效果大不如前。因此,企业在投放各类大众传播媒介的同时,必须以泛广告的方式来覆盖和强化目标市场。

三是企业建立品牌的需要。建立品牌是所有谋求长远发展的公司的共同选择,在累积品牌基本要素的整合传播过程中,设计、包装、媒体广告固然重要,而促销(SP)、公共关系(PR)、事件(Event)、直邮(DM)等也充当着重要的角色。因为消费者不仅通过视觉、听觉来认识品牌,更重要的是通过亲身体验来全方位地感受品牌。在这一点上,传统媒介广告并非是最有效的工具。

四是消费者对广告的读解能力越来越强,对媒介广告越来越挑剔,而隐蔽性、间接性的泛广告形式能以一种亲和力浸透进消费者不设防的心灵。

当然,泛广告传播方式并不意味着可以脱离媒介独立进行。恰恰相反,从一些成功的案例来看,泛广告传播方式的推广活动要取得成功,只有借助媒介才能起到良好的效果。也可以这么说,媒介的卷入程度越高,泛广告的推广活动也就越成功。因此,可以说,泛广告传播要追求的是一种非媒体的媒体化。"盖中盖"口服液的广告演绎了一个为希望小学捐赠产品的故事,引起争议。在此过程中,羊城晚报、南方日报、北京晚报、广州日报、北京晨报、天津日报、新快报、东方日报、天府早报、河南报业报等媒体纷纷发表文章,此事在全国范围内引起了巨大反响,亦成为各网站网友的第一热门话题,新浪网、联想FM365网站还专门开展了调查。此时的哈尔滨制药六厂及其"盖中盖"产品借助媒体之势成为公众注目的焦点。

泛广告方式要求有一种"整合"的概念。以企业的营销目标为核心,整合媒介广告、直效营销、公共关系、各类促销,联合进行推广。

泛广告的方式还需要有"大创意"的意识。无论使用何种泛广告的手段进行推广,创意是关键,即使是传统的"买一赠一"促销活动也要让其演绎出全新的面貌。

第一节 网络事件营销策划

一、网络事件营销与传统事件营销

新的商品本身就具有新闻价值,可以充分利用新闻方式加以宣传。旧的商品本身没有新意,从新闻的角度来说可能毫无价值,但是通过事件营销策划,可以使新产品的"新"令人瞩目,使老产品焕发"新"价值。事件营销的核心是广告主或广告代理公司将自己的广告活动通过精心策划升格为全社会或大范围关注的新闻事件,从而达到自己的广告目的。事件营销传播的手段是借助大众传播媒介,以第三者的立场发言,它较为客观真实,能达到较好的经济效果和心理效果。

网络事件营销是事件营销的一个分支或者说延展,是伴随网络媒体的广泛应用而逐渐发展起来的。既然源于传统事件营销,那么网络事件营销必然与传统事件营销有共同之处。首先是依托事件。二者都是以事件为契机,整合事件、产品、企业、受众等各种要素,整合广告、公共关系、促销等各种营销手段,整合人际传播、组织传播、大众传播等多种传播方式,造成强有力的声势,产生轰动效应。但传统事件营销往往依托公众事件或偶发事件,借台唱戏,而网络事件营销则是自找话题,主动搭台唱戏。其次是信息接收干扰小。信息爆炸时代,好的事件营销能够摆脱过多的信息干扰,迅速抓住公众的注意力,在短时间内达到最大最优的传播效果,花最少的钱获得最大的收益。在这一点上,传统事件营销和网络营销没有本质性的差异。

当然,我们更应该看到与传统事件营销相比网络事件营销所显示出来的不同之处。首先是高度的互动性。传统事件营销的互动主要是具体事件或活动的互动,如现场互动问答、观众体验试用产品等,这种互动的参与面很窄,只有现场的观众,甚至是极个别的所谓幸运观众才能参与,而且形式单一,更多时候它呈现出一种表演和展示的特点,媒介扮演记录报道和传播的角色,受众则往往扮演观看者的角色,并且绝大部分的受众是通过媒体的报道得知事件的。在网络事件营销中,技术的进步使互动体验的形式更加丰富,而且由于网络平台的自由度和便捷性,每个网民都可以随时发布自己的观点,对事件迅速作出反应,因此还可以形成舆论和观点的互动,受众常常在不自觉的情况下对事件起到推波助澜的作用,甚至左右事件的发展。总之,只要受众愿意,随时随地都可以参与其中。

其次是传播通路更多,传播范围更广。传统事件营销的传播主要依靠两方面,一是事件现场的直接传播,二是媒介报道的间接传播,而且以报纸为主,电视事件性质也会选择性报道,毕竟目前在我国电视仍处于政府喉舌的地位,因此多数事件因不符合电视媒介的定位而不能利用其进行传播。网络事件营销的传播主要依靠的当然是网络,众所周知,网络是一种综合性的、兼容化的传播方式,集人际传播、组织传播、大众传播于一身,尤其在人际传播方面,相比传统的口口相传,网络中的人际传播由于六度空间理论,往往能够达到惊人的传播范围。除此以外,当网络舆论达到一定热度,必然引来传统媒介的主动传播,加强整个事件在社会上的效应。

第三,吸引受众高于吸引大众媒体。传统事件营销更注重媒体的眼球,因为事件本身的影响力有限,要使更多的受众得知此事件就必须借助媒体的力量。因此如何使事件具有新闻价值,从而吸引媒体的目光是第一位的,所以要求事件必须具有独特性、创意性、公益性等特点。而网络事件营销更注重的是广大网民的眼球,因为网民本身就具备了传播的能力。能够引起网民的兴趣,在网络上形成巨大的舆论效应,必然会引来传统媒介的关注,所以事件本身的创意、事件的流行性以及事件与受众的共鸣性显得更为重要,这也在一定程度上造成了低俗、恶俗事件的泛滥。

因此,我们可以这样认为,网络事件营销是企业通过策划和利用具有名人效应、新闻价值以及社会影响力的人物或事件,以网络为基本传播平台,让受众参与、享受进而主动传播,同时借助传统媒介扩大传播范围的一种高效的整合营销传播活动。

二、创意是事件营销策划的核心

企业和品牌无论是利用自身已有的新闻事件、借用社会新闻事件，还是挖掘和创造某个新闻事件，其目的都在于引起社会公众，尤其是品牌特定受众的关注，吸引他们由新闻话题的讨论进而讨论品牌和企业，并且激发他们对品牌和企业产生积极的印象。在这一过程中，无论是传统事件营销还是网络事件营销，只有富有创意的事件策划和事件执行才有可能达到这一目标。反之，即使事件本身很具吸引力，此种吸引力也不能转嫁到品牌形象上。2008年奥运会和2010年世博会期间，中国很多企业利用这一热点事件策划，但是在创意上彼此雷同，尤其是一些短平快的抽奖、促销手法，由于没有把赛事或会展和企业理念很好地融合起来，造成众多企业千人一面，公众和消费者难以分清信息之间的彼此差别，达不到事件营销应有的效果。因此，创意在事件营销策划中具有非同一般的作用，直接决定策划的成败，创意的新颖、得体能起到策划者意想不到的效果。

我们不妨来看下面的例子：

美国联合碳化钙公司新建了一座52层的总部大楼，正在寻找合适的宣传方式。此时，意外的事发生了：一大群鸽子飞进大楼的一间办公室，弄得羽毛和粪便遍地皆是，人们想把鸽子赶快弄走。就在这时，一个绝妙的创意产生了。公司先关闭所有的门窗，不让鸽子飞走，然后通知动物保护委员会，请该委员会处理保护鸽子的事；又电告新闻机构，说总部大楼将采取有趣而又有意义的捕鸽行动。结果各种媒体赶赴现场，从捕捉第一只鸽子到捉完最后一只的三天时间里，媒体用各种新闻体裁进行报道，致使联合碳化钙公司总部大楼一举成名。公司首脑也乘媒体报道之机介绍公司宗旨和经营活动，加深了公众印象，极大地提高了公司的知名度。

新大楼落成，可以通过各种方式来进行宣传，如以"某某公司搬迁新址"或"某某公司建成新办公楼"为由头举行庆典活动等。可以预料，这样的新闻无法引起公众的关注。美国联合碳化钙公司却适时地利用鸽子事件，为公司塑造了一个全新的极富创意的企业形象。发生鸽子事件，对于大楼来讲本来是件麻烦事，环境被弄脏了，工作进度也会受影响。但是，这个新颖别致的创意就是通过公司对意外飞临的鸽子的保护行动，树立起公司热爱生命、保护生态环境和平易近人、有远见卓识、为民服务的形象。

这是事件营销策划历史上的经典之作，传颂良久。由此，我们也可以看出，优秀的事件营销策划一定是在有效的时间、有效的地点采取最有效的创意，进而引起观众最长时间的关注。

三、网络事件营销特点

网络事件营销有如下特点：

第一，传播节奏存在一定的规律性。传播周期或长或短，速度或快或慢。长的如芙蓉姐姐，从2005年断断续续经过几次炒作持续至今；短的如贾君鹏，一夜爆红，一个月不到便销声匿迹。

第二，主题多元又相对集中。例如，同为个人品牌的推广，主题可以有多种选择，芙蓉姐姐和凤姐以审丑和颠覆传统审美观取胜，而兽兽则以情色出名。但纵观网络，事件又大多可以贴上"情色""娱乐""审丑""狂欢""时政""煽情""争议"等标签。同时，随着网络事件营销的发展，策划者们正试图在盛行的低俗主题之外挖掘更多健康积极的主题，追求创意，追求美誉度，例如封杀王老吉事件就是一个很好的尝试。

第三，媒介使用多样化。论坛是网络事件营销使用最多的媒介，但其他网络媒介应用，如博客、视频、搜索引擎、IM、SNS、微博等，也纷纷被使用，而且它们也以各自的优势发挥着越来越重要的作用。除了利用网络媒介外，网络事件营销还实现了与报纸、电视等传统媒介的互动和整合。如封杀王老吉事件，最初从论坛爆发，之后通过网站新闻为人所知，通过论坛、博客转帖，QQ、MSN发起号召等各种途径火遍网络，引起传统媒介争相报道，获得了更大的影响力。

总之，网络事件营销已经从早期的探索阶段过渡到比较成熟的专业策划阶段。应用范围上，既有传统的商业产品，又涉及个人品牌、影视产品、网站推广等。操作手段上，从商业气息浓重变为融事件于无形。人员参与上，不再是单枪匹马，而是有组织、成规模，既有网络精英，又有网络水军，更有广大的受众。营销目标上，不仅追求眼球效应，也重视美誉度；不仅追求一时的爆红，也重视后续的发展。

四、网络事件营销的媒介使用

有人对网络传播作过这样的比喻：门户和大型社区类似航空母舰，产生主要内容；博客、视频、SNS类似护卫舰，产生补充内容；QQ以及微博则类似舰载飞机，它们飞出去，专门负责传播内容。网络事件营销的传播同样如此，它突破了传统事件营销较为单一的媒介使用模式，采用多种媒介，发挥各自的优势，达到整合传播的效果。

（一）论坛

论坛是目前网络事件营销中事件爆发的源头,在所选案例中,有许多事件最初都是从论坛引爆的。目前,网上的论坛多如牛毛,要想打响第一炮,根据策划事件的性质和需要选择合适的论坛至关重要。论坛大致可分为三大类:一是主流论坛,主要依托新闻网站存在,在社会大事件中,发挥重要的舆论导向作用,如人民网的"强国论坛"、新华网的"发展论坛"、凤凰网的"凤凰论坛"等;二是门户或大型网站的论坛,具有较大的用户规模,反映社会生活的各个层面,如搜狐社区、网易论坛、百度贴吧、腾讯QQ论坛等;三是单一型论坛,如豆瓣、天涯、西祠胡同、猫扑等民间论坛,还有诸如北大未名、水木清华、日月光华等校园论坛。单一型论坛一般有自己鲜明的特色定位,目标针对性较强,而且自由度相对前两种论坛更高,因此,许多网络热门事件最初从这些论坛爆发。

选择一个合适的论坛只是第一步,帖子本身,尤其是标题,至关重要。大卫·奥格威认为标题代表着一则广告花费的80%,网络事件营销中,帖子标题的地位同样如此。网络中有一类人被称作标题党,常常为人所不齿,但对论坛中的事件营销而言,做个有智慧和创意的标题党恰恰是必需的。标题中应包含一些暧昧的、搞笑的、叛逆的或与热点新闻事件等有关的内容。当然,作为标题,应当将主题的内容进行简练准确的提炼,同时采取一定的技巧。如《蜗居》的炒作贴标题为"天雷滚滚,史上台词最淫荡的电视剧",运用夸张又略带搞笑的手法,辅以"淫荡"字眼,刺激网友的好奇心。

就内容的具体炒作技巧而言,重点在于调动气氛,组织或引导网友参与到讨论中。在网络事件营销中,引发争议一招运用得最为普遍,著名网络推手陈墨提出了一个"平衡"的概念,"如果是一个相对负面的人物,批判的言论多了,我们就会组织一些写手,挺一挺他,引导一下话题,同时删除一些攻击性的言论。而像二月丫头这样的人,追捧的人相对会比较多,那么我们就会找点人来骂骂她,让双方形成一种相持的局面,你来我往,才能把时间持续长、有持续的热点、不断出故事"[1]。此外,常用的方法还有傍名人傍时事,以情动人,设置悬念,内幕揭露,正话反说等。如2008年汶川地震过后,在中央电视台组织的赈灾捐款晚会上,加多宝集团捐出了1亿,引起了不小的轰动。随后,网络上却出现了一篇名为"封杀王老吉"的帖子,实则是正话反说为了引人注目。王老吉这一营销案

---

[1] 新闻晨报.网络推手陈墨:网络炒作,平衡非常重要. http://tech.qq.com/a/20060515/000025.htm.

例综合了各种手法,号召网友将爱国情转移为对品牌的感情,积极行动起来,后期还将王老吉与万科、可口可乐进行对比,进一步凸显王老吉的优势。一旦网友开始主动发主题帖而不仅仅是水军炒作,就说明网络事件营销初步渗透了论坛,取得了阶段性的成功。

(二) 微博

微博虽然在2006年才诞生于美国,如今却是Web2.0时代以来最为火爆的互联网应用之一。在中国,微博的发展有些曲折,直至2009年8月新浪推出该应用,微博在中国才算真正诞生。不到1年的时间,新浪微博的注册人数就已经上千万,并在一些重要事件的传播中产生了一定的影响力。与博客不同,微博仅容许140个字符,虽不能长篇大论,却以短、频、快见长,用户可以通过即时通讯工具、电子邮件、音频或网页发布内容,更新、上传照片或音频、视频等。当微博与手机绑定后,"移动社交"开展得如火如荼,越来越多的人忘乎所以沉迷其中。它无限扩张了人际关系网,随时可以和偶像平等交流;带来了媒介接触方式的变革,蚕食了受众对传统媒体和网络媒体的接触时间;为普通人发布信息提供了新传播载体,人人是明星,人人皆记者。

微博兼具IM的即时性、博客的分享性、社区论坛的话题讨论性以及SNS的人际关系纽带性,这些特点已经让许多明星和商家敏感地嗅到了其中的商机,尝试利用微博开展营销。明星通过微博可以贴身轻松地与粉丝沟通,大大增加了曝光率,一句话新闻也让其日益担起了"八卦爆料台"的重责。个人可以利用微博打造个人形象,商家也采用人性化方式传播,在微博上建立自己的自媒体,发展粉丝,培养消费者的品牌忠诚度。凡客是较早尝试微博营销的品牌,曾联合新浪赠送VANCL牌围脖,推出1元秒杀活动刺激粉丝的神经,邀请姚晨、徐静蕾等名人就VANCL产品进行互动,还有设计师讲述产品设计背后的故事,公司小员工抒发感性情怀,对于关注话题中检索到的网民对凡客的疑问,客服也第一时间予以解答,通过细心经营微博构建企业形象,宣扬品牌内涵。

就网络事件营销而言,微博有其明显的优势。尽管微博具有信息碎片化的特点,但围观现象并不少见;尽管微博具有去中心化的特点,但同样具有动员和组织作用;由于它的亚文化倾向以及民粹化的诱惑,更容易激发受众的情绪,常常能带来意想不到的传播效果。

微博在网络事件营销中的作用主要分两类:一是引爆事件,与论坛的作用相似,并且大有赶超论坛成为事件爆发第一集中地之势。现在越来越多的丑闻、八卦从微博爆出,娱乐圈的事件营销尤其如此。二是病毒传播,微博的转发功能能够迅速将消息传遍。2010年春节前,一名北漂网友在新浪微博许愿,不想裸婚,希望得到一枚钻戒。这一消息被恒信钻石董事长李厚霖看到,通过微博小助手与之联系,最终满足其愿望,这一事件被誉为新年微博童话广为传颂,让本已沉寂的钻石大亨再次浮现在公众面前,不仅人气大增,而且带来了生意的回报。

微博传播的这种特性提醒我们既要善于利用,同时也要警惕危机事件的随时爆发。微博事件营销第一案例"后宫优雅"的思路其实很传统,仅仅是换到了微博这一平台:前期以"美女""炫富""明星八卦"为重点,目的很明确,引发骂潮,同时由于发表的段子诙谐幽默,颇具娱乐效果,使得不少新浪微博名人转发;之后平媒介入,知名度大增,搜索量也猛增,引发人肉搜索,出现对"优雅女"身份真实性的疑问;网络继续围观与讨论,粉丝大增;其后,百度被黑和谷歌退出的新闻转移了大众的焦点,为扭转不利局面,自称微博遭黑客袭击,最后后宫优雅从后台走向前台,声称代言网络游戏《降龙之剑》并停止更新微博,事件结束。而VANCL的微博事件营销则充分利用了微博特性:事件导入期,在具备一定粉丝和关注度的意见领袖的微博中发布黄晓明版,迅速走红,获得众多转发,之后陆续推出郭德纲、郭敬明、刘谦等版本;事件引爆期推荐豆瓣活动"全民调戏凡客,寻创意帝",鼓励网友创作自己的凡客体,凡客体在新浪微博彻底引爆,达到原创和转载的最高峰,同时伴生大量讨论;为提高参与度,解除参与障碍,发布了在线编辑凡客体的工具。这种极富个性创意,迎合当下戏谑主流文化的事件营销活动,借助微博平台,显示了超强的传播力,后"凡客体"被百度百科正式收录,凡客品牌广为人知。

(三)搜索引擎

传统的搜索引擎营销主要手段是搜索排名,因而与商家的关系更密切,与普通受众关系并不大。近年来,由于"人肉搜索"的兴起,搜索引擎与普通受众的关系越来越密切。人肉搜索的概念最早发端于猫扑网,其本质就是搜索技术加事件营销,因此,伴随着近年来接连不断的各类事件流行起来合情合理。

然而,借助搜索技术获取非常详尽的信息不像想象的那么简单,普通网民也并不像我们想象的掌握那么专业的搜索技术,因此,在网络事件营销中,人肉搜索更多时候只是一种假象,尤其在网络事件营销的前期。真实的情况是,在网络事件爆发之前,策划者已经准备好了人肉的结果,按照事件进度的需要,通过各种渠道一点点发布出去,制造网民群体智慧的假象。当然,到事件发展的后期,为了让网民体会搜索的乐趣,享受揭秘的成就感,策划者会通过人为制造和引导,让网民感觉自己似乎参与到了人肉搜索的过程中,他们也贡献了自己的力量,但其实网民的贡献只是锦上添花,或者说基本在策划者的控制之内。也就是说,人肉搜索的功能不在于查清事实真相,而在于通过制造群体参与现象,制造一种群体认同,引起围观。通过一人提问,八方回应,增强受众之间的互动与信息传递,引发更大范围的传播。

具体操作也有一定技巧。首先,推出某一网络事件,需要为事件赋予关键词,便于受众搜索,例如为罗玉凤营销的"凤姐",为王老吉营销的"封杀王老吉",为索爱音乐手机营销的"地铁甩手男"等。其次,将准备好的信息发布到网络中去,尤其是知识堂、百科、百度知道、维基等网站。第三,通过提问、讨论等形式在论坛点火,引导受众的搜索热情。这一过程类似于策划者把箱子放在某地,然后给受众一把钥匙,之后引导受众使用这把钥匙去打开箱子找东西。最后,策划者会通过博客或新闻的形式,将人肉结果汇总,给受众的辛勤劳动一个交代,而开展网络事件营销的目的也伴随着人肉搜索的高关注度而得以达成。例如,在索爱地铁甩手男一案中,如果不是策划者的引导,大部分受众只是将该视频视为纯搞笑视频,一笑而过,但是通过策划者的引导,人们将目光集中到视频中甩出的手机上,开始探讨是什么品牌的什么手机会令人如此着迷。

当然,我们不否认存在纯粹依靠网民的主动性进行人肉搜索的现象,但很多事情不是先被关注再火起来的,而是先火起来才被关注的。而在庞杂的网络信息中,能够火起来绝非偶然,大多还是通过策划的,因此只能将网民的人肉搜索称为被引导的搜索。发挥完人肉搜索的功能,搜索引擎在事件营销中再次回归传统网络营销的功能。

(四)其他媒介

除了以上所说的几种主要媒介,博客、视频、以 QQ 为代表的即时通讯工具、SNS 社区等也都发挥了各自的功用。除了论坛,博客也常常是网络事件的爆发地,尤其在个人品牌的网络事件营销中,由于个人的力量有限,想要成名的某个人最初往往只能通过博客这一开放平台发表引人注目的话题才被关注。视频动态直观的特点往往比图片、文字更能吸引人的兴趣,而且由于有了 SNS、微博等应用,视频常常能在短时间内被迅速分享、转发。而 QQ、SNS 等则以六度分割理论为基础实现了人际间的爆发型传播。

第八章　泛广告传播策划

第二节　主题促销策划

  2012年11月11日是一个值得广告策划界记住的日子。这一天支付宝交易记录：第一分钟，交易13.6万笔；第一个小时，交易598万笔；最终24小时内著名电商淘宝天猫闯下了破纪录的191亿元的销售额。回观这场以"光棍节"为名发起的营销策划活动，我们可以清楚地看出主题促销的魅力。

  "光棍节"是一种深受年轻人喜爱的娱乐性节日，以庆祝自己仍是单身一族为傲。由于2012年的11月11日有四个"1"，被称为"大光棍节"，巧合的是这天正逢周末，因此，对未婚、已婚的年轻人充满了吸引力。另一方面，时至11月，淘宝商家、店铺也急于抛售尾货，回笼资金。为此，淘宝发起了"光棍节"主题促销活动。首先，于10月15号进行预热，打出广告口号"全场5折，全国包邮！只在今天!"接着，11月1日至10日期间先后或同时发起了"游戏抢红包""充值赢红包""积分兑红包""五折商品公布""捉猫猫"等一系列活动，将消费者购物预期推向高峰。与此同时，淘宝天猫还利用新媒介展开了全方位的主题促销活动，主要包括：SNS口碑传播活动、微博推荐活动、话题炒作、QQ群和旺旺群传播以及媒体软文传播。"光棍节"主题促销活动让淘宝天猫大获全胜。

一、主题促销的含义和对象

  "促销"是英文"Sales Promotion"的译文，简称"SP"，意思是销售促进或销售推广。关于促销，不同的学者往往有不同的观点。20世纪60年代，美国AMA协会的定义为：为了刺激消费者或经销商所进行的陈列、特卖会、展示会、现场销售等非反复性销售的努力，都可称为"SP销售促进"。根据一般的看法，狭义的促销是指支持商品销售的各种活动。广义的促销是指企业为了刺激消费者的消费需求，活跃销售气氛，激励公众迅速购买商品而策划出来的让利性、优惠性、服务性、公益性商业信息传播及市场推广活动的总称。企业的产品推向市场之后，如果没有人来关注、购买，这个市场就是死的，促销的实质就是如何来激活消费者潜在的购买兴趣，使其采取购买行为。

  主题促销活动可追溯到18世纪末的美国。早年的促销自然比较简单，如美国一家帽子店曾做过这样的促销活动：凡在店内购帽子的顾客，人人可享受免费拍摄一张戴帽子的照片作为留念。当时照相机还不普及,因此,此举很有创新,吸引了大量的顾客前往。在过去的20年里,国际性的趋势是SP的费用在全部促销费用中的比例越占越大,甚至比广告费用高出许多。在美国,还特别为促销策划设立有雷芝促销大奖,其影响力不亚于法国戛纳的广告金狮奖。

考察SP兴盛的原因不外乎这么几点:

一是产品高度同质化,企业间的竞争日益白热化。为了实现有效销售,企业不仅需要培植品牌形象,而且还需要让消费者走近品牌、理解品牌、欣赏品牌,最终能购买品牌。SP能有效解决品牌与消费者之间的双向沟通问题。

二是大众媒体小众化,而且费用昂贵。相对于以消费者为导向的市场营销观念来说,目前的媒体呈现出小众化的趋势,单个媒体的覆盖面缩小,很难有一种媒体还能同时面对差异纷呈、千变万化的消费市场。

三是消费者对广告的解读能力日益增强,对广告越来越挑剔,因此硬性广告在理性化的消费者面前往往很难产生实际的销售力。相反,间接与隐蔽性的传达方式更易被他们接受。

主题销售促进的对象有三大类,分别是公司内部促销、经销商促销和消费者促销。由于对象的差异,促销手段也不尽相同。

公司内部促销是指将促销观念与精神纳入员工的日常业务及工作中,而不只是在某一个特定的时期内举办促销活动。具体体现在两个方面:一是公司内的激励仪式,通过定期举办一些由全体员工参加的公开仪式,让员工们了解公司销售的内容与目标,如一些销售公司每天上班前举行简短的仪式来鼓舞士气。二是通过公司内的业绩竞赛来刺激业务员的活动意愿、频度、时效等。为了达到这样的目的,企业内部会召开销售会议、专题策略研讨会,制定相应的销售手册、行动准则、业绩评价体系及奖金发放条例等。

经销商促销是指对流通领域中销售商实施的促进活动和方式,主要有:一是经销商展示会,指以促进流通业者的互相了解、制造销售气氛为目标的产品展示会,一般用在推出新品之际,向经销商通报市场资讯、销售策略、广告计划、销售条件等。日本很重视这种与经销商合力达成共同目标的做法,例如召开年度经销商大会等。二是给经销商以赠品,以促进流通领域中的销售商大量进货,例如与商品包装在一起的兑换券。三是经销商特别出货增量计划,指以促进经销商进货为目的,依订货量增加而给予实质上折扣回馈的手段。四是对经销商的补贴手法,即是以现金的形式激励经销商进货,例如媒体刊登广告的经费补贴和商品陈列的补贴等。五是经销商之间的竞争手法,指在经销商之间开展努力销售的竞赛,如销售量竞赛激励、商品陈列竞赛等。六是店铺、店头运用的手法,这在日本被视为零售支援的胜负关键,如店铺改装、店面招牌支援、POP 陈列支援等。

消费者是主题促销活动的终点,是最主要的促销对象,同时也是最变幻莫测的一个群体。在主题促销策划中,我们需要认真研究消费者的消费习性、心理特征和购买模式,制定针对性较强的促销策略,选择最合适的通路,将销售信息传递至潜在消费者手中。

二、主题促销常用的策略形式

概括流行在市场营销活动中的促销策略,主要有这样几大类:以价格为主题、以产品为主题、以服务为主题和以品牌联合为主题等。

(一)以价格为主题的促销

以价格为主题的促销是指企业以产品的价格为核心创意推出的各种形式的促销活动,主要目的是通过让利的形式打动消费者,制造旺销的气氛。由于消费者获得的利益是直接的、看得见的,因此,往往也是最好的一种主题促销策略。

1. 折价促销

折价也称折扣、降价,是企业在特定的市场范围和销售时期内,根据商品原价确定让利系数进行减价销售的一种方式。这是我们最常见的一种促销手段,其优点是能给消费者以较明显的价格优惠,通常能刺激消费者的消费欲望,鼓励他们大量购买或使用,创造出薄利多销的获利机制。需要注意的是,采用降价销售容易降低产品的品牌形象,不利于品牌的延伸,而且企业给予明显的折扣幅度后,消费者可能会期望更有利的折扣率,容易萌发观望等待的心理,从而影响销售。

2. 分期付款

对于价格比较昂贵的商品,企业可以策划分期付款的促销形式来实现引导消费者提前购买的目的。所谓分期付款,是指消费者购买商品时不必一次全部付清款项,而是先交商品售价的一部分,余下的金额可在双方约定的时间内按照约定的方式分期支付。这种先享受后付款的形式,消费者比较容易动心。实施这一策略时,要注意强化整体运作方案,加强管理以规避风险,保证及时足额地回收出售商品的款项。

3. 兑换

这是企业为了吸引消费者试买或反复购买和提升品牌忠诚度,酬谢商品的长期使用者和爱好者所采用的一种促销方式。常见的兑换方式有：折价券、现金、礼券、印花、优惠券、累计消费等。其优点是直接的即时效果，说服力强，而且成本比较低。

4. 退款

退款促销又称"返还销售"，是指消费者购买商品后，可以在企业约定的某个时期内，将购物款项部分或全部退还给消费者。这是一种"双向投资，双向受益"的活动，表面上看来消费者享受到的是一个优惠幅度比较大的购物机会，因此促销效果比较理想，有时还会产生轰动效应。退款的形式有单一商品退款促销、重复购买同一商品退款促销、同一企业多种商品退款促销、相关商品退款促销等。退款方式可选择现金退款、优惠券退款和融两者于一体的复合式退款，即一部分退给现金，一部分退给优惠券。

（二）以产品为主题的促销

以产品为主题的促销是指促销活动中以产品本身为核心创意出的各种形式的促销活动，主要建立于消费者特定的"贪小利"的消费心理基础之上，目的是促使消费者牢记商品名称，激发消费者的试用欲望，培养消费者的品牌忠诚度，促使消费者高度重复使用。

1. 赠品促销

赠品促销是指消费者只要购买了某种商品或者购买这种商品达到一定的数量，就可能额外得到商家或厂家赠送的其他产品或某种好处。赠品促销的诀窍是：其一，赠品要有新意，能激发消费者意外的惊喜。如麦当劳的开心乐园餐每月都会更新赠送的小礼物，虏获了许多小朋友和年轻人的心，甚至有人为了收集礼物而去购买麦当劳套餐。其二，赠品极具价值。所谓价值感，就是消费者觉得赠品的价值高，不一定是实际价值高，而是心理价值高。因此，企业在促销活动中选择赠品时，可以选择那些零售价很高而进价比较低的产品，对进价低的产品作些适当的加工改造，让消费者看不出赠品的真实价值，赋予赠品以特殊的魅力，也可以选择那些附加值高的产品作为赠品。如在2011年情人节的促销活动场中，凡是在苏州天虹商场购买百货商品累计金额达到一定的数额，即可获得一本自己亲手制作的属于自己的个性台历。天虹商场用消费者的照片做礼物，激起了人们参与的热情。其三，赠品还可以设计、加工成宣传公司形象或促销商品的广告宣传品。其四，赠品的选择要和促销产品有一定的关联性，如买DVD影碟机送话筒、光盘，买房送装修等。其五，赠品选择巧妙，还可能增加购买者对促销商品的消费量。如买电池送小型电池驱动玩具，这种赠送的玩具会使消费者更快地消耗电池,从而有效地增加了消费者对电池的购买量。

2. 样品派送

样品派送是指商品的制造商或经销商将小份量的商品样品免费送给目标消费者试用的一种促销手段。目的是让消费者试用后,亲身体验这种品牌的商品与众多竞争者相比较后的独特品质,从而大量购买或长期使用。策划样品派送策略时要注意:一是样品的质量必须明显优于同类竞争商品,消费者只要使用一两次就能明显感觉出来,这是样品派送促销获得成功的先决条件。二是派送的样品必须准确地送到目标消费者手中。样品派送的渠道多种多样:或者在报纸、杂志中印上样品兑换券;或者直接分发给消费者;或者通过一些特殊渠道和职能机构派送,如通过医院妇产科派送婴儿用品;或者通过邮寄方式或各种相关会议进行派送。无论采用何种方式,样品派送要瞄准目标消费者。对于价格比较高的商品,往往派送给精心挑选出来的有一定影响力的重点消费者。三是只有促销商品在市场上铺货率达到50%以上时,才能派送样品,否则,消费者试用样品后买不到或不能很方便地买促销商品,促销的效果就会适得其反。四是规定好样品合适的份量。样品一般采用只能试用一两次的小包装,但是对需求量大的重点消费者也可加大派送样品的份量。另外,虽然样品的份量通常是少于市面上实售的商品份量,但样品包装的造型、图案和颜色应与实售的商品完全相同,以便消费者认牌购买。

(三)以服务为主题的促销

在现代市场竞争激烈、商品远远供大于求的情况下,形象消费、品牌消费在营销活动中起着举足轻重的作用,也就是说消费者在商品的消费过程中,越来越重视企业的人格形象、公众形象。为了满足这种消费心理,企业就会经常策划、开展一些以服务为主题的促销活动。

1. 公益服务促销

所谓公益服务,是指企业以出资或提供产品的形式从事社会公益事业,从而树立良好的公众形象,提高品牌知名度并最终导致销售的一种促销策略。公益服务促销的策划,一要选择合适的形式和服务对象。主要的形式有:慈善活动,即企业出资资助社会弱势人群和确实需要帮助的人群,选择那些具有典型色彩、道德色彩和社会正义感的对象,从而最大限度地挖掘出慈善性投资的宣传效用;市政公益建设活动,即企业出资协助政府共同解决市政建设问题、环境保护问题等,如捐资建设桥梁、道路、公共交通、公益性娱乐休闲场所、市政雕塑等;解决社会问题活动,即企业以出资出力的形式参与解决某些社会问题,如社会治安、环境污染、动物保护、城市市容等方面的问题；其他的形式，如推广科学生活方式、文化仪式活动等。二要确定既有道德意义又有宣传效果的促销方式。企业应该充分利用大众传媒的传播力，将自己的公益举止进行广泛的宣传，以达到资助的最终目的。

2. 以旧换新促销

与公益服务的"公益"色彩浓重不尽相同的是，以旧换新的促销是以宣传企业完善的售后服务和为消费者着想的色彩为目的出现的，即企业向消费者折价回收款式过时但尚有使用价值的商品，折价款供消费者选购企业提供的新式商品，消费者只要支付差价，即可获得新式商品。由于以旧换新满足了企业和消费者双方的利益，并且有利于节能减排，因此效果往往非常好。2009年5月，党中央和国务院出台了以旧换新的政策，通过财政补贴对汽车和家电进行以旧换新，有效促进了汽车和家电产业的快速增长。

（四）以品牌联合为主题的促销

如果我们去麦当劳，可以看见的唯一饮料是可口可乐，而在可口可乐的专售店内也总可以看到特定为麦当劳留下的空间。品牌与品牌之间联合广告是国际营销和广告的一种趋势。在国内，我们经常可以看见一些促销活动的宣传品上，除了列有主办单位以外，还有协办单位、赞助单位、特别感谢单位等合作者名单。这种促销形式对于营销预算不高的公司来说，一方面可以通过更丰富的渠道传播信息，另一方面可以丰富促销活动的奖品或内容，提高促销活动成功的概率。相对而言，品牌联合促销的活动越大，想搭便车的企业也越多。这样做虽然可以分担较少的促销成本，但效果也可能相应地打折扣。

品牌联合促销的形式主要有生产企业与经销商之间联合促销、生产企业与同类或不同类的产品联合促销以及生产企业或经销商与媒体联合促销。

三、主题促销策略原则

主题促销策略的原则主要有：
促销策略必须能在短时间内取得明显的效果，并且容易测定；
任何一种促销的方式都可以让消费者直接参与；
需要直接与消费者进行面对面的双向沟通和互动；
促销内容明确具体，消费者容易理解；
与其营销手段如广告、公共关系等配合使用，使其产生相乘的效果；
借助媒介的影响力激活主题促销活动的效果。

第三节 赞助活动策划

近几年来,商业活动已经潜入到社会生活的方方面面。从北京奥运会、上海世博会、各种选秀比赛到电视栏目的拍卖、影视剧的拍摄、公益活动的实施等,台前台后都不离企业。但是,相比国际上的赞助活动,国内企业钱没有少花,但效果并不尽如人意。有时企业斥巨资独家赞助某个活动,最终结果却是代理商、媒体、活动主体、受众皆大欢喜,唯独出资品牌闷闷不乐,因为它做了一回幕后英雄。

赞助活动是近几年在国内兴起并迅猛发展的一项综合性事业,赞助活动策划是专业性很强的有待研究的一个课题。

一、赞助活动策划的含义

所谓赞助,是指企业出资(款项或物资)全部或部分支持某项活动或某个事项,如电视节目、体育赛事、公益事业、艺术活动、科学研发、文化活动或娱乐节目等,并达到宣传企业、推广品牌或直接销售的目的。

赞助活动策划是对赞助活动的运筹、谋划、实施和管理,包括两方面的内容:一方面是对活动主办单位而言,经过精心策划募集资金,寻找赞助商,并对整个活动的赞助事宜进行管理,以保证活动顺利进行;另一方面是对赞助商而言,包括赞助什么项目、赞助的形式、活动过程的监督管理等,以保证获得最大的受益。因为两者的出发点不尽相同,在实际的操作中,方式有很大的区别。

企业通过赞助某项活动所取得的广告效果与常规性的广告相比更符合"投入小,产出大"的原则,尤其是在建立企业或产品品牌方面,其效果是独树一帜的。电视节目赞助起源于电视商业投资兴盛的美国,20 世纪 50 年代欧洲出现类似的电视赞助,中国直到 20 世纪 90 年代才出现,但发展速度是惊人的。就欧洲来说,现在各类电视节目都得到来自企业的广泛赞助。据有关资料,1999 年英国企业投入 8 000 万英镑用于各类电视赞助。中央电视台体育频道 1999 年对《足球之夜》等四个栏目的赞助方案开了中国商业传播与电视联姻的先河。通过对体育运动的赞助,许多著名的跨国公司,如可口可乐、阿迪达斯、通用汽车等,在国际或国家范围内改善了与供应商和消费者之间的公共关系,提高了美誉度,进一步巩固了品牌效益,促进了销售额的增长。

赞助活动之所以能发挥如此大的作用,有着以下几个方面的原因。

(一) 消费者对赞助形式的赞许和接受

提到广告,大部分消费者(受众)会认为这是媒体和广告主之间的一种金钱关系。尽管也有许多人认为,看喜欢的广告是一种娱乐,广告为生活带来各种资讯,但是他们还会觉得自己没有得到多大的好处。相反,消费者会认为企业赞助某个电视栏目或某项文化艺术活动是做公益。电视栏目得到资助,节目质量就会不断提高而让观众受益;文化文艺活动得到赞助,能丰富日常生活,形成良好的社会风尚。一项市场调查表明,93%的被调查者认为体育赞助是一件好事,因为体育赞助增加了公众娱乐的机会并使得电视节目丰富起来;76%的被调查者指出,体育赞助和体育明星推广对他们的消费心理和行为有所影响;33%的被调查者认为"运动指定产品"是对最好产品的奖励,他们愿意购买这些产品,因为他们认为产品和赞助商是可靠的;44%的被调查者认为产品和赞助商的关系密切,能够增强他们对产品的好感。

(二) 出资赞助的企业在活动期间与人群有较高的接触度

赞助企业往往以独家赞助、买断冠名权或时段等形式参与到活动中,在活动的推广期间和进行过程中反复与人群接触,由于活动本身的影响力,特定期间能吸引大量的人群。传统广告形式是以付费购买时间段或购买版面而实现其商业目的的。由于付费广告是一种纯商业交易,其获得的时间段或版面都是非常有限而且非常昂贵的。一个商家的商业广告即使在付费后也未必能收到好的效果,因为其广告的有效收视率是由在特定的时段内收看特定节目的特殊收视人群决定的。一场体育比赛的时间跨度通常为 40 分钟到 90 分钟。一条场地广告的出镜率在体育比赛的全过程往往会被不断呈现,现场的观众更是耳濡目染,记忆深刻。如果是在联赛中进行产品的市场推广,其时间跨度往往为 3~5 个月。在这数月中,联赛赞助商的名称、事迹和广告均有重复多次出现在电视画面上和宣传报道中的机会。比如在美国,有超过 80% 的人观看夏季奥林匹克运动会,如此巨大的接触率是平常时间难以做到的。

(三) 赞助企业的得益还来自活动期间特殊的环境和气氛

众所周知,广告接受者接触广告时的心理状态非常重要,轻松自如、全力投入的心态能在不知不觉中接受广告信息,记住广告信息。大部分活动本身就具有丰富多彩的形式和强大的吸引力,接受者身临其境,记忆力会较强。比如,国际上一些大型赛事活动实际上是将收视率最高的体育比赛与娱乐界巨星的表演结合在一起的欢庆活动,大多数广告主会在大赛期间推出最佳的广告新片,使观众对广告留下较深的印象。

二、赞助活动的主要范围

随着赞助活动日益受欢迎,赞助的形式也丰富多样。但是,赞助活动的范围基本集中在文化娱乐、公益慈善、学术研讨、商贸和体育活动等方面。

(一)文化娱乐活动赞助

企业与文化结缘、品牌与娱乐嫁接是近些年流行的营销手段,具有明显的促销效果。一般而言,企业为了提升自身形象,会关注交响乐团、室内音乐小组、艺术馆、剧院等对象,也会投资赞助影视剧摄制。也有一些企业由于产品形象的需要,比如期望保持品牌年轻有活力的形象,通常会赞助热门娱乐话题,包括大型音乐会、主题公园、主题活动、赛事以及娱乐性影视节目。百事可乐长久以来支持音乐事业活动,通过音乐来传递百事文化和百事价值观,从20世纪80年代中期的迈克尔·杰克逊,到稍后的珍妮·杰克逊以及拉丁王子瑞奇·马丁,再到近年的周杰伦、蔡依林、韩庚等,让年轻人深切体会到百事充满活力的企业理念,体会到百事是"年轻一代的选择"。

(二)公益慈善活动赞助

对公益慈善活动的赞助一直被广告主看好,尤其是20世纪90年代以来,随着人们对良好社会风气的渴盼以及政府对公益事业的关注,赞助公益慈善也成了"社会营销""关系营销"关注的对象,生产性的企业越来越重视自身与周围环境、社会的关系。因此,公益活动不但成为企业日常的一种营销手段,更是企业处理公共关系的重要手段。公益慈善活动赞助的范围比较广泛,从伸出援手赞助解决社会突发性危机,到投资公益慈善机构、救助社会弱势群体、抵御自然灾害、资助基础教育、开展健康教育等公益事业,内容丰富。在2003年"非典"期间,2008年汶川地震、2010年玉树地震之后,众多企业慷慨解囊,捐钱捐物,不仅有力地协助政府和人民共渡难关,而且也树立了企业人道主义关怀的社会形象以及品牌的社会公信力,达到了双赢的目的。

(三) 学术科研赞助

学术科研赞助主要指企业对学术性研讨会、科研机构、学术论坛提供经费、物资、技术、服务等的支持,借助学术科研在业内和媒体的聚焦效果开展公关。学术科研赞助在高科技产品、医疗器械、日化产品等行业中是常用的营销手段。作为全球商业运输和高端装备制造业领导者的沃尔沃集团连续 5 年成为博鳌亚洲论坛年会的赞助商,其目的非常明确,因为年会是高规格的全球性和区域性会议,其间,世界各地的政要、知名学者、企业精英云集,他们是沃尔沃的潜在消费者,同时,这样高规格的会议也聚焦了各类媒体的关注。

(四) 商贸活动赞助

企业的赞助还关涉商业贸易领域,即企业对商业展览会、展销会、交易会等会展的赞助,对商贸类赛事、评比的赞助,对媒体相关经济类栏目的赞助等。世界经理人资讯有限公司作为全球领先的战略管理及信息技术咨询机构,非常注重赞助各项业界评选活动,如"蒙代尔·世界经理人成就奖""世界经理人'百人会'"等,在相关行业中有力地提升了自身形象。

(五) 体育赞助

除了上述文化娱乐、公益事业、学术科研、商贸活动赞助外,体育赞助也是常见的一种赞助方式,主要指企业向体育赛事、体育明星、体育场馆建设或公益性体育活动等提供一定数额的现金或实物,作为与该项体育活动主办者共同参与开发以达成各自组织目标的一种特殊的商业行为。在此过程中,企业可以围绕赞助活动展开一系列的营销活动,借助所赞助的体育活动的良好社会效应获得社会各界广泛的好感与关注,提高企业的品牌知名度与品牌形象,扩大产品销售,为企业创造出有利的生存和发展环境。

三、对赞助目标的选择

一个社会需要赞助的事项难以数计,而一个企业由于经济的原因能赞助的范畴总是非常有限的,如何选择一个于己于彼都有重要意义的项目是非常值得研究的。有些赞助活动失败或在社会上没有引起应有的反响,往往是由于赞助目标不明引起的。因此,赞助活动的第一步是要确定具体的传播对象和传播目的,以便于对整个赞助活动进行解释、管理和评价。

赞助的目标包括目标对象和目标效果两方面。以消费品为例,对象可以包括一般社会大众、经销商、主要客户或供应商、政府官员、企业员工等。相应地,达到的目标效果也可以有一个或多个。

(一) 提升员工士气,加强企业凝聚力

企业通过赞助活动可以调动内部组织的积极性,增强凝聚力,培养员工的集体主义精神,增强他们的荣誉感。比如,国内许多足球队都是由企业赞助冠名的,如广州恒大、北京国安、辽宁宏运、江苏舜天、山东鲁能、贵州人和、青岛中能、上海申花、大连实德、河南建业、广州富力、大连阿尔滨等。由于员工为自己的企业能参与这样的赞助活动而感到自豪,并且由于赞助与他们自身生活方式和价值观之间的联系,他们通常能获得情感上的收益,对进球、冠军以及整个体育比赛都十分关注。

(二) 为产品提供展示机会,提高品牌知名度

在赞助活动中,主办方通常可以给赞助商提供机会展示介绍新产品。一方面是借助新闻报道的形式来宣传,更重要的是,活动本身可以提供良好的氛围,使新产品、新技术的推广介绍变得更为生动、有趣。比如,1996年亚特兰大奥运会期间,在美国一个体育场内举办了一次最大规模的影像产品展示会,摩托罗拉公司提供了专门为体育比赛而建立的最大数字通讯网络,这些赞助推广活动引起了媒体的普遍注意,也因此产生了显著的宣传效果。

(三) 提供亲身体验机会,拉近与消费者的关系

在赞助活动现场,企业可以把握机会,提供产品试用或现货销售,也可以提供试用品给潜在消费者,通过促销赠品、赞助折价券、奖金和定点销售等方式激发产品销售量的提升。在赞助活动中,消费者与产品接触可以提升消费者对产品的认识程度,强化对企业和产品的印象,完成"注意—兴趣—欲望—采购"的过程。同时,赞助商一般可以获取一些礼遇机会,为目标客户、政府官员、公关对象或资深员工提供观赏重大赛事或巨星表演的机会,借此与主要客户、经销商发展良好关系。

总之,确定一个明确的赞助目标,要对产品的实质、核心识别、延伸识标和价值取向有一个深入的了解。同时,还要优先考虑市场环境因素:对一个新产品来说,可能最重要的是增加曝光率,提升知名度;对于一个成长中的品牌来说,可能是要加强品牌的联想;对于一个成熟品牌而言,发展消费者与品牌的关系,提

高消费者忠诚度可能是首要目标。

四、赞助活动实施的原则

企业选择赞助活动,主要是因为很多活动不受年龄、性别的限制,可以通过各零售点与基层消费者产生互动,产生持续良好的效果,从而帮助企业对市场进行区隔,给产品以人格化的塑造。并且,借助活动期间电视等大众传播媒介对活动报道的增多,赞助活动的曝光率比其他同类产品高。更有一种情况是,国内外有许多烟酒广告的法律禁令,而赞助活动可成为这些产品突破封锁、进行促销宣传的"终南捷径"。赞助活动宣传的有效性使得众多企业对大型活动非常重视。然而,如何才能令企业与赞助的活动之间建立起成功的关系呢?如何让自己的品牌脱颖而出,不至于被淹没呢?

(一)总体评价赞助项目

在选择赞助活动项目时,需要对项目进行总体的评价,因为不是所有项目都适合所有产品。这种限制受到下列因素的影响,所以选择项目时也需要对下列因素进行考量。

1. 赞助内容的独特性

新颖独特的活动内容决定了赞助商宣传创意的可能性和消费者的兴趣程度。

2. 与企业的相关性

赞助活动与企业形象或企业产品应有一定的关联。比如体育活动,其优点就在于通过激发狂热与消费者进行沟通。如果消费者觉得被赞助的项目和赞助商之间是一种捆绑式的关系,他们对产品就会有一种信任感。因此,企业的赞助与活动如果不是表面的结合,则效果会更好。如耐克资助体育赛事,从而让那"一钩"驰骋在运动场的每一个角落。

3. 活动的受欢迎程度及发展空间

赞助活动的选择需要讲究时间、空间与流行的因素:一个活动总是有时间、空间的限制,企业需要了解赞助项目是否在某些时间内或往后持续时间内有可能成为目标消费者的注视焦点;目标受众与目标消费者在心理学的特征如人格、态度、行为上是否重叠;赞助项目活动的地域与产品的目标市场是否相同,或是否可以通过新闻报道或现场直播达成覆盖等。

4. 成本效益

赞助活动必须考虑到活动过程中会面临许多抽象的、不可预期的因素,还要考虑机会成本,正确作出取舍。

5. 企业主的兴趣

在赞助的问题上,某些企业主个人兴趣具有重要影响,因此,选择赞助项目时最好由客观综合评估组织来决定是否赞助、何时赞助以及赞助什么。

(二) 准确把握赞助活动与产品的相关性

这里所说的相关性不是指肤浅的表面关系,而是深层次的象征、符号或文化价值关系。因此,在赞助活动与此产品之间寻找一种特殊的相关性要比一般的相关性好得多,勉强凑合或是无法凑合都是极大的阻碍,比如有一些产品如装饰材料、厨房用具等就很难和运动发生关联。特殊相关性的重要特性是产品与赞助活动有某种内在的、本质的契合。杜邦公司制造了一种导热内衣,并用来赞助由美俄两国共 12 名探险队员参加的白令海峡探险活动。探险队员在苦寒条件下完成探险项目却安然无恙,没有一人冻伤。再如,体育用品中的佼佼者——耐克,通过赞助各类体育赛事和强劲的广告攻势,将"Just do it"和"I can"的声音传遍全球。"Just do it"和"I can"不仅是耐克品牌的语言和精神,更是体育的语言和精神。美国锐步广告代理公司的比尔希特说:"十年前,耐克创造了一种语言。"这种语言是时尚、反叛、进取和机智的代名词,是征服和胜利的象征,但是这种语言离开了体育可能就不存在了。

另外,通过长期赞助也能使产品成为赞助活动本身一个不可分割的部分。对赞助方式的选择也是一门艺术,仅仅出资成为赞助商和以赞助单位名称为活动命名是两种有明显区别的赞助行为,短期的、偶尔为之的赞助和长期的、持续的赞助也有明显的区别。企业应当将注意力集中到一个或几个活动上,而不是与许多活动建立松散联系。企业还应争取在产品与赞助活动之间建立长期的关系。

(三) 参与赞助活动全过程的管理和监督

有些企业对赞助活动存在一些误区,以为赞助就是企业付费,被赞助单位举办活动并替企业宣传后完事这样简单。实际上,这是不太可能的。从主办单位的角度来说,他们的目标是搞好活动本身,而不是替企业做宣传,他们只是为赞助企业提供宣传的机会,更何况有时一个活动常常是由若干企业共同赞助的,要求主办单位面面俱到做宣传也是不现实的。从另一个角度来说,赞助商还需要面对活动过程中形形色色的隐性营销,即非正式赞助商的品牌出现在活动之中对正式授权赞助商所塑造的品牌形象产生冲击,以及体坛丑闻、流言蜚语对品牌的影响。企业需要非常清醒地意识到,他们参与赞助某项活动后,必须投入时间和精力"激活"那些赞助活动,因为只有那样,才能让活动传递出的信息符合企业的目标,迎合大众的口味。

第四节 体育运动策划

体育运动作为一种新兴的营销手段,已得到广泛的认同,并且越来越受到企业的重视。体育运动因其公益性和高度的互动性,被认为是21世纪最有效的市场推广策略之一。有统计数据显示,目前至少已有400家美国公司成立了运动营销的专职部门,独立预算,专门负责运动赞助事宜。在我国,随着越来越多的大型赛事的举办,企业在运用这一营销工具时也更理性。

一、体育运动策划的含义

与体育运动策划密切相关的"体育营销"在广义上包括两种含义:一是指体育产业自身的营销,即将体育作为商品销售的"体育的销售"[1],如NBA等由体育组织或体育商业化组织举办的职业比赛及体育运动附产品的销售产业等;另一含义是指借助体育运动的其他产业的营销,即将体育运动作为载体和营销手段的"通过体育的营销",如可口可乐等有实力的跨国企业通过成为奥运会、世界杯的合作伙伴来实现其国际化的营销战略。本书主要从广告策划的角度来论述体育运动策划,因此如无特殊说明,所用体育营销的概念均指后者。

体育运动策划是指以体育运动为契机,运用系统的思维将体育营销中的各种工具如体育赞助、公共关系、市场推广、广告和促销等整合起来,在适当的时机与广告主的目标消费者和公众进行有效的沟通,从而实现提升广告主自身品牌形象的目标。

更深地理解运动策划特别要注意以下几点:

首先,体育运动策划不是单一赛事策划。体育营销是一种"强化形象"的策略,最终目的是提升企业的品牌形象,因此,体育运动策划不是简单地策划一两

---

[1] 戴维·希伯里等.体育营销学.北京:清华大学出版社,2004:13.

次大规模的体育运动就了事,而是依托体育活动,将产品与体育结合,把体育文化与品牌文化相融合以形成特有的企业文化的系统工程,是一个长期的过程,必须依靠企业不断地积累。一两次短期行为或不连贯的经营只会浪费企业的资源,不能达到任何效果。"第五季"在2002年世界杯期间,以3 100万元买断中央电视台的独家特约直播权,走体育营销之路。但世界杯过后,广告旋即换成了时尚、前卫的滨崎步为代言人,这就在消费者心中造成了冲突。靠3 100万元换来的"体育概念",只获得一时的轰动效应,而消费者并不明白该企业的战略到底是什么,哪个才是企业的品牌文化。这样不仅造成了资金浪费,更模糊了品牌定位,给品牌的传播制造了人为障碍。通过投资体育营销而兴起的品牌都具有一定的连贯性,他们能够持续不断地进行品牌宣传和投资,绝不是心血来潮似地盲目投资。可口可乐之所以成为世界品牌,与它一直支持世界体育分不开,几乎在每一次大型的国际体育赛事上都能看到可口可乐的身影,可口可乐成了体育的代言人,可口可乐无处不在的体育营销战略是其成功的秘诀。如果企业只把体育营销当作一种打响知名度的敲门砖或简单的促销工具,在电视上做几次广告,在报纸上吆喝几声,试图以某一次体育活动作为借口来单纯地搞一次策划宣传,或以短时间铺天盖地的广告来长期赢取消费者的心,事实证明是不可能的。有人称体育营销是"烧钱"的运动,这不仅是指它某一次的投入资金大,更说明它投入的长期性和连续性。

其次,体育运动策划不是体育赞助。一提到体育营销,企业往往想到出钱赞助或冠名各种大大小小的体育赛事。体育赞助是体育营销的主要形式之一,也是体育营销最早出现的形式,对体育营销的执行具有重要作用。但在体育产业化、商业化和媒介环境越来越复杂的时代,单一的传播方式在信息、广告充斥的环境下能吸引的眼球越来越少,因此,在体育营销上不惜重金,完全依赖于体育赞助,结果很可能让企业大失所望。例如,作为奥运TOP赞助商,不仅要付出高额的合作"门槛"费,为了最大幅度提升品牌形象,还要有三到五倍的资金用于举行大量的广告、公关和促销等活动。体育营销是个复杂的系统执行过程,需要企业在赞助体育的同时,对企业产品、企业形象重新设计、定位,使之与体育文化相符;还要整合企业的资源,综合运用公关、广告、明星代言和促销等多种形式,使体育文化融入企业的各个环节,形成企业与消费者的共鸣。

第三,体育运动策划不是体育明星代言。体育明星以其健康的形象和巨大的号召力成为不少企业在体育营销中青睐的对象,也有不少企业和品牌确实通过这一策略取得了巨大的成功,如乔丹为耐克篮球鞋代言。但这并不意味着能请到一位受人瞩目的体育明星为产品或品牌代言就是体育运动策划了。不能从企业和品牌营销的战略出发,不顾体育明星这个人物符号与产品或品牌的关联性,盲目选择所谓"明星",这正是体育营销缺少系统思考和策划的表现。中国联通花3 000多万元请姚明担任形象代言人,而后续围绕姚明和CDMA的宣传费用更高达以亿元计,但消费者很难想到姚明与CDMA有着什么必然联系,更不会仅仅因为姚明是著名的篮球明星就改变对CDMA这个品牌的看法和态度。实际上,联通CDMA经过早期一系列的营销推广,已经具有一定的知名度,在知名度上已不需要通过体育明星来推广,它需要的是在产品美誉度上建立消费者对CDMA品质的信任,而姚明这个体育明星身上并没有相应的气质与内涵可以与CDMA建立任何产品品质方面的联想。

二、体育运动策划中的主体及其所拥有的资源

体育运动策划中的主体是指可能参与运动策划过程的各个利益主体,包括出资参与体育资助或以其他方式融入体育运动的企业,体育团体或体育组织,体育明星人物,体育运动转播的媒体机构。这些利益主体在参与企业体育运动营销时所拥有的战略资源不尽相同,得利也大相径庭。

一般企业:体育营销的需求者、执行者,即利用体育价值进行营销活动的主体,其拥有企业年度或更长时期的营销资金、人力资源等。

体育团体或体育组织:体育营销载体的提供者,即推行、举办、组织和进行各体育项目或比赛的足协、竞技团体、球队、选手等,他们制造和拥有体育运动的注意力资源。

体育明星:实际上他们属于体育团体中的选手,但是由于他们个人超出群体的努力和成绩,使得他们成为稀缺的注意力资源的显著集合体,有的甚至让注意力资源不断积累,形成了一种影响力。

大众传媒:将体育比赛转播到各地乃至全世界,他们从体育团体或组织处购得体育运动所创造的注意力资源后,最终形成体育营销独特和巨大的注意力资源。

在某个具体的体育运动策划活动中,一般都会有企业、体育团体或组织和大众传媒三种主体,而体育明星是否参与体育运动策划取决于企业的营销战略与选择。

三、体育运动策划的内容

企业在体育运动策划中需要做好两方面工作:一是选择和组合体育运动策

划中各利益主体的合作模式;二是选择和组合企业在体育运动营销中可以使用的各种沟通工具,如赞助、广告、促销和形象代言等。

(一) 利益主体合作模式的策划

如前所述,能够参与体育运动营销过程的除企业外,还有体育团体或组织、大众传媒、体育明星三类利益主体。企业在进行运动策划时必须选择和决定自己和各个利益主体的合作模式。选择合作模式也就是确定企业利用体育注意力资源的方式,它将直接决定企业投入到体育营销中的资源预算,并影响企业体育营销工具的选择和组合运用。

企业与各利益主体的合作模式有以下几种:

模式一:

广告主(企业) —购买特殊的广告时段→ 媒体 —转播权交易→ 体育团体

在这种合作模式下,企业不直接和体育团体接触,而通过购买媒体来获得体育注意力资源,媒体在这一模式中起着举足轻重的作用。它先从体育团体运营部门获得赛事转播权,再把设置在赛事转播过程中的特殊广告时段卖给广告主(企业)。

在这种模式中,媒体是实现体育注意力资源转移的重要中介,它并不是进行简单的买卖工作,而是积极利用自身的优势,将自己的注意力资源与体育注意力资源高度融合在一起,形成特殊的广告时段和体育节目冠名等附加产品再出卖给企业。例如,2004年雅典奥运会期间,中央电视台先从国际奥委会购买奥运会比赛在中国境内的转播权,再向广告主(企业)推出广告项目。2004年6月18日,央视雅典奥运会的5个特殊广告项目——"《奥运金牌榜》独家特约播出""《雅典今日之星》冠名""《精彩瞬间》冠名""《中国骄傲》广告套播第一位置"和"《中国骄傲》广告套播第二位置",以9 590万元的价格出售。而央视除了以招标的方式出让5个特殊广告项目外,雅典奥运会的其他广告项目还包括7个栏目广告和套装广告及6个其他特殊广告形式[1]。特别是在体育产业化和媒体产业化后,为了双方的获利运营,体育团体和媒体经常是一种合作关系。很多体育项目的比赛场次和时间安排越来越多地考虑电视转播的观赏性和易得性。如国际足联考虑到电视转播因素,将20分钟的中场休息改成了15分钟;国际排联为增强排球比赛的电视观赏性,取消了发球权的争夺,实行每球得分制。

---

[1] 阴志科,黄河. 体育转播权——体育和电视的双赢. 现代广告,2004(8):25-27.

在这种合作模式中,企业能够运用的主要体育营销工具是广告投放和栏目冠名。实质上,栏目冠名也是一种广告投放的方式。在此模式中,企业关键是要处理好与媒体的关系,选择能满足企业需要(主要是企业在体育注意力资源上的需要)的媒体广告服务。

模式二:

体育团体 ←——先购买以赞助权为核心的一系列体育注意力资源—— 广告主(企业) ——广告投放、公关、事件营销等—→ 媒体

在这种合作模式下,企业不仅要和媒体接触,还要和体育团体直接接触。企业从体育团体那里购买到体育注意力资源。这些资源通常是以体育赞助权为核心的一系列资源(如赛事名称和标志的使用权等),并且具有某种程度上的排他性。为了充分利用得到的体育资源,企业必须运用大众传媒开展广泛的辅助活动,以最大限度地实现全面营销。这些辅助活动就是企业围绕体育资源进行的相关广告投放、公共关系开展和事件营销等活动。在这一模式下,企业可以运用的营销工具比较充分,几乎包括了所有能在体育营销中运用的工具,如赞助、公关、明星代言、广告与促销等。

在这种模式中,企业是主体策划者,他们可使用的体育资源非常丰富,但这也加大了企业在资源整合上的难度,在广告费用预算上的要求也较高。历届奥运 TOP 计划的企业,他们通过提供财务和产品、服务上的支持,从国际奥委会获得一定时间内使用奥林匹克的知识产权的权力,然后再运用奥林匹克的巨大注意力资源进行企业的全球化营销战略。据专家分析,TOP 赞助商除了向国际奥委会支付巨额的赞助费外,要想最大幅度地提升品牌形象,还需投入三到五倍的资金用于进行大量的广告、公关和促销等活动,以此来实现宣传计划,因此,企业必须有完善的营销管理系统和一定的资金投入做保证。从市场开拓角度看,此模式更适合于有开拓国际市场能力和经验的大中型企业。

模式三:

体育明星 ←——购买肖像使用权—— 广告主(企业) ——广告投放、公关、事件营销等—→ 媒体

此种模式是企业先向具有独特注意力资源的体育明星个人或其经济运营公司购买以肖像使用权为基础的一系列体育资源,也就是常说的形象代言,然后企业将体育明星运用在自己的产品、服务和企业形象营销的过程中。在这个模式中,企业对各种营销工具的运用都是以某个体育明星为中心的,因此,体育明星

与企业产品或企业形象的关联性、体育明星与公共关系活动和用于营销的事件之间的关联性如何,是能否取得成功的关键。

模式四:

广告主(企业) —— 广告投放、公关、事件营销 → 公众/媒体

此种合作模式是指企业既不从体育团体,也不从媒体购买某种专门的体育注意力资源,而是利用体育作为人们一种基本的需要(某个体育事件成为人们一定时期内关注的话题时)所形成的无需额外付费的注意力资源。其实质是企业利用公众和媒体议题开展公关活动的形式,只不过这个公众和媒体议题是与体育有关的。2001年5月到7月13日,联合利华的夏士莲洗发水在六城市(上海、西安、成都、武汉、广州、北京)举行的"夏士莲黑发迎奥运"捐发支持申奥公关活动,利用"北京申奥"这个公众议题,倡导公众用捐发的形式表达对北京申奥的支持,从而吸引公众和媒体的主动注意。据统计,参与捐发人数达67 973人,创造了两项吉尼斯世界纪录;该活动还获得了电视台、电台、报纸、杂志和网站等各地新闻媒体超过400条的新闻报道,每篇新闻报道对"夏士莲"品牌及"黑发"信息平均提及率达488次。[1]

此模式与前三种不同的是对体育注意力资源的免费使用,这能为企业节约一部分预算资金。但对企业而言,利用这些注意力资源不具排他性,在传播效果上可能比较有限,而且在此模式中,企业能使用的营销工具也受到限制,主要是公关和促销。

上述四种合作模式,在企业体育营销的过程中,并不是明显区别开来的,也不是单一使用的。在实际的策划中,企业通常是根据自身资源和竞争对手的战略,对各种模式加以组合运用。

(二)体育营销主要工具的策划

企业营销战略中的各种营销工具在体育营销中运用时,会产生一些新的特点,这要求企业在进行体育营销策划时给予充分的重视。

1. 体育赞助

体育赞助是指某机构或个人为体育项目、体育比赛、体育组织提供金钱、物质、技术或服务的支持,通过获得被赞助方的回报(以冠名、广告、专利和促销等权利提供的回报)以换取公众的认知。虽然从1896年第一届奥运会起就出现了

---

[1] 周博."夏士莲黑发迎奥运"策划纪实.中国广告,2002(3):58-60.

体育赞助的萌芽,但正规的、大规模的体育赞助则始于20世纪60年代中期的英国,导火线是英国政府严令禁止烟草商在媒体特别是电视上做烟草广告,烟草商遂改用赞助的方式做变相广告,并取得了意想不到的效果。赞助广告很快波及全球,并向文化、科教、环保和社会福利等其他公益领域渗透。在2008年北京奥运会上,包括12家国际奥组委长期合作伙伴在内,一共有62家中外企业以合作伙伴、赞助商、供应商等不同身份与北京奥组委合作,这已经刷新了奥运赞助史的纪录。

据胜三(R3)媒体咨询公司估算,2008年,中国所有广告商投资约同比增长19%,达543亿美元。"奥运效应"增加了86亿美元的额外广告支出。而仅奥运赞助商的支出就达218亿元,同比增长52%。

体育赞助在信息传播媒体环境越来越复杂、信息传播内容爆炸的时代,有着独特的传播优势,它能跨越传播障碍,传递明确的信息。体育运动作为人类一项基本的需求,在信息的传播中也能够跨越文化和语言的障碍,成为全球受众普遍接受的信息载体,这就提供了广告主与大规模视听众对话的可能。而体育项目的多姿多彩使市场细分变得可能,有利于广告主单独地与每个细分市场进行交流。体育运动享有较高的媒体曝光率,体育组织或运动员往往能吸引大量媒体的注意力资源,如此便能节省广告主大量的成本。另外,广告主与体育组织或运动员的显著联系,能使广告主在呈爆炸或增长的广告信息中脱颖而出。

但是,在提供体育赞助时有几点必须充分考虑到:

首先,企业在提供体育赞助时应该考虑自身的实力。这既指企业能投入其中的资金,也包括企业对体育资源的整合运用能力。根据自身实力选择合适的赞助对象,是体育赞助成功的基础。如前所述,奥运会、世界杯等大型赛事的传播效果突出,但也并不是所有企业都能承担其运作的费用和满足营销系统的要求。盲目的投入只能让企业陷入赞助的陷阱,这不仅会占用企业的各种资源,还会因为对体育资源开发的不足而严重影响体育赞助的传播效果。其实,能够给企业提供良好传播效果的体育赞助平台不是只有专业的大型赛,目前正在兴起的大众运动(如TBBA,又称可卷入的赛事)的多样化与创意化为企业提供了新的体育赞助平台。

其次,企业在运用体育赞助时,还应注意体育赞助与其他营销工具的组合使用。体育赞助的公益性,使它在与公众沟通时更具隐蔽性,其传达的信息比较单一和简单,难以达到品牌与消费者的深层次沟通。因此,如果赞助被当成是单一的、独立的工具,那么它带来的利益也会小很多。[1]而辅助活动和搭售促销成为发挥赞助力量的重要手段。搭售促销使得消费者意识到赞助商和被赞助方之间的联系,尤其是当体育组织能够提供或参与辅助活动时,赞助就会在整个促销和营销计划中起到更为成功的作用。许多企业体育营销的实践活动也证明了单一的体育赞助或冠名并不能达到企业想要的广告效果。通过赞助获得的企业或产品的注意力资源在广告投放、销售促进等营销工具和营销战略的配合下,才能成为提升企业或产品形象的资源。

再次,体育赞助要避免过度以品牌为中心的做法,赞助某个体育项目要考虑如何对接消费者的利益,否则消费者就会觉得这种赞助与自己没有什么关系。聪明的企业往往更重视赞助行为对体育比赛的驱动力,他们会告诉消费者"某某品牌为您呈现精彩瞬间",而不是"某某企业赞助某某比赛"。

2. 体育明星代言

体育明星代言是由体育名人所做的形象代言。体育明星代言已经成为广告名人代言中经常出现的人物符号。从人物形象代言而言,最重要的是人物形象符号与产品、服务、企业品牌的形象具有合理的关联性,人物符号和品牌在信息传播中和谐一致,才能达到加强传播效果的目的。也就是说,受众对某个体育人物的形象认知和品牌预期实际传达给受众的形象越一致则效果越好。值得一提的是,体育人物符号通常在受众中的形象有职业化倾向,与他们所从事的运动有很大的联系,因此留给品牌传播过程中可塑造的空间就比较小,如他们常和健康、运动、活力、积极进取、为国争光等形象联系在一起。在品牌借助体育人物代言时,应该积极运用他们的这种职业形象,而不是盲目追求人物的名气或以品牌为核心而违背了人们的认知常识。

与其他人物形象代言不同的是,体育人物形象代言还有一个时机把握的问题。尤其是在利用某个具体体育人物代言时,如果能够适当地把握体育明星的职业发展时机并做好战略的策划,不但能给广告主节约传播成本,而且能给被代言的品牌带来意想不到的传播效果。很多企业是在大型国际性体育赛事后邀请冠军人物做企业形象的代言人的。但聪明的企业往往通过预测,事先请来具备夺冠实力的运动员代言,待到运动员夺冠时品牌效应会大大放大。花钱少,品牌印象却更深刻,这就是远见。

2004年雅典奥运会上,我国运动员刘翔一鸣惊人,令不少人羡慕耐克押宝刘翔代言品牌的成功,而事实正如耐克大中华区市场总监潘建华所说:"这绝对

---

[1] 戴维·希伯里等.体育营销学.北京:清华大学出版社,2004:264.

不是偶然事件,任何一个完美的市场营销,都不是凑巧。"早在2002年,耐克的市场部经理李彤(刘翔之前的男子110米栏亚洲纪录多年保持者)就凭借自己的经验看出了刘翔非凡的潜力。在李彤的推荐下,耐克总部派专人赴刘翔参赛处几番实地考察,得出结论:刘翔绝对是明日之星!耐克便于2002年与刘翔签下合约。此后,刘翔参加在巴黎举行的世界杯锦标赛,李彤陪同前往,刘翔也穿上了耐克提供的新鞋子。赛后,李彤将刘翔的意见转告公司:鞋底不需要那么多钉子,拉链改成系带。李彤开始从专业角度告诉公司怎样帮助刘翔,不断向总公司提出相应要求,并从宏观上为刘翔提供一些专业建议。2003年,耐克为刘翔开起了小灶,在耐克能够协助的范围内尽量提供帮助,包括安排出席一些活动,满足服装、装备、特殊要求等,特别是在刘翔出国比赛期间,会派专人陪同,协助处理可能干扰他比赛的各种事务。

但相反,一旦预测错误,邀请的运动员没有像预计的一样取得受人瞩目的成绩,企业也将付出代价。2008年北京奥运会110米栏比赛中刘翔的退赛就给赞助商带来了巨大的损失。影响最大的奥运赞助商是VISA。VISA的广告是"刷新梦想,12秒88",在刘翔退赛之后,这样的词汇显然不合时宜,所以企业在签订运动员之后要做好两方面的准备。在2012年伦敦奥运会中,刘翔的110米栏比赛依旧受到全中国甚至全世界的关注,在他首栏摔倒之后,耐克官方微博"Just Do It"第一时间发出了一条微博:"谁敢拼上所有尊严/谁敢在巅峰从头来过/哪怕会一无所获/谁敢去闯/谁敢去跌/伟大敢""谁敢在巅峰从头来过,即使身体伤痛,内心不甘。让13亿人都用单脚陪你跳到终点。活出伟大,一起为飞翔而战!"这则微博发出的24小时内,就被转发了13万次并收到26 000多条评论,传播效果甚至比刘翔夺冠的代言效果更胜一筹。

由此可见,耐克选择刘翔代言品牌的成功,与耐克多年致力于体育运动营销的研究,尤其是对运动员资源的研究是分不开的。他们不仅仅选择已成名的体育明星,更注重通过长期对体育运动和运动员市场的关注,开发"明日之星"。这种以策划思维为核心的营销资源的开发方式不仅为品牌赢得了利用体育运动资源的适当时机,为广告主节约了营销成本,更重要的是还抢先占有了重要的市场战略资源,有力地打压了竞争对手。在耐克起用刘翔后,李宁、阿迪达斯等耐克的竞争者就不能在同一时期里利用刘翔这个人物形象以及这个形象所具有的市场效应了。

3. 广告和促销

广告和销售促进在体育营销中是最常用的工具。具有国际影响的大型体育比赛通常都具有广泛的甚至是跨国的传播效果,这是品牌广告传播难得的信息传播载体。而利用体育进行销售促进的方式目前正在以体验营销的方式出现,并和娱乐、休闲、旅游等结合起来。例如,2008年北京奥运会就成为了很多品牌在销售促进中重要的吸引注意力的信息,"赢取看北京奥运的机会"等成为促销的方式,并且不少品牌还以此为背景打造更全面的看奥运和游北京的体验计划。

四、体育运动策划中应该注意的问题

(一) 体育运动、品牌和目标消费群之间的关联性

品牌借助体育进行营销实际上是广告主在整合品牌内部资源的基础上对外部资源的利用,因此内外部资源的关联性成为资源整合行为能否成功和达到何种效果的决定因素。那么,应该如何来量化这种关联性呢?

首先,广告主应该对自身品牌、体育运动的形象和核心价值分别有充分的认识。然后,从战略和具体执行两个层面来进一步分析。

战略层面,可以从分析品牌和这项体育运动是不是有相似或近似的受众群入手,如果有,这个相似程度可以通过进一步量化的方式给出。在此基础上,广告主可以更进一步分析,广告主所有品牌的核心价值和理念与这项体育运动体现的核心价值和理念相似度有多高。

执行层面,一方面要考虑广告主所有品牌与这项体育运动联系在一起要付出多大的成本,尤其是有没有与人们已有的认识形成沟通冲突;另一方面要考虑的是,通过体育营销,品牌能和目标消费群产生哪些联系,品牌将通过什么方式和他们进行交流,这种沟通和交流结束后可能会产生怎样的效果?

安利纽崔莱(Amway Nutrilite)是一家提供系列天然保健品与营养品的制造商,它希望通过赞助将品牌同其价值理念联系起来。安利的品牌价值理念是健康、营养、品质——都在社区体育的含义范畴之内,所以安利的赞助必须能响应这些价值理念。同时,由于其目标客户群广泛,所以安利也希望赞助对象能有足够的覆盖面以满足目标客户的多元性。安利找到了一个理想的赞助项目——"健康跑计划"。它是一项以参与为主的非竞赛性的长跑计划,该计划于2001年末提出,并在2002年首次实行。这项计划的品牌价值是营养、运动、健康——与安利的品牌价值理念几乎一致。安利认为"健康跑计划"能帮助自己争取更广泛的目标客户。

为确保安利纽崔莱的品牌价值观和健康跑活动的价值观更紧密地联系在一

起,健康跑组织者在活动中采用了一些关键程序来加深这种联系。公开报名模式就是这样一个程序。组织者决定在各个城市给予参与者6周的时间来报名。在这6周时间里,广告单、传单、海报和机动小组全都调动起来,密集地宣传这项活动,营造出一种浓厚的社区感,同时也大大提高了赞助商和健康跑活动的知名度。在这样长的时间里,健康跑的社区价值观和赞助商的价值观足以在受众脑海中建立起紧密的联系。为了确保人人都有参加健康跑活动的公平机会,组织者把报名费设定在非常低的水平——不超过20元人民币。

"健康跑计划"的另一重要特色是各城市体育局的大力参与。因为"健康跑计划"响应了中央政府关于在全国范围内开展全民健身运动的要求,所以每座城市的体育局都对健康跑提供了支持,帮助宣传长跑健身这一理念。组织者还在健康跑结束后组织集体健身表演,给全体参与者带来欢乐。这些都强化了安利传达的健身信息,并让所有参与者投入到一种独特的社区体验之中。

可以看到,安利纽崔莱与"健康跑计划"拥有相似的价值理念:提倡健康,提倡社区氛围。这种品牌价值观的一致性为整个赞助创建了一个牢固的平台。纽崔莱健康跑活动推广以来,纽崔莱产品获得了广泛的知名度和美誉度。纽崔莱在保健品市场上的销售也平稳上升,每年占安利产品销售总额的50%以上。

(二)以科学的营销战略把握时机

体育运动,尤其是大型的体育运动在吸引受众注意力方面与其比赛的进程相对应,呈现一定的周期变化,通常可分为赛前、赛中和赛后等阶段,每一个阶段体育运动吸引人们注意力的内容是不同的(见表8-1)。赛中是体育运动营销的核心,但有些体育运动盛会如奥运会,赛前和赛后仍然是人们关注的焦点。

表8-1 体育运动中受众注意力周期变化表

体育运动的不同时期	人们关心的焦点
赛前	① 比赛的举办地点 ② 参加比赛的国家和运动员
赛中	① 赛中精彩的比赛实况 ② 比赛的结果 ③ 奖牌的分布情况
赛后	比赛中表现出人意料的人或事

对广告主来说，一方面可以针对体育运动赛前、赛中和赛后人们关注的不同内容进行营销策划；另一方面可以通过策划为品牌获得一些战略性的资源，如上面提到的耐克品牌通过策划获得的刘翔资源的开发权利。

（三）以规范的营销运作体系来保证体育运动策划的执行力

保证营销策划取得效果的关键一环是对策划良好的执行，而科学的操作流程则是良好执行的保证，尤其是对那些比较大型的营销活动，事前准备、过程管理、事后评价都需要有运作规则和监控方法。如作为2012年伦敦奥运会无线通信领域高级赞助商的三星电子，提前一年便拉开了奥运营销的序幕。2011年6月，三星在伦敦发布了2012年奥运会的宣传主题、火炬手选拔方式和三星奥运形象识别标志及奥运期间丰富多彩的体育营销计划。

每一项体育运动营销结束后，策划者和执行者都应该对此进行科学和系统的评价，总结经验教训，以逐渐形成自己独特的营销理念和合理的运作模式。

（四）在某些排他性体育资源的运用上应考虑竞争对手的战略

从体育运动商业运作的方式来看，一些具有巨大影响力的体育运动资源在一定时期内均以专门授权开发的方式进行。因此，某一品牌获得授权后，从理论上来说，就对品牌的同类竞争者形成排他性的竞争压力。可口可乐和百事可乐在奥运会赞助上激烈的竞争是不言而喻的。早在1980年第22届奥运会上，百事可乐就与可口可乐进行了一场营销战，由于百事可乐在奥运会开幕前两个月便在各比赛场地竖起了大面积广告宣传牌，在多处设点推销，在运动会期间向各国运动员和大会工作人员散发赠饮券，给获奖运动员赠送纪念品，又多次举行酒会招待各国运动员及名流贵宾，结果名声大振。在那次广告竞争中，百事可乐的盈利超过可口可乐约三分之一。自从国际奥委会推出了TOP计划后，可口可乐就不惜血本投入巨资，连续成为TOP赞助商，赚取了丰厚的利润，并在特定时期内有效地抢夺了老对手百事可乐的市场份额。例如1996年亚特兰大奥运会，可口可乐公司在当年第三季度的盈利增加了21%，达到9.67亿美元，而同期百事可乐的利润却下降了77%，只有1.44亿美元。

因此，对利用某些战略性的体育运动资源的策划，不仅关系到品牌自身的内外部资源整合，还要在竞争博弈的过程中考虑到对体育运动资源的合理开发。

五、奥运会与体育运动策划

在1984年之前，现代奥林匹克运动几乎走到了破产的边缘，举办奥运会基本上是"赔本赚吆喝",举办国更多地将之视为"形象工程"。如 1972 年慕尼黑奥运会花了 10 亿美元,1980 年莫斯科奥运会花费了 90 多亿美元,而 1976 年第 21 届奥运会更留给举办城市蒙特利尔一笔高达 10 亿美元的债务,这笔债务让蒙特利尔人整整背负了 25 年。从此,世界各地谈"奥"色变,以至于征求 1984 年奥运主办城市时,只有洛杉矶一个城市出来应景。"奥运会企业赞助之父"尤伯罗思(Peter Ueberroth)的出现挽救了第 23 届洛杉矶奥运会,也挽救了现代奥运。尤伯罗思苦心经营,开创了奥运会完全民办,不用国家一分钱,不但不赔钱,反而赚了 2.15 亿美元的奇迹,从此也开启了现代奥运营销的时代。

正如国际运动文化与休闲营销公司的研究机构——国际赞助研究中心主任 Adrian Hitchen 在论及奥运会赞助价值时指出的那样:"奥运会的赞助价值及潜在报酬超越任何一种赞助活动,因为奥运会具有完整的全球性形象与商业价值,为企业提供了一个可从事各种营销活动的独特舞台。"

在洛杉矶奥运会上,尤伯罗思推出了影响整个奥林匹克运动发展轨迹的、被称为国际奥委会王牌和最大收入来源之一的 TOP 计划。该计划是国际奥委会的全球赞助计划,向整个奥林匹克运动提供资金支持,也是目前国际体育市场开发最成功的项目。奥运会 TOP 赞助费的大部分要支付给主办方,约 10% 归国际奥委会,其余归参赛国奥委会。该计划每四年为一个运作周期,每个周期含一届冬季奥运会、一届夏季奥运会。国际奥委会对入选企业实行严格的精英规则,而欲成为 TOP 计划赞助商的企业要支付不菲的价格,从 1984 年的 400 万美元涨到第六期(2005 年至 2008 年)的 6 500 万美元。目前 TOP 计划已经成为奥运体育营销的核心战略,能最直接也能最充分地利用奥运资源。

体育运动营销的魅力正逐渐在中国展现,这给中国的体育组织、品牌和媒介组织都带来了新的机遇,也带来了新的课题。

第五节 品牌体验策划

品牌理论经历了品牌标识、视觉形象设计、品牌个性、品牌价值、品牌认同理论等发展阶段,在体验经济理论和消费者感性决策理论的影响下,品牌体验成为品牌理论发展的新趋势。近年来一些带有体验性质的品牌营销活动的成功以及具有互动和双向深度沟通力的新媒介的兴起,使得品牌体验成为许多品牌跃跃欲试的"工具"。

一、体验经济、体验式营销与品牌体验

"体验经济"的概念最早由美国俄亥俄州战略地平线(Strategic Horizons LLP)顾问公司的共同创办人约瑟夫·派因二世(B. Joseph Pine II)与詹姆斯·吉尔摩(James H. Gilmore)于1998年提出。是年,他们在美国《哈佛商业评论》上发表了名为《欢迎进入体验经济》的文章,并出版了专著《体验经济》(The Experience Economy),指出"体验也是一种能够创造价值的经济提供物",通过分析星巴克、迪士尼等品牌的成功,提出令人震惊的观念——"体验经济时代已来临"。受这两位先驱者的启示,"体验经济"的概念此后在营销领域引起了广泛的注意和讨论。普遍的观点认为,所谓"体验"是指人们以某种个性化的方式参与其中并获得自己独特的感受;而"体验经济"表达的是,体验也像产品、服务一样成为一种经济提供物,且能像产品、服务一样为人们和社会创造价值。比如,迪士尼乐园将主题公园这种体验提供给人们,人们为此付费,从而得到独特的享受和感受。

从营销学研究和消费者行为研究的角度理解,"体验"和"体验经济"理论的提出,最有价值的地方是它们建立在对传统消费者行为理性学说批判的基础上,认为消费者的消费过程是受感性主导和驱使的。换言之,传统的消费者行为学说认为消费者是"理性的人",在消费的决策过程中,严格遵循着"需求产生—信息需求和寻找—选择和决策—购买行动"这样的过程。与其相反,感性派的学说认为消费者的消费决策过程是非理性的,是受其感性支配的,遵循的是"感觉—感知—(思考)—行动"[1]的模式。

以体验为信息传播内容或载体的体验式营销正是基于这个基本观点应运而生的。以产品/服务和企业为核心的传统营销受到质疑,以消费者为核心的,尤其重视消费者感觉、感官和情感的体验式营销受到了人们的欢迎,取得了不错的市场反应。近两年来,由于传统媒介的传播效果不断弱化,受众注意力不断分散,体验作为一种新的经济提供物的注意力价值逐渐展现出来。每四年一次的奥运会营销、吸引数亿中国观众收看的"超级女声""快乐男生""中国好声音"等以体验为载体的营销方式取得的巨大成功让人们惊讶。当科学和技术的发展满足了人们在物质上的需求后,感官和情感等精神需求成为了营销领域另一块可以开发的新领地。

---

[1] 丹·希尔.购买真相.北京:当代中国出版社,2005:166.

品牌体验是指品牌的提供者以体验为载体为受众创造和传递品牌价值。与传统品牌理论以产品、服务和品牌提供者为中心,强调产品的独特功能、低价格和销售通路的方式不同,品牌体验是以品牌受众为中心,通过感觉、感官和情感以及品牌消费和传播情景为消费者创造和传递品牌形象。也可以这么说,在品牌体验中,有形产品变成了道具,而目标消费者的体验成为品牌多方面立体的有形展示。因此,在品牌体验策划中,设计主题鲜明的体验舞台,让消费者以自己的、唯一的方式从事值得永久记忆的表演就成为了核心的内容。在这个舞台上,消费者既是产品的消费者,又是品牌体验的参与者。

体验式营销和品牌体验是体验经济时代的产物,两者有共同的内涵和特性。但是,体验式营销并不完全等同于品牌体验。一方面体验式营销的对象是从生产—消费这个宏观关系出发的,而品牌体验是从品牌传播(主要是产品和信息传播,包括传播情景)展开研究的;另一方面,从具体的运作看,体验式营销多指营销思维和战略的制定,而品牌体验则是这一思维和战略的执行策略,具有更强的操作性和执行性。

二、品牌体验策划的含义与特点

品牌体验是品牌的所有者以体验为载体为受众创造和传递品牌价值的方式。品牌体验策划则是指品牌提供者在整合品牌内外部资源后,发展出一系列让品牌目标消费者参与其中的事件、活动或传播情景。和其他策划一样,品牌体验策划需要强有力的执行力来保障,并对各种体验取得的效果进行监测和控制。

品牌体验策划区别于其他策划的特点,主要表现在以下三个方面。

(一)以目标消费者为中心,尽量建立一对一的联系

传统品牌理论是以产品和企业为主角而不是以消费者为主角的。例如,传统品牌理论强调通过建立同一个声音来进行品牌宣传活动,更多地关注产品本身,而相对忽视对消费者的关注。因此,传统品牌理论更有利于一种团体利益的一致性,而不是与消费者建立私人的一对一的联系。品牌体验策划则要让目标消费者参与其中,因此必须从目标消费者的生活价值、生活状态和消费习惯出发,并让目标消费者通过与这些事件、活动或传播情景的互动产生个体不同的体验感受,从而建立起品牌与目标消费者之间一对一的联系。例如,可口可乐的消费者可能从电视、报纸、户外等不同的媒体多次接受可口可乐"要爽由自己"的品牌价值信息,但这无数次花费不菲的品牌宣传,也许根本不如目标受众通过

《魔兽世界》这个充满战斗性的游戏而产生的"要爽由自己"的感觉真切,哪怕受众接触这个游戏的次数并不比前述的广告次数多,因为"要爽由自己"的品牌价值是消费者在游戏里亲自验证的,而不是别人演给他看或通过语言告诉他的。

(二)强调参与和个体主观感受

品牌体验的关键是让品牌的目标消费者以个性化的方式参与其中,以及在参与过程中体验与众不同的主观感受。因此,品牌体验策划的关键就是怎样让品牌的目标消费者以各自不同的方式参与到与品牌的互动中。强调受众的主动参与性是品牌体验与传统营销和广告方式最大的不同之处。受众在生产—消费过程中的控制权增加,尤其在对品牌的认知上,受众成为品牌形象和价值最终的决定者。参与性也让品牌的提供者有了与受众更深层次沟通的机会,这让品牌所提供的产品或服务更符合受众的实际需求。

(三)跨产业资源的整合

整合品牌内外部资源是品牌体验的基础。品牌要提供以目标消费者为核心的体验,就必须尊重目标消费者的生活价值和期望,而目标消费者的各种需求和期望肯定不是一个品牌能够全部提供的,因此不同品牌以彼此共同的目标消费者为基础,通过跨产业的合作和资源整合达到满足目标消费者的不同需求的目的。不同产业、不同品牌的联合能够在营销中为共同的目标消费者构建一个真实的生活体验情景,让消费者的体验更加具有可参与性和贴近性。如动感地带和麦当劳的联盟,苹果与宝马、惠普等跨产业的强强联合等。

三、品牌体验策划的基本流程

品牌体验策划和其他策划一样,要明确目标消费者的行为特点,尤其是目标消费者的生活价值和消费期望,这是最基本的前提。而体验主题设计、体验工具选择和体验情景构成是策划一次品牌体验的基本要素。

(一)深度把握目标消费群的习性

品牌体验是以消费者为中心、以消费者感性决策为核心的一种新的营销方式,一切始于消费者,一切归于消费者。因此,品牌体验的策划也必须始于收集目标消费者的信息。由于体验要求从感官、感觉、情感等方面让消费者参与其中,因此品牌体验的消费者信息的收集还不能仅仅停留在传统消费者信息收集的领域(如人口统计的参数、对产品功能的特殊要求和偏好、对价格的敏感度等方面),要进一步通过多种信息渠道和长期的信息积累与消费者进行深入沟通,通过了解消费者的生活习性,勾画出品牌目标消费群的生活情景。

如果我们称体验经济时代的消费者为新消费者,那么商品经济和服务经济时代的消费者就相应地成为旧消费者。必须说明的是,这两种消费者之间并不能截然分开,更多的情况下他们是共有的,只不过在不同的时空条件、经济条件乃至心理条件下,新旧消费者的消费行为所表现出来的新旧消费理念程度有所不同而已。这种情形在同一消费者的身上也有同样的表现。由表8-2[1]可以大致看出新旧消费者的行为和观念差异。

表8-2　新旧消费者行为和观念差异一览表

旧消费者	新消费者
同质化、大众化	个性化、唯一化
低参与度、被动接受	高参与度、互动接受
从众消费	独立消费
寻求便利性	寻求便利、真实、可靠性
信息闭塞、知识程度低	信息灵通、知识程度高
追求物质性价值	追求精神性价值
追求功能性利益	追求情感性利益
实用的、便宜的	体验的、属于我的
价格弹性高	价格弹性低或无弹性
市场追随者	市场领导者
品牌从众意识	品牌自我意识
消费权利意识差	消费权利意识强
消费"唯物主义"	消费"唯心主义"

通过对新旧消费者行为和消费观念的对比,我们可以预见身处体验时代的新消费者在生产—消费过程中获得了很大的主动权。首先,随着媒介技术的发展和普及,新消费者所利用的媒体种类和获取信息的渠道远远比旧消费者广泛,尤其是互联网、户外媒体、分众媒体的发展,让新消费者的信息更灵通,对产品、

---

[1] 宋振杰.体验经济与体验营销.博锐管理在线.[2005-10-8]. http://boraid.com/article/htm/41/41427.asp.

服务的相关行业和品牌知识的学习成本大大降低;其次,借助媒介的发展,新消费者还逐渐介入某些产品或服务的生产过程,开始积极主动地参与生产—消费过程,在这个过程中,新消费者追求的是完全个体的生产—消费感受;第三,与传统的消费观不同,新消费者重视精神消费和个体感受,对产品物质形式的独特功能的追求和品牌价格的敏感度降低。新消费者乐意向提供场所、服务或体验的品牌和商家付钱,尽管别人看起来他们"一无所获"。

(二)确定体验主题

主题是品牌体验构思的第一步[1],一个良好的主题是品牌体验策划成功的保证。从策划的角度看,主题对体验有计划和控制的双重功能。一方面,当主题确定后,整个体验策划就有了整体的构思方向,这将影响到接下来的体验工具和体验情景的选择;另一方面,在往后的体验策划和执行过程中,如果出现与主题不协调的方案和行为,便可以得到及时的控制和修正,使得整个体验活动的顺利进行得到保证。因此,确定主题在品牌体验的策划中是很重要的一步。在体验策划的主题确定中应该注意以下三个问题。

1. 主题与品牌核心价值理念的联系程度

品牌体验策划是以目标消费群为中心的,但消费群的生活感受和消费期望是多样化的,并且是以抽象的、非具体的或潜在的形态存在的,体验的主题就是要把这些非具体或潜在的感觉具体化和行动化。当然,这个具体化和行动化的过程不可能盲目而为。最重要的是体验主题要与品牌的核心价值相关或相似。假设主题和品牌核心价值没有联系,从人们的认知常理看,这个体验活动就很难承担品牌体验的功能和作用。2003年8月西班牙皇家马德里队与中国健力宝龙之队的比赛吸引了不少中国球迷的关注,"七匹狼"品牌拿出400万元的赞助费,成为西班牙皇家马德里队中国之行第一场"龙马之战"唯一指定的服装赞助品牌。"七匹狼"在各大媒体和自己的专卖店及网站上发布了大量广告,但后来发现,七位巨星身着的竟然是竞争对手阿迪达斯的运动服。正是由于足球赛这个体验主题的选择与"七匹狼"品牌的核心价值联系不紧密,这个足球赛体验没能为品牌传递相关的信息,更不用说创造其他附加价值了。

2. 主题与目标消费者生活理念的相近程度

体验主题要让目标消费群参与其中,还需要与目标消费群的生活理念相一致,相同或相似性可能吸引目标消费群主动参与,反之则无法产生这种水乳相融

---

[1] 约瑟夫·派因二世等.体验经济.北京:机械工业出版社,2002:54.

的效果。然而,在品牌体验的实践中,总有一些品牌体验的主题与目标消费群的生活理念和消费期望并不一致,使得品牌体验悲哀地成为策划者的"独角戏"。例如,房地产行业中,免费提供条件观看样板房是最常用的品牌体验方式和宣传方式,不少房产开发商和销售商往往担心看房现场"人气"不够,故而试图采用一些其他吸引注意力的方法,但往往又忽视这些方法与目标消费者生活理念和价值观的联系。如某楼盘的定位是白领精英住宅,在看房现场为聚集人气打出"地中海"风格营销策略,请来美女模特举行泳装秀,其结果是非但没引起白领的注意,反而引来各色人等杂乱的止步围观。

3. 主题通过时间、空间和事物的组合,改变人们对现实的感觉

从理论上看,品牌体验的策划应该是先有主题,再选择具体的时间、空间和事物来展开。但在实际的策划过程中,事先考虑时间、空间和事物有着积极的意义和价值,因为这些因素往往影响到体验主题的可执行性和消费者的参与程度。选择什么时间和空间实施品牌体验,尤其是品牌所属的产品以怎样的方法出现在品牌体验中,会直接影响品牌体验策划的效果。

关于体验主题的来源和分类,不同的研究者按不同的标准给予了不同的答案。市场学教授博恩德·施密特和亚历克斯·西蒙森认为五个"文化领域"可能成为主题的来源:物理世界,哲学和心理学概念,宗教、政治和历史,艺术,时尚和流行文化。具体可以列出以下一些要素[1]:

(1) 地点:国家、城市,甚至星球。
(2) 时间:过去、现在和未来。过去的景象的设计常常是为了唤起怀旧之情。
(3) 体育:一般意义上的体育和个人运动。
(4) 音乐:音乐流派和音乐人等,如摇滚音乐、爵士乐。
(5) 电影:一般意义上的电影以及特殊流派或有影响力的形象。
(6) 时尚:如服装和模特。
(7) 商品:具体的某一类商品,如汽车或摩托车。
(8) 建筑:标志性建筑。
(9) 自然世界:象征性自然环境,比如雨林、热带草原和火山等。
(10) 文学:著名的文学作品和文学人物形象以及童话故事。
(11) 道德和哲学:比如自然保护观念。

---

[1] 艾伦·布里曼.迪士尼风暴——商业的迪士尼化.北京:中信出版社,2006:28~29.

（12）公司及其标识：一些公司的品牌和标识很有特色，它们本身就可成为主题，如迪士尼、耐克等。

实际上，一个主题常常包含不止一个上述成分。如著名的迪士尼卡通主题所包含的要素有：地点（美国）、时间（过去某一时刻或未来某时刻）、文学（有不少是童话故事的再现）。

（三）设计体验工具

确定体验主题后，就要考虑品牌体验如何实现的问题，也即品牌体验的具体实施过程。好的主题必须有合适的表现方式才能取得好的效果，因此体验工具的选择和设计也非常重要。

1. 事件和活动

事件是指那些发生在品牌外部，能够产生影响和引起人们广泛注意的事情；活动通常是指品牌提供者为了引起社会公众和目标消费群的注意，有目的地策划的具有新闻性的事情。事件和活动在营销学研究中都被称为事件营销、事件营销：即指企业通过策划、组织和利用具有名人效应、新闻价值以及社会影响的人物或事件，吸引媒体、社会团体和消费者的兴趣与关注，以求提高企业或产品的知名度、美誉度，树立良好品牌形象，并最终促成产品或服务的销售的手段和方式。随着传统媒介强势效果的消失，利用事件和活动进行品牌体验策划，在近两年得到广泛运用，取得了巨大的市场效应。如凉茶品牌加多宝花费6 000万打包"中国好声音"节目冠名权，在节目播放前，这可以说是一场豪赌，没有人敢保证这个节目的收视率。然而，节目播出短短一周后，"中国好声音"就登上了网络搜索热词榜首位，节目中"加多宝"无处不在，特别是主持人频繁重复的绕口令广告，不但没有导致观众的反感，反而在网络上被疯狂传播，引起了网友的模仿，加多宝品牌也随之深入人心。

2. 娱乐与游戏

娱乐和游戏是人类最古老的体验之一，也是最能取得消费人群共鸣的方式之一。不管年龄、性别、种族、阶层以及职业等所形成的社会和文化背景有多大区别，人们本能地都有娱乐和游戏的需要，而目前在品牌体验中取得巨大影响的奥运会（体育）、好莱坞和奥斯卡（电影）、MTV盛典（音乐）都展现了娱乐在体验方面的巨大潜力。另外，随着互联网的兴起，网络游戏成为一种非常具有吸引力的体验方式。从人们的参与程度看，在游戏过程中人是积极主动的参与者；从与环境的相关性看，游戏这种体验是最能使人沉浸于其中的方式，即玩得可以全神贯注,暂时忘记其他的一切。所以,可以毫不夸张地说,游戏是一种参与度和环境关联度都很高的体验方式,在品牌体验策划方面潜藏着巨大的魅力。如百事可乐与《星际风暴》《激战》的合作,可口可乐公司与《魔兽世界》《街头篮球》的合作等。

虽然娱乐和游戏是"显而易见"的体验工具,但并不是在产品或服务中增加一些娱乐成分就是品牌体验的终极模式,因为体验不仅需要娱乐消费者,更是要令他们参与其中,获得主观感受和记忆。因此,过分追求娱乐性,往往会对消费者造成不利影响,如让消费者过分沉迷于游戏,不能正确地面对现实等,最终也会反映到消费者对品牌的体验中,成为品牌提升影响力的不利因素。

3. 感官

感官是指以人的视、听、嗅、触、味五种感觉为基础的信息交流、情感表达和感受活动。感官是构成人们体验活动的基础,但是这里所强调的感官,是作为一种体验的工具来理解的,它在品牌设计和构建的起点就被加以考虑,并在品牌以后的发展和建设中得到进一步完善,成为消费者感受品牌的桥梁。一个成功的案例是沃尔特在成功塑造了迪士尼卡通人物并拍成电影广泛传播后,接着开拓了相同形象的主题公园。在这个主题公园里,突破了由传统的声音和图像构成的二维空间,为观众设计了全方位的感官体验,这种崭新的感官体验深深地吸引了观众,并使他们终生为之迷恋。

因此,在品牌设计和构建中应考虑多维度的感官设计,通过对人的生理感官的全面和充分的运用来刺激消费者对品牌体验的感觉"神经末梢"。

(四)选择体验情境

体验除了具有可参与性以外,还有另一个很重要的特点,那就是有很强的情境性,即体验是由体验主体和时空以及主体以外的事物组成的一个特定的传播情境。这个情境具有唯一性,即当其中任何一个要素变化(如体验主体改变、时空改变)时,这次体验就结束,新一次体验便开始了。体验的唯一性不仅表现在体验行为发生的现实情境中,在主体的回忆和记忆中这唯一性仍然成立。在品牌体验策划已经确定好体验主题、体验工具后,体验情境的选择主要是对时间和空间的选择。体验时空的选择将直接影响体验的可执行性。此外,不同体验主体之间的关系也是体验情境应该考虑的问题之一。品牌体验的主体是一个人来参与还是与其他人一起参与,这些主体关系的亲疏对体验效果产生的影响将大不相同。

四、品牌体验的效果控制

品牌体验策划还涉及对体验活动效果控制方法的预先考虑和设计,这是品牌体验策划的最后也是非常重要的一个部分。前面我们提到,品牌体验是以消费者为中心的体验,因此,效果的控制毫无疑问应该从对消费者品牌体验的测量开始。

(一)消费者品牌体验的测量

品牌体验活动是阶段性的,但是消费者对品牌的感知和体验是通过长期积累形成的,并且与消费者预先的期望有着密切关系。从体验产生的来源看,大致有两类:一是由消费者与有形产品等实物互动产生的体验;二是消费者在与品牌建立互动关系中得到的体验。从消费者品牌体验测量方法来看,也可以分成两种,即定性的方法和量化研究的方法。

1. 定性方法

定性的研究方法能帮助我们明确品牌体验所包含的组成要素,但是对如何精确测度品牌体验的效果则相对比较模糊。不过定性研究可以作为一个分析单元或是协助量化研究,完善品牌体验测量的维度建构。常用的定性研究方法主要有核心组座谈法和观察法。

核心组座谈法即邀请品牌的核心顾客进行访谈,让他们自由、详细地阐述从品牌体验中得到的个人感受。这一方法最主要的缺点是受访者的表达会受到在访谈过程中与测试者形成的暂时性关系的影响。

观察法即调查人员先在实地的体验情景中观察人们的行为、表情和感受,然后再根据观察所得的信息对消费者的品牌体验进行合理推测。这种方法最大的缺点就是受调查人员主观因素影响较大。

2. 量化研究

量化研究能够帮助我们精确地描述消费者品牌体验的程度和效果,但有的品牌体验并不适用于量化测量。如大学生对银行提供的信用卡(可透支)这项服务所带来的体验本身很满意,因为通过这项服务,大学生可以消费如电脑等大件消费品,但是由于透支给大学生正常的学习、生活带来的压力,可能会使大学生对银行信用卡品牌体验产生负面感受。这一负面感受就无法通过量化测量,因为从量化研究看,他们对银行提供的信用卡服务非常满意。

传统的抽样调查和统计分析方法也可适当加以采用,但是这一传统方法在运用于品牌体验测量时,有以下两个问题需要注意:

第一，传统的抽样调查的定义会自然地把我们引到如何通过对消费者品牌体验的抽样，更好地对市场人群进行总体观察这个问题上。每个消费者的品牌体验是不同的，因此如何融合所有的不同的个体消费者的体验是个关键问题。如果品牌的消费者分布呈大众的自然的状态，则传统的抽样方法仍然可以使用。但如果品牌的消费者中存在核心消费者（或特殊消费者）和非核心消费者之分，那传统抽样方法就失效了，因为通常核心消费者创造了品牌的主要利润，但在统计数量上是少数。因此，在进行这样的品牌体验测量时就要进行互动的抽样调查，通过测量方法的处理，使核心消费者的体验得到合理的体现。

第二，传统的抽样调查强调的是以人群为抽样对象，而品牌体验则比较强调体验情景的重要性，因此，体验情景的测量也要列入其中加以考虑。比如，在同一环境中有其他购买者或该品牌的使用者在场，这对品牌体验无疑会产生影响。

（二）媒介参与度评估

媒介参与度评估就是对参与品牌体验的媒体进行量化测量，以便精确测度媒体在品牌体验中的参与程度和重要性。对媒介参与度的评价通常是通过某个媒介参与品牌体验的频度、持续的时间和强度等方面来进行测量的。

通过对媒体参与度的综合评估，能观察媒体类型与行业品牌体验是否存在映射关系，如房地产行业对平面媒体的映射关系，这将为以后的品牌体验提供媒体选择的参考，也可为品牌通过媒介的改变来提高消费者体验的强度提供可靠的依据，这是品牌体验创新的来源之一。

（三）品牌体验与销售

品牌体验策划者应清楚地意识到，体验事实上是消费者进行品牌消费时所产生的美好感觉和愉悦记忆。怎样在体验行为结束后，通过其他方式保持与目标消费群的联系，使这美好的记忆转化成最终的购买行为，这是控制品牌体验效果的一个重要方面。

通常在品牌体验的同时，会围绕体验主题辅以不同形式的体验促销，使得品牌体验在同一时空下具有转化为实际销售的可能性，这也是目前很多品牌体验常用的方式。

但是，品牌体验也许是一次又一次不连续的品牌接触，品牌提供者要在相当长的一段时间内，在不同的地点，通过不同的形式，进行不同形式的主题营销和体验促销。只有这样，才能演绎、传播品牌独特的体验诱因，吸引更多的人参与体验，有效实施品牌的体验营销战略。

第九章

整合营销传播策划

内容提要：

　　整合营销传播是营销和广告领域中一种新的理念和思想，目前尚处在发展阶段。作为一种思想，整合营销传播强调企业的一切行为既要以消费者为出发点，又要以消费者为终极点，强调传播存在于企业经营行为的全过程，任何与利害关系者和消费者的接触点都是传播点。作为一种方法，整合营销传播所强调的是要整合传播过程中所有的工具，以"同一种声音"说话，利用数据资料库，合力建设品牌关系。本章主要梳理了整合营销传播的相关基本概念，对整合营销传播的整合思路进行了勾勒，并重点在方法论上对整合营销传播作了介绍。

整合营销传播(Integrated Marketing Communications,IMC)是近10年来营销界和广告界最热门的关键词之一,关注、讨论并试图付诸实施的人员遍及企业主、营销公司、广告代理公司、信息咨询公司、公关公司、媒体公司以及理论界。整合营销传播的创始人也几次欣然前来中国,传授"秘籍",传经布道。一时间,在国内刮起了整合营销传播之风。由于整合营销传播理论还处在不断发展之中,尽管大家都以谈整合营销传播为时尚,但真正能说清楚究竟何为整合营销传播的人屈指可数,这给整合营销传播理论笼罩了一层神秘的面纱。

本章试图通过对整合营销传播理论的缘起和在中国的发展的介绍,梳理整合营销传播的一些最基本的概念和内容实质,并从广告策划的角度出发,梳理整合营销传播策划的基本思路,同时通过案例分析来解剖整合营销传播在实践中的运用。

第一节 整合营销传播的基本概念与内涵

整合营销传播的概念初见于20世纪80年代末。1993年,美国西北大学教授唐·舒尔茨(Don Schultz)与其合伙人出版了《整合营销传播》一书,引起了极大的反响。1998年,此书被介绍到中国。2000年以来,舒尔茨教授频繁来国内举办学术讲座,遂引发了近些年的整合营销传播热。

可以这么说,20世纪90年代以来,整合营销传播作为一种新的营销传播方式,风靡西方的广告界、媒体界、企业界,并获得了快速的发展和运用,已经成为一种新趋势、新理念、新理论和新方法。目前,尽管整合营销传播还处在不断完善与实践的阶段,但它的兴起与进一步发展已打破了营销领域中占重要地位的结构性概念,即以4P为核心的营销框架,并显示出替代传统营销理论而成为主流范式的征兆。

一、关于整合营销传播的种种说法

关于何为"整合营销传播",业界和理论界说法纷呈,基本没有一个统一的定义。究其原因,一方面,舒尔茨等在撰写《整合营销传播》一书时,并没有给这个核心的概念以明确的定义;另一方面,整合营销传播理论并不是一种完全成熟的理论,相反,理论自身尚处在发展之中,新的研究者的加入,赋予这一概念不同的解释;再次,理论总是灰色的,生命之树才是长青的,因此,某种理论一旦进入不同的市场环境、不同的文化语境,就必定会产生某种变异,从而得出新的本土化的理解。

关于整合营销传播的说法归纳起来主要有以下四种。

(一) 整合营销传播年会的定义

20世纪80年代中期,许多学者预感到具有战略意义的"传播协同效果(Communication Synergy)"时代正在悄然到来,他们从各自的观点出发,在传播协同效果的定义的基础之上提出了整合营销传播,并按照不同的研究角度、使用立场来诠释这个概念,因此,整合营销传播的界定比较混乱。1996年,在美国西北大学赞助的第三届整合营销传播年会上正式提出了整合营销传播定义,主要涉及以下五个方面:

第一,整合营销传播是一个对现有顾客和潜在顾客发展并实施各种形式的说服性沟通计划的长期过程;

第二,顾客决定沟通方式;

第三,所有与顾客的接触点必须具有引人注目的沟通影响力;

第四,技术使与顾客的相互作用越来越成为可能;

第五,需要测试营销沟通结果的新办法。

(二) 美国广告公司协会对整合营销传播的定义

1989年以后,美国广告公司协会(American Association of Advertising Agencies,4A)在整合营销传播理论的研究和实践发展中起了极大的推动作用。协会给予整合营销传播理论的定义为:"整合营销传播是一个营销传播计划概念,要求充分认识用来制订综合计划时所使用的各种带来附加值的传播手段——如普通广告、直接反应广告、销售促进和公共关系——并将之结合,提供具有良好清晰度、连续性的信息,使传播影响力最大化。"[1]在后来的研究中,很多学者引用美国广告公司协会的这个见解。但是被该协会用来解释这一定义的实例,仅仅是属于市场组合之一的促销组合(Promotion Mix)中的例子,因此在某种意义上来说,美国广告公司协会的这个定义只是着重于促销的整合营销传播定义,是一种狭义的界定。而且由于协会只强调了以下四个方面的内容,所以非常容易被误解为仅仅是从传播者角度出发的单向式传播。第一,使用多种

---

[1] Don E. Schultz. Integrated marketing communications: maybe definition is in the point of view. Marketing News, 1993.18:17.

多样的传播手段(条件 A)。第二,对这些手段的整合(条件 B)。只有同时满足条件 A 和条件 B,才能形成整合营销传播。第三,对多种传播手段的战略作用进行比较分析的战略决策(Strategic Decision Making)。第四,等同于营销传播计划(Marketing Communication Planning)概念。

(三) 美国西北大学研究组对 IMC 的定义

美国西北大学是整合营销传播理论的发源地,该校麦迪尔新闻研究所营销传播学院的教授群将整合营销传播定义为:"整合营销传播是在一段时间内,发展并执行针对消费者的各项说服传播策略的过程。整合营销传播的目的是影响特定阅听众的行为。整合营销传播会使用所有和目标阅听众相关的,研究他们会接受的沟通方式。总之,整合营销传播的过程起自于消费者或者顾客,并且会影响到后来传播策略的发展,包括形式和方法。"

这一研究组的先驱者舒尔茨教授对此作了如下补充说明:"整合营销传播不是以一种表情、一种声音,而是以更多的要素构成的概念。整合营销传播是以潜在顾客和现在顾客为对象,开发并实行说服性传播的多种形态的过程。整合营销传播的目的是直接影响听众的传播形态,整合营销传播考虑消费者与企业接触的所有要素(如品牌)。整合营销传播甚至使用以往不被看作是传播形态,但消费者认为是传播形态的要素。概括地讲,整合营销传播是为开发出反映经过一定时间可测定的、有效果的、有效率的、相互作用的传播程序而设计的。"

与整合营销传播年会和美国广告公司协会的定义相比,美国西北大学研究组和舒尔茨的整合营销传播概念代表了一个更广泛的范围,即利用企业和品牌能接触到的一切信息源去吸引消费者。为此,整合营销传播需要有"大构想"去制订促销计划,协调各种传播机构,要求企业在了解了包括促销的所有营销活动如何与顾客沟通的基础上制定整合营销传播策略。

(四) 汤姆·邓肯的整合营销传播观

比舒尔茨出版《整合营销传播》一书稍后,汤姆·邓肯(Tom Duncan)和桑德拉·莫里亚蒂(Sandra Moriarty)在《品牌至尊——利用整合营销创造终极价值》一书中指出,整合营销传播的模式是从综合效益出发,努力追求企业最大的综合效益,为此,不仅要做好推广工作(接触管理和信息设定),还必须全盘检讨管理阶层的任务。他们还认为,整合营销传播是为了应对 21 世纪的商业大环境而产生的,是带领人们与企业共同学习,维持品牌沟通策略上的一致性,加强公司与顾客、品牌关系人之间的积极对话,增进品牌信赖度以及经营有利于品牌关系的一种交互作用过程。

尽管关于整合营销传播概念的说法有很多，但这些阐述依然是不充分的，不能说哪个更权威。因为，只要研究者、实践者的观察角度不同，整合营销传播所呈现出来的形态也可以完全不同。比如：从广告主的立场出发，整合营销传播就是以广告、推销、公共关系等多种手段传播一贯的信息，整合传播战略，以便提高品牌和产品形象。从媒体机构的角度出发，整合营销传播并不是指个别的媒体实施行动，而是多种媒体组成一个系统，为广告主提供更好的服务。从广告代理公司的角度来看，整合营销传播就不仅仅是广告，而是灵活运用必要的推销、公共关系、包装等诸多传播方法，把它们整合起来，为广告主提供服务。奥美广告公司庄淑芬就简言之："融合传播技能与方式，为客户解决市场问题或创造宣传机会"，"整合传播的基本概念就是协力，不同的乐器，必要时能够一起合奏，并且演奏出悦耳的和谐音乐"。从企业研究者或经营战略研究者的角度看，整合营销传播是从消费者立场出发进行企业活动，并构筑传播方式，以容易接受的方法提供给消费者必要的信息，并且关注消费者的购买行为，实施能够促进与顾客的良好关系的传播活动。

二、整合营销传播的多重理解

以上种种关于整合营销传播概念的说法不尽相同，但是有一点是相似的，即整合营销传播是一种强调整合所带来的附加价值的营销传播理念。

舒尔兹教授的主要贡献在于他倡导了营销传播中的整合理念，尤其是面向消费者的营销传播手段的整合。但是，客观地说，营销与传播本就是一对密不可分的概念，可以毫不夸张地说，传播是营销的首要生存要素，任何营销都离不开传播。也就是说，营销的价值只有通过传播才能得以实现。因此，有学者认为，营销与传播是同义词，有营销必有传播，营销传播经常被并置。

邓肯教授所强调的侧重点在于整合营销（Integrated Marketing），通过营销过程中各要素的组合、传播手段的综合，去建构和创造品牌关系、品牌资产，通过保持品牌沟通策略上的一致性，加强企业与消费者、其他利害关系者的积极对话，帮助他们发展品牌关系，以增进人们对品牌的信赖和忠诚度，最终维护和强化品牌关系的永久价值——提升品牌资产。

我们认为，整合营销传播概念可以有广义和狭义的理解。

（一）广义的整合营销传播

广义的整合营销传播概念是指企业在经营活动过程中，以由外而内

(Outside-in)的战略观点为基础,为了与利害关系者(Stakeholders & Interest Groups)进行有效的沟通,以营销传播管理者为主体所展开的传播策略。即为了对消费者、从业人员、投资者、竞争对手等直接利害关系者(Interest Groups)和社区、大众媒体、政府、各种社会团体等间接利害关系者(Stakeholders)进行密切、有机的传播活动,营销传播者应该了解他们的需求,并反映到企业的经营战略中,持续、一贯地提出合适的对策。为此,应首先决定符合企业实情的各种传播手段和方法的优先次序,通过计划、调整、控制等管理过程,有效地、阶段性地整合诸多企业传播活动。

这种整合思想是基于这样的市场背景的,即不仅发达国家的市场,而且发展中国家的一部分商品也逐渐趋向饱和及均衡状态。因此,对于企业来说,以产品为基础的市场差别化变得非常困难;开发创造性的新技术或新产品也变得很难,即使开发出新产品,由于技术的发达,仿制品会很快上市,产品的先占效果也很难实现;至于价格战略,降价固然很重要,但这也很难与低价的无商标产品(No Brand Product)竞争,何况通过合理的流通渠道节约费用,从而降低单价的方法作用也极其有限。也就是说,麦卡锡所提倡的4P理论已被用足用尽,企业只有通过整合营销传播所追求的传播整合才能创造新的价值。因此,获得竞争优势的核心就是从战略上重视企业传播要素的管理,创造对企业利害关系者有利的充分必要条件。这是一种广泛意义上的整合营销传播,是整合营销传播理论发展的方向。

(二)狭义的整合营销传播

狭义的整合营销传播是将整合营销传播视为战术来运用,即将企业营销过程中的各种传播工具,包括广告宣传、直接销售、促销、公共关系、事件营销等,有机整合起来,对分散的传播信息加以整合,从而使企业及其产品和服务的总体传播效果得以明确、连续、一致和提升。当然,所谓"整合"并不是一加一等于二的简单叠加,虽然叠加也能构成一个整体,但它可能是庞大杂乱、无内在联系的,也是不完整、不和谐的。整合蕴涵着重整、协调、合作、一体化,它有时甚至不是加法,而是减法,因为这里反映着一个效率的概念。

就目前我国的实际情形而言,无论是学理的研究,还是业界的操作,虽然言必谈"整合",但是其实质意义只不过是狭义的理解。如果说广义的整合营销传播是一种思想的话,那么狭义的整合营销传播只是一种方法。而现阶段的中国社会,无论是市场环境、媒介环境、企业环境还是行业可能的支持,都只停留在狭义的方法论的理解和运用上。

三、整合营销传播的核心内涵

从一种思想或理念的角度来理解,整合营销传播有着极其丰厚的内涵;从一种方法论的角度来理解,整合营销传播也有着非常丰富的内容。我们将其归纳成四个方面。

(一)以消费者为核心

整合营销传播与以前的营销理论最根本的区别在于原先被排斥在外的消费者开始进入核心地位。一方面,消费者是企业生存的根本所在,没有消费者就没有企业。另一方面,消费者在处理企业传递的信息时主动权越来越大。大众媒体的细分化,多种媒体的并存,都在争夺消费者有限的注意力,尤其是以网络为代表的新媒介的出现,在互动传播中使消费者拥有了更大的主动权和选择权。与此同时,身陷信息包围中的消费者本能地对那些与自己原有理解不对称或冲突的传播信息加以抵抗,从而使传播失败。因此,传播者必须深度了解消费者已有的信息或经验领域,对症下药,才有可能让消费者对传播者的信息产生兴趣并有所了解。

整合营销传播理论特别强调的便是营销的每一个环节都要与消费者沟通,而不仅仅是广告信息抵达消费者的那一刻才有沟通。因此,让消费者了解产品是为什么样的人设计的是在沟通,广告、促销、直接销售是在沟通,店内商品陈列、店头促销以及零售店的设计也都是在沟通,产品出售之后的售后服务也是在沟通。总而言之,营销即传播,传播即营销,二者密不可分。同时,整合营销理论所强调的沟通是企业、品牌与消费者之间的双向沟通。双向沟通意味着不是企业对消费者单向的信息灌输,而是与消费者的一种信息交换活动。为了达成信息交换的目的,企业首先必须了解消费者所拥有的信息形态及内容;其次须了解通过哪些通路或方式,企业才能让消费者容易接受信息,消费者也能够让企业知道他们需要哪一种信息;最后,企业必须对消费者的需要予以积极的回应。

(二)"接触点"传播与"同一种声音"传播

"接触点"传播和"同一种声音"传播是整合营销传播中两个重要的概念。

"接触点"传播是指企业营销传播中能将品牌、产品类别和任何有价值的市场信息传递给消费者或潜在消费者的"过程和经验"。这些"过程和经验"大大突破了传统意义上的大众媒介接触,渗透进企业生产、经营和管理的全过程中每一个能够接触消费者的方式,比如产品设计的一对一传播,口碑传播,产品包装设计传播,报纸报道、杂志与电视的信息传播,店堂的风格、店内的推销活动、待客之道与产品在货架上的位置等。在消费者购买行为发生之后也存在着大量的接触点,如消费者或潜在消费者的朋友或者亲戚、上司谈及某人使用该品牌产品的经验,了解包括售后服务、各种客户申述处理的方式、公司用以解决顾客问题或引发额外消费的信函方式等。凡此种种都是消费者与品牌的接触,它们不断地影响消费者与品牌、企业间的潜在关系。

"同一种声音"传播主要是指传播的内容。今天的企业为了达成与消费者的深度沟通,往往会通过媒体或非媒体的传播方式提供各类信息,并控制信息的流动。由于传播渠道的多样化,消费者获得产品和服务信息的机会也非常多,他们甚至会应自身的需要主动去接触信息,而不完全是被动地被企业主导和控制。因此,在有可能传播信息的每一个接触点上,企业的产品和服务的信息都应该是清晰的、统一的,而不是单一的、片断的、零乱的甚至是矛盾的。各种传播工具所发出的"声音"最后都指向相同的内容,是"同一种声音"。由此,在密集的相互干扰的资讯环境中可以有所突破,形成关注热点,产生最大化的影响。

(三)"关系营销"和"品牌关系"

"关系营销"和"品牌关系"也是整合营销传播中一组重要的概念。

所谓"关系营销",是指企业有意识地建立并长期维持与各利害关系者间的良好关系。和传统的企业独立作战、视竞争对手为天敌的观念不同,整合营销传播思想认为,企业必须在经营活动中最大限度地反映各种利害关系者的意向和愿望,同时也要确保利害关系者对企业活动情况有充分必要的认识和了解,因为人们通常对未知的对象或内容产生戒备心理,力避采用这种对象或内容。企业必须积极开展包括广告在内的各种传播活动,从而使利害关系者加深对企业的认识和理解,并且发展他们对企业经营状况的信赖感。换言之,为了得到与企业经营成败密切相关的利害关系者的理解和信赖,企业必须向他们长期提供丰富且真实的信息,必须扩大传播的数量,增加传播的密度,提高传播的质量,确保利害关系者能随时获取企业真实可信、一致持续的信息。

所谓"品牌关系",是指企业与消费者之间通过品牌确立的一种长久密切的关系。整合营销传播最终的目的是要培养所谓真正的"消费者价值",也即与那些最有价值的消费者保持长久的紧密联系。这意味着从消费者首次接触品牌到品牌不能再为其服务为止,企业都必须整合运用各种传播手段,维系与消费者之间的关系,为消费者提供长期的利益。

品牌关系的建立，意味着消费者对企业与产品的高度满意，这对企业来说有着巨大的价值：可以保持消费者对企业的忠诚度，可使消费者帮助宣传产品，可以降低消费者对价格的看重，还可得到有用的建议，等等。

"关系营销"和"品牌关系"有赖于对消费者以及利害关系者的全面而又深刻的了解，因此，整合营销传播特别强调企业在长期营销过程中所积累起来的数据库资料。数据库资料包括了消费者各个方面的资讯，如人口统计资料、心理统计资料、购买历史、购买行为、使用行为、生活资讯等，也包括了利害关系者各方面的资讯。建立数据库之后，还必须持续不断地更新和分析，从消费者和利害关系者的反应中分析走向、趋势变化和消费者的关心点。

对于那些初创业的企业，如果没有任何来自消费者的信息，则不妨利用信息公司、电话目录本、邮政编码本等各种途径来获得二手材料，还可通过消费者的回应，甚至可以在报刊上登载小小的启事，并附以回执，承诺寄回回执的将得到精美礼品，由此来获得属于本企业的第一手资料，逐渐建立属于企业的数据库。

（四）整合各种传播媒介

在整合营销传播理论看来，与目标消费者的任何一个接触点都存在着从人际传播到媒体传播的传播机会，但是，这些接触点上的传播机会必须以统一的口径提供给消费者一致的信息。而我们知道，人际传播的效果是信息传递者比较难以控制的，因此，整合营销传播理论特别强调对可控制信息的传播，即通过各种媒体或非媒体传播的信息。通常而言，在整合营销传播的推广过程中，我们运用的传播工具包括广告、公共关系、事件营销、互动行销、直效行销等。

广告是最为人所知的传播工具，其特点在于密集性和大众性，强调概念，内容精练，注重情感诉求，便于快速提升产品或品牌知名度。但功利性的说服态度常常引起人们的提防心理，而且价格昂贵，性价比不高。

公共关系的特点在于更具备针对性，即针对目标受众，采用令人感觉更理性、更客观，也更公正、更权威的方式传播相关资讯，性价比与广告相比更高，但是在传播速度和密集性方面比广告逊色。

事件营销具备轰动性和密集性的特点，注重互动性和参与性，强调顾客"眼见为实"，很符合现在流行的"体验经济"的特色。而且在性价比方面，事件营销虽然成本要比公关高，但整体看，性价比要比广告合理。

随着新经济的发展和互联网的工具化，越来越多的企业更加注重直效行销与互动行销，这两种传播工具的共性是能更加主动地对细分市场进行传播，并注重传播的有效到达率；同时，两者同样注重目标受众的反馈，而反馈正是整合营销传播循环机制实现的关键所在。因此,直效行销与互动行销在整合营销传播中所扮演的角色越来越重要。

这些工具运用的准则是以最合适的工具完成最合适的任务,形成一个相互渗透的共赢局面,力求达到最佳的性价比和最大的传播效果。整合营销传播应当做到使不同的传播手段在不同的阶段发挥最大的作用。

第二节 整合营销传播策划思路

与传统的广告策划模式和营销模式将公司的目标定位于营业额和目标利润额不同,整合营销传播策划模式的出发点和终点目标都是消费者和潜在消费者。这是一种本质性的改变。由于出发点和目标点不同,我们该对整合营销传播做怎样的策划?策划的思路又有何创新呢?

一、整合营销传播策划的基本模式

舒尔茨在《整合营销传播》中提供了一个营销传播策划的模式(见图9-1)。

显而易见,这个策划模式的出发点是消费者和潜在消费者的资料库,资料库是整合营销传播的基础和前提。在这个策划模式中,企业的营销目标被放在后半段来考虑,因为所有的企业和营销组织意欲获得的销售量或利润完全依赖于消费者的购买行为,消费者的行为是决定企业成功与否的主要因素。因此,整合营销传播应尽可能使用消费者及潜在消费者的行为信息作为市场细分的依据。

接触管理(Contact Management)是指在某一个时间、地点或在某种状况下,企业可以与消费者沟通。现在的市场由于信息超载、媒体繁多,干扰大增,因此最重要的是决定如何(How)及何时(When)与消费者接触,同时接触的方式也决定了要和消费者沟通什么诉求主题(What)。

接下来是发展传播沟通策略,这意味着要在什么样的背景环境(接触管理)下去传递何种信息。传播的目标以及我们期待的接触者反馈应该是很清楚的,因此,根据传播目标,可以确定整合营销传播的目标,这个目标必须非常明确,在本质上是数字化的。然后是确定用什么工具来达成此目标,最后是选择有助于完成营销传播目标的战术,除了广告、促销活动、直销等以外,只要能协助达成营销及传播目标的传播手段都可以使用。

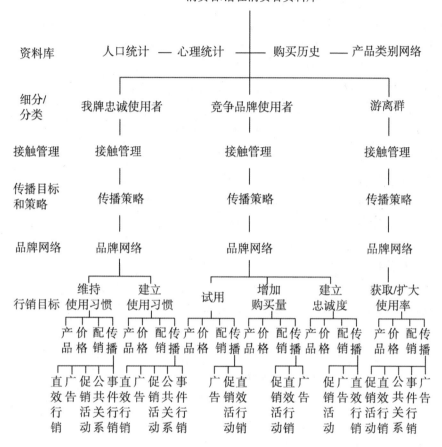

图 9-1 整合行销策划模式

在对待这个模式时,应该注意到整合营销传播本身的循环本质,其过程如下:企业确定传播计划并且加以执行;消费者回应;企业从回应中得到有用的信息;根据消费者及潜在消费者在消费传播沟通上的主要需求,调整、修正传播计划,然后再将整个流程循环下去。

二、整合营销传播策划的思路

舒尔茨在《整合营销传播》中进一步提出了传播策划的思路,我们援引如下,并做出简要分析。

1. 消费者购买诱因分析

要做一个完整的整合营销传播策划,首先必须调查所有可能影响销售的群体的资料。通过企业所拥有或购买的数据库资料,可以获知不同群体的消费者对类别或产品的看法以及看法形成的原因,他们购买这种类别或品牌的产品想要解决的问题是什么,等等。对数据库的分析可以使我们对消费者的行为与思考过程有比较深入的了解。数据库分析迫使企业对消费者的生活、工作、娱乐进行细致的观察,然后将调查结果归纳成一句十分简洁的结论来表达。这一结论能说明哪一种诱因或哪一种产品利益点使这一特定消费者继续使用或考虑换掉目前使用的品牌。

(1) 消费者购买诱因思考角度:
① 本群体的消费者对该类别中的这种产品的认知如何?
② 他们现在购买什么?他们如何购买并使用这种产品?
③ 本群体消费者的生活形态、心理状态以及对本类别产品的态度。
④ 对关键群体的观察。
⑤ 本群体的消费者从本类别产品中想得到却得不到的是什么?

结论:消费者购买诱因为"我将购买这个产品,因为它比其他品牌更_____"。

(2) 建议的主要消费群体是_____,为什么?

2. 产品是否适合主要消费群体

这是对产品实质的认识与分析。首先是产品的实质,即产品里到底有什么。除了众所周知的产品特点或物质成分外,传播策划人员应该能够从产品中挖掘更深的新颖性及存在于产品中的令人惊奇的东西。以下这些追问有助于达到这个目的:

(1) 产品的实质如何?
① 产品里面有什么?
② 与其他产品相比有什么不同?
(2) 消费者对该产品的认知如何?产品的外观、感觉、口味等如何?
(3) 消费者对生产该产品的公司认知如何?
(4) "赤裸裸的现实"——市场实际状况如何?

结论:本产品适合这个群体吗?建议事项。

3.对竞争对手的分析

对竞争对手状况的分析和把握,不仅仅是要了解竞争对手的市场占有率及广告推广费用,更重要的是要确认主要竞争对手是谁,本品类的产品在消费者心目中有哪些品牌,如何排序。要准确了解真实反映消费者所想所思的竞争范畴。

(1)竞争范围如何?我们与谁竞争?为什么?
(2)我们的竞争对手是如何与消费者沟通的?
(3)消费者对那些竞争者的认识如何?
(4)将来那些竞争对手可能怎样反击我们的活动?
(5)竞争者的弱点在哪里?我们可以从谁那里夺取市场?

4.具有竞争力的消费者利益点分析

促使消费者舍弃竞争者的产品而购买我们的产品的关键点和利益点是什么,这对整合营销传播策划来说是至关重要的。消费者的利益其实就是消费者对品牌的要求。一般而言,消费者不会关心产品之中有什么,他们只在意产品能带给他们什么好处。因此,产品利益与产品特色是两个不同的概念。产品特色是产品与竞争对手相比有什么不一样的地方,有什么特别的用途。而产品利益是产品能带给消费者什么好处。有效的整合营销传播应该能够指出消费者问题的解决之道,即消费者的利益点。

确定消费者利益点之后,要找出一个能够让消费者相信你的品牌可以满足他们的需要与需求的理由。即必须让消费者相信,你的产品带给他们的好处值得他们付钱购买。整合营销传播的深层想法是:每一种传播沟通的形态——定价、标签、商标、促销活动、通路等都应该用来协助说服消费者,这些因素越能保持一致,对消费者的冲击力与说服力就越大。

(1)利益点:
① 必须能解决消费者的问题,使消费者的生活方式更好。
② 应当是一个真正的消费者利益点。
③ 必须具有竞争力——优于在同一竞争范畴的其他产品。
④ 绝对不可以只是一个口号或一句广告语。
⑤ 必须能用一个简单的句子来表达,例如,"假日旅社,比其他汽车旅馆更能令你安然进入梦乡"。

(2)支持利益点的理由:
① 产品本身的理由。
② 认知上的支持点。

③ 传播上的支持点。

5. 品牌个性

品牌个性是给品牌一个生命与灵魂,使产品的意义更明确,并使其与竞争范畴里的其他品牌有所差别,能让消费者轻易地与竞争品牌区别开来。它能给消费者一种既熟悉又亲密的朋友般的感觉。整合营销传播要求品牌个性必须能够在所有形式的传播工具上重复使用。

6. 传播/执行目标

一个完全的整合营销传播策划既能对营销部门的营销目标提出修整,促使营销对此目标负责,同时,在执行过程中也能加以即时注意,随时修正。整合营销传播策划者必须清楚地陈述想要获取什么样的认知价值效果,以及估计多久才能建立起来。然后调查这些认知价值在消费者心中的变化,以了解策划是成功的还是需要修正。

(1) 营销目标:

① 希望消费者从传播中了解什么要点?

② 传播完成之后希望从传播中了解什么要点?

——试用产品?

——要求寄给他更多资料?

——使用产品更加频繁?

——其他?

(2) 认知效果:

假如沟通是成功的,从现在起(几个月或几年后),与竞争者相比,消费者对我们的产品有更多的认知。

7. 传播过程中的接触点分析

所要传达的信息如何能够接触并传递给整合营销策划中设定的目标对象?为了能以最有效的方法触及消费者并使其信服,应该考虑使用什么样的说服性信息以及消费者接触点?为什么?

8. 结论及未来展望

通常,整合营销传播策划是以未来的规划作结,明确未来还应该做哪些调查,为什么,等等。这些调查的目的是使策划修订得更加完整、更加精确。整合营销传播的核心是使消费者对品牌萌生信任,并维系这种信任,使其长久存在于心中。只有与消费者建立和谐、共鸣、对话和沟通的关系,才能使自己的产品脱颖而出。

第三节　整合营销传播作为一种方法

以舒尔茨为首提倡的整合营销传播理论，强调的是以顾客为中心，客户需求至上，实行企业与顾客之间的双向沟通。整合营销传播认为，现在是一个以传播为核心的年代，希望以传播为核心驱动企业的整体市场营销作业。这是一种思想。

从另外一个角度来说，整合营销传播还是一种方法。著名的营销大师科特勒在他早期的营销理论中并不看重所谓的传播概念。在《营销管理》中，科特勒意识到了整合营销传播的重要性，辟出专章进行介绍，并且强调整合营销理论应用的重要性和益处。但是，他仅仅把整合营销传播归纳到促销之中。

事实上，中国目前大多数企业还处在销售驱动过程中，还远远不是市场驱动型。这也就是说，在企业内部几乎不可能用传播去推动整体的营销作业，我们无法想象一个市场部或企划部能去指挥产品部、销售部、财务部的工作，恰恰相反，与传播有关的部门基本上还只是一个被动作业的角色。因此，整合营销传播作为一种思想，在实际应用中难度非常大。而科特勒所提出的整合营销传播的运作方式更接近于现阶段国内企业的理解与实际应用，它是把各种传播工具进行综合运用，用于企业品牌的建立与产品销售的促进。

通常而言，一个实施整合营销传播的终极目标可大致分为三个层面：一是获得市场的最大的投资回报率，二是向市场持续地传达核心的关键信息，三是建立并巩固用户关系与忠诚度。为实现这三大目标，整合营销传播实施的关键就在于综合运用多种传播工具，形成合力，以获得最佳的性价比和最大的传播力。因此，整合营销传播作为一种方式，就是要充分整合各种媒体资源、各种线上线下的资源和各种社会资源，以达成传播的目标。

一、传播渠道整合，使沟通无所不在

整合营销传播作为一种方法，提示我们在企业产品的生产、销售、管理流程中，与消费者的接触点无处不在，每一个接触点又都是传播点，它们集合起来共同塑造消费者心目中的品牌形象。

以这样的方法论去考察，传播的工具包括了单向传播的大众媒体，如电视、

广播、报纸、杂志等,也包括了一些非常引人瞩目的新媒介,如网络媒体、手机媒体、移动视频媒体等,同时还包括以往被传播者们忽视的与产品有关的视觉形象,如商店里的货物陈列柜、零售店招牌广告等。

除了通过传播媒体进行沟通外,企业的其他的非媒体推广活动,如公关活动、促销、直销、事件营销等,都是传播的形式,而且是双向沟通的传播方式。

准确而适当地整合所有的营销信息,使它们成为与消费者沟通的利器,以达到更好的传播效果,这是相当关键的。

1996年进入中国市场的奥利奥已经走过了100年。作为卡夫食品旗下12个年销售额超过10亿美元的品牌之一,奥利奥是全球最受欢迎的饼干。奥利奥饼干"扭一扭、舔一舔、泡一泡"的招牌吃法早已超越了一块饼干本身的意义,它已经像好莱坞和可口可乐一样成为了美国文化的一部分。[1]

奥利奥100年所举行的一系列活动,就是整合营销传播的生动例子。

奥利奥卖的不仅是饼干,还是一份份童真、一块块童趣

相比2011年的梅赛德斯—奔驰"125年!汽车发明者"全球庆典活动,奥利奥百岁生日更显机会难得。卡夫食品如何利用这次百岁庆典契机,完成奥利奥品牌形象在中国市场的自我重塑,并借机将卡夫食品旗下的其他品牌推向一个全新高度?卡夫食品精心策划、布局了2012奥利奥百岁庆生"放飞童真一起玩"系列整合营销活动,给我们上了生动的一课。

活动背景和主题

由奥利奥和益普索公众事务研究所共同进行的最新全球调查报告显示,从中国到波兰、葡萄牙再至委内瑞拉,童真、童趣正日渐消逝,如今的孩子已过早成人化。七成的中国家长希望他们的孩子有更多的时间"只做孩子",然而激烈的竞争和父母"望子成龙"的心态往往让孩子无法享受童年的快乐。同时,全球四成的家长也坦言因忙于工作而缺少和孩子相处的时间。由此,卡夫食品决定:奥利奥将在近24个国家举办逾100场庆祝派对,开启"唤醒人们的童心"活动,并将"放飞童真一起玩"作为奥利奥百岁生日庆典的主题。

事件和公关等活动营销

事件营销和公关活动所产生的舆论效应比起媒体广告来更具有传播力,更能吸引目标消费者的眼球。

2012年3月6日,卡夫食品在上海庆祝旗下奥利奥饼干问世100周年,这是轰动上海滩的大事件。上海的地标建筑东方明珠塔被巨幅奥利奥包装的蓝色幕

---

[1] 詹先国.奥利奥如何引爆百岁庆典.21世纪营销,2012(4).

布覆盖。附近几座大楼同时展示十几米高的奥利奥霓虹灯广告。黄浦江的东方明珠号安排了一场别出心裁的焰火表演。灯光、焰火、欢庆，一片蓝色的海洋。现场的朋友形容："整个上海外滩，变成了奥利奥的巨型广告。"

参加奥利奥 100 年生日派对的朋友来自不同国家，用十几种语言沟通交流。之所以要这么大张旗鼓地在中国内地城市举办这么一场百岁生日庆典，奥利奥饼干的东家——卡夫食品公司解释说，这是为了感谢中国市场对于奥利奥饼干的支持。

除此之外，2010 年卡夫食品邀请篮球巨星姚明担当奥利奥的品牌形象大使，结合姚明的影响力和生动有趣的广告营销活动等，卡夫食品将"扭一扭、舔一舔、泡一泡"的奥利奥独特品尝方式和愉悦的童心带给了千千万万的中国家庭。

这次大事件告诉大家："1912 年诞生，这 100 年里，奥利奥依然保持着一分童真。"同时，它也标志着为期 1 年的全球盛大庆典正式起航。

大众媒体传播

在公关传播合作伙伴的选择上，卡夫食品非常慎重，就像安利纽崔莱只选择"某领域第一"的明星、名人代言的策略一样。《天天向上》栏目极大的包容力和开阔的全球视野，与奥利奥品牌背景和品牌属性具有一致性。如果说，"上海滩盛大派对"是奥利奥百岁庆典的第一弹，那么，携手《天天向上》制作的《向上吧！奥利奥》成为名副其实的第二弹。

品牌植入主题：唤回人们的童心

2012 年 3 月 9 日，童星专场秀节目《向上吧！奥利奥》在湖南卫视《天天向上》栏目播出，离上海外滩制造的大事件只隔了 3 天。

卡夫食品携手湖南卫视《天天向上》栏目共同打造《向上吧！奥利奥》专题节目，很好地把握了中国当下小资产阶层的生活方式和文化心态，在节目中植入自己的品牌和产品信息，让其品牌形象得到了很好的强化，在电视观众群中产生了良好的反响。《向上吧！奥利奥》品牌植入环节如下：

① 奥利奥提供夹心饼干形状的公仔，当作嘉宾礼物；
② 主持人详细介绍卡夫食品旗下各大品牌，涵盖了吉百利、雅可布、卡夫、麦斯威尔、鬼脸嘟嘟等，并有相应产品包装露出；
③ 奥利奥 2012 推出"蛋糕味夹心饼干"产品信息；
④ 奥利奥"百岁生日庆典生日蛋糕"；
⑤ 奥利奥"童真大使家庭全球选拔活动"；

⑥卡夫食品(中国)总裁一家人;
⑦2012年9月份,奥利奥在美国举办"全球百年庆典"活动。

在电视节目播出后,卡夫食品立即整合网络进行全方位传播,形成病毒式扩散传播,并注意结合"上海外滩盛大派对""卡夫食品(中国)总裁媒体专访"等资源引爆事件的关注度,为奥利奥带来更大的边际传播效应,将奥利奥所提倡的"唤醒人们的童心"的理念随着公关活动进入万千家庭。

网络媒体公关:引爆蓝色流行潮

在《天天向上》的这期节目里,很多孩子的精彩表现给观众留下了深刻的印象,比如艾妮克莎父女、特洛伊·希文的天籁歌声和韩国混血童星 Mason 三兄弟。

正因为如此,这期节目的网络视频短时间内被引爆,通过全方位的转载,《向上吧!奥利奥》实现全面广泛的传播,从而达到品牌信息"放飞童真一起玩""唤醒人们的童心"全面传播的目的。

在信息发布、互动沟通、舆论引导等方面,网络媒体日益成为企业开展公关活动的良好平台。这次网络公关活动也成为奥利奥品牌开展网络营销活动的一个重要组成模块。在《向上吧!奥利奥》节目播出后,卡夫食品及时启动网络媒体公关战略,通过视频网站快速传播信息,一夜间达成与公众之间的互动和沟通。

此外,卡夫食品中国总裁肖恩·沃伦还接受了各大媒体记者的专访,谈"卡夫分拆后中国角色更重要",新闻通稿"奥利奥庆祝成立 100 周年"及时通过主题网站、博客等网络平台发布,占据了信息主动权,有效实现了公关信息的传播和扩散,从而达成了公关的目的。

持续性推广:生日庆典才刚刚开始

奥利奥借百岁庆典时机,在 24 个国家共举行了 100 场庆祝派对,横跨 2012 全年。庆祝活动通过视频和照片在奥利奥 Facebook 主页与逾 200 个国家的粉丝实时分享。

除此之外,2012 年 3 月起,奥利奥横跨数字广告、店内广告、平面广告和电视广告等平台的新全球广告也在多个国家面世,借着品牌 100 周年的契机,整合多种传播渠道,使品牌影响力成倍扩大。

二、传播资源整合,使沟通无限可能

整合营销传播作为一种方式,除了要整合各种传播渠道,使所有传播工具朝着一个方向推进,发挥最大的传播力量外,还体现在内外部资源的整合上,让企业内部和社会环境中的有用资源整合起来,发挥一加一大于二的效应,促使沟通朝无限可能发展。

资源的整合具体体现在以下方面:

第一,对消费者目标群体的整合,指的是细分消费者市场,分析消费者的心理特征,预测消费者的未来行为,对现有客户和潜在客户进行品牌和产品说服。

第二,对企业内部和外部功能领域的整合,主要指协调各部门在传播过程中保持步调和行为的一致。另外,外部利害关系者在公司的营销活动中起着非常重要的作用,往往会极大地影响传播的效果,所以在整合过程中同样不能忽视外部利害关系者的存在。

第三,对企业形象的整合,指的是在营销目标确定的情况下,依据企业的实际情况,对产品或品牌进行适当的定位,树立鲜明的形象,并根据消费者所反馈的意见重新确立企业的形象。

第四,最为关键的整合是营销核心的整合,指的是确定营销的核心思想和核心方法,包括市场推广的口号、产品的整体特征等的统一,其整合核心必须明确、清晰和一致,并且容易为消费者所接受。

第五,对社会资源的整合,是指企业所生存的社会中存在着各种各样的资源,如文化的、政策的、社会的、民风民俗的资源等,企业在整合营销传播中应将这些资源加以整合。

如何整合传播资源,可口可乐给我们提供了一个成功的范例:

进入2012年,可口可乐推出了300 ml迷你装产品。其实早在1年前,这款产品就在上海等9个地方进行了试销,在得到消费者正面反馈之后才在2012年进行全国推广。推出小瓶装,是对消费者需求和市场竞争需求的一种整合。[1]

产品推出之后,"高空造势"成为必不可少的营销手段。可口可乐曾先后选择姚明、刘翔、滕海滨、章子怡、王力宏等一线体育、娱乐明星代言,这一次,可口可乐选择了孙杨。在当时,孙杨还没有太大的知名度,但是,事实证明,可口可乐在代言人的选择上历来颇具眼光。伦敦奥运会后,孙杨知名度大涨,一夜之间也积累了大量粉丝。选择孙杨,不仅使可口可乐在代言支出、合作中的力量博弈和系统的整合推广等层面占尽优势,也整合了国内外关注他的大小媒体以及他出席的各项比赛和颁奖活动,可以说最充分地利用了传媒方面的社会资源。

在进行整合传播时,为了配合迷你装,可口可乐拍摄了一段时长30秒、名为"征途篇"的广告。在片中,孙杨先是和朋友一起休闲玩乐,然后开始训练和参

---

[1] 文艳霞.可口可乐迷你装:小瓶中的大策略.销售与市场:评论版,2012(17):74-76.

加比赛,他的旅程遍布全国各地,最终直达伦敦奥运赛场。一路上可口可乐迷你装都出现在孙杨的裤子和上衣口袋中,充分体现出了产品便携的特点。这个广告在各大卫视、电视台滚动播出,除此之外,可口可乐还联合宝马 Mini 拍摄了一个名为"Mini×Mini"的视频短片,在网络上广泛传播。

根据其核心消费者年轻群体的特点,可口可乐除了推出常规的"网络 Banner"广告和网络视频之外,还展开了搜索营销,只要你在百度上输入"可口可乐""孙杨""迷你装"等关键词,新包装的文字或视频简介立即映入你的眼帘。在媒体营销方面,可口可乐充分利用了自己的媒体营销资源,整合传统媒体和网络新媒介的资源,扩大产品知名度。

经过一个多月的广告投放,消费者对迷你装建立了初步认识,大多数终端货铺也基本到位,这恰是广而告之的最佳机会。于是,可口可乐把新品发布会选择在了 2012 年 3 月 14 日"白色情人节"这天,就像是馈赠礼物,得到了更高的关注度。接着,为了形成新的消费风潮,可口可乐采取了多样化的策略。比如在长沙,可口可乐与本地颇有影响力的城市生活杂志《晨报周刊》合作——凡在 2012 年 3 月 21 日购买该杂志的读者均可获得可口可乐迷你装一瓶。该杂志的读者群以 18~35 岁的年轻人为主,具有较高的消费能力和文化水平,可口可乐的本次赠饮活动意在通过他们去影响更多人。在其他一些城市,可口可乐也举行了类似的活动,通过这些线下传播,整合了企业外部的资源,同时也充分调用了消费者的资源。

可口可乐在这次新产品的营销活动中还有一个亮点,就是与宝马 Mini 的合作,因为大多数人提到 Mini 就会第一时间想起宝马著名的 Mini Cooper。于是,可口可乐顺势携手宝马进行了这次跨界营销,两者推出了为迷你量身打造的"Cocacola×Mini"改装车——"可口可乐迷你快乐能量车",通过该车,宝马所崇尚的"自在、灵动"的品牌精神与可口可乐迷你装"自在、轻便"的特质完美地契合。为了把两大品牌的共性和谐呈现,可口可乐邀请了澳大利亚著名的改装团队。该跨界车车尾有口袋式迷你赠饮装置,当你来到车尾,无需触摸任何按钮,一瓶可口可乐迷你装就能自动滑落到车尾的牛仔裤口袋中。该车在全国各地"巡演",其新颖有趣的设计引起了许多人的关注。

可口可乐整合了自身企业内部的资源和宝马公司的资源,强强联合,实行跨界营销,实现了影响力的成倍增加。

三、整合营销传播的执行力

整合营销传播作为一种方法,除了上述种种整合的能力外,对于国内试图采用整合营销传播的企业来说,还存在一个执行力的问题。上文已经提过,在目前的中国,整合营销传播作为一种理念、一种思想,正在被越来越多的企业接受和认可,但在操作的层面上,往往又因为缺乏强有力的执行机构和执行者,整合营销传播被简单化为各种媒体之间的组合使用。

那么,整合营销传播需要什么样的执行机构和什么样的执行力呢?

众所周知,传统广告代理主要是以媒体广告为主,代理公司侧重从广告策略、广告创意、广告制作发布到品牌管理,通过媒体向目标消费者进行单向传播。

整合营销传播是在消费者与品牌的所有接触点上实施传播策略,去影响消费者的态度及行为,以达到销售的目标。这就延伸了传统广告代理公司的生产线,也更深化了传统广告代理公司的作业深度。换言之,整合营销传播已经不只是广告的沟通,也不只是将不同的传播工具整合在一起,更主要的是将品牌、零售营运者、卖场以及所有相关的利害关系者进行全方位的整合。因此,它所需要的执行机构不单要有广告沟通方面的经验,还需要有其他各个部门专业环节的经验,精通品牌沟通、卖场沟通、公关、直效营销、客户关系管理等。我们说,广告传播是传统广告代理公司的强项,而传播工具的整合对传统的广告代理公司来说就已经颇具挑战性了,更遑论对传播工具以外的其他方方面面的整合。毫无疑问,在整合营销传播的时代,传统广告代理公司的执行力无疑是比较低弱的。

为此,很多国际跨国广告公司重组内部结构,调整主业方向和范围,以应对营销传播业的这一变化。全球著名的威雅广告(Young & Rublcam)推行"全球经营概念",把整合营销传播喻为一个鸡蛋,蛋白、蛋黄、蛋壳必须无缝对接才是完整的鸡蛋。对传统广告代理公司而言,也只有将公共关系、直销推广、减价促销、活动等专业服务内容有机地融合进来,才能适应营销环境和营销理念的变革。

奥美广告公司也不失时机地在全球范围内推出了"奥美行销合奏"(Ogilvy Orchestration)概念,探讨以整合营销传播为主题的营销理念,将直效营销、公共关系、促销、视觉管理等纳入公司的业务范围,强调比其他广告公司"更完善"地服务广告客户,使自身的经营方式更具竞争力。

其他的一些大型跨国广告公司也纷纷推出崭新的概念,表达公司在整合营销传播环境下的最新功能。如安历琴广告集团(Omnicom Group)推出的"行销网络概念"(Networking Concept)等。下面我们以国际整合营销机构141为例,说明整合营销传播需要什么样的机构和执行力。[1]

141 WorldWide 是国际上规模最大的一家线下传播公司。所谓"线下"是与

---

[1] 贺欣浩. 国际整合营销传播机构在中国. 中国广告,2004(10):20-27.

"线上"相对应的概念。"线上"指利用大众媒体进行传播,"线下"则指利用非大众媒体进行传播。10年前141进入中国市场,代理的主要客户有BAT(英美烟草)、HEINEKEN(喜力啤酒)、NOKIA(诺基亚)等。与传统广告公司相比,141涉及的传播领域更加广泛,如图9-2。

图9-2 141传播领域图

首先,CRM、E-marketing、卖场、零售等与消费者沟通的传播接触点是传统广告公司很少涉及的,远远超出了传统广告公司的业务范围。

其次,141有着非常专业化的分工。从图9-2中我们可以看出,每一大类下有许多细分的领域。为了使这些传播方式得到更好的执行,141还有三个专业的独立品牌:MX、Headcount Field Marketing和Underline:Fitch。MX主要为客户提供利用互联网进行沟通的服务,提供策略、ECRM、ECOMMERCE和创意服务。Headcount Field Marketing是一家专注于卖场领域的公司,为客户提供销售、促销计划、店员培训、抽查、检验卖场等服务。而Underline:Fitch则专注于消费者终端环境设计,即消费者购物时所处的环境、卖场、专卖店等的设计。

再次,141有自己独到的传播理论:141's In Close Methodology(见图9-3)。同时,141将理论转化为传播的工具,对消费者进行由面到点的全方位传播,目的是能够独立为客户完成一个完整的Marketing计

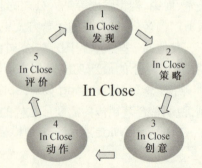

图9-3 141's In Close Methodology

划,为客户在品牌、卖场、通路等多方面进行传播,充分利用公关、直销、网络等传播工具为客户解决所有的整合传播问题。

如此机构设置和理念的确立,使得整合传播公司的执行力得到大大强化。

第四节 新媒介环境下的整合营销传播

作为一种新型的营销观念,整合营销传播强调整合各种传播方法和媒介,对分散的信息加以整合,从而使得企业及其产品和服务的总体传播效果得以明确、连续、一致和提升。当今新技术迅速发展,新媒介层出不穷,无疑丰富了整合营销传播的内涵,也为整合营销传播提供了继续发展的土壤。新媒介和整合营销传播完美地契合起来了。或者说,新媒介的出现改变了原有的营销手段和传播方式,使得整合营销传播遇到了巨大的挑战,让人不得不思考在新环境下整合营销传播将何去何从。

一、对新媒介概念的厘清

目前学界对于新媒介的定义比较模糊,早前曾有人将新媒介定义为"以数字技术为基础,以网络为载体进行新闻传播的媒介"[1]。

中国人民大学教授匡文波认为"数字化、互动性"应当视作衡量新媒介的主要标准,基于这个标准,他认为新媒介应是"借助计算机(或具有计算机本质特征的数字设备)传播信息的载体"[2]。

正如匡文波教授所说,新媒介最重要的特征之一就是"互动性"。在此理论基础上,数字电视、数字广播、户外媒体、车载移动电视等都只是一种新的传统媒体形态,在本质上仍属于传统媒体,以互联网为代表的传播形态才符合新媒介的标准界定。

对企业的营销手段来说,新时期出现的各种传播形态都可以为其所用。我们在此所讨论的新媒介就是广义上的新媒介形式,包括网站、移动电视 IPTV、电子书、电子杂志、微博、博客、网络视频、即时通讯、搜索引擎、电子信箱、车载电

---

[1] 陶丹,张浩达.新媒体与网络传播.北京:科学出版社.2001:3(前言).
[2] 匡文波.关于新媒体核心概念的厘清.新闻与传播研究.2012(10):32–34.

视、数字电视、楼宇视频、移动多媒体等目前广泛使用的几十种新媒介。

二、整合营销传播的现实背景

随着技术的不断进步，新媒介层出不穷，用户也在逐年递增。过去传统媒体一统天下的时代早已一去不复返，各种各样的新媒介瓜分着受众。在此基础上，新时期的整合营销传播就不得不考虑多种现实背景的变化，以便多方位整合各种媒体，达到最佳传播效果。

变化一：受众群体日益分散，大众媒体日益"小众化"和"个性化"

新时期的营销传播必须注意这一点，现在已经不是某个媒体一家独大的时代了，像过去那种只要在央视砸钱投放广告就能一炮而红的案例如今已经少之又少。随着网络在受众中的影响日益增大，微博、博客、移动多媒体等逐渐兴起，瓜分着各类受众的注意力。受众根据自己的兴趣、喜好来选择媒体，而不是由媒体决定他们看什么。而目前日益增多的媒体形式也为受众的主动选择提供了条件。随着竞争的日益激烈，各家媒体为了赢得受众，不得不做精准的市场定位，确定目标消费者，为他们提供特色信息。媒体的细化，使得整个市场日益趋向"小众化"和"个性化"。

变化二：企业主与用户之间的关系发生变化，企业主主导地位丧失

虽然在现代广告的发展中，早就提出了"以消费者为核心"的概念，但是其实施一直不尽如人意。在大众传播时代，由于传播路径的单向性，即使广告营销界再强调"以消费者为中心"，也很难及时获得消费者反馈，消费者很难参与到企业的传播中去。在整个营销传播过程中，企业主始终处于主导地位，决定传播的内容、方式、基调，而他们决定的依据只是自己对消费者的有限认识，很难准确把握消费者的真实需求，传播效果不好把握。但是在新媒介时代，尤其是以Web 2.0为代表的网络新媒介出现后，用户和企业主处于同一平台上，企业主可以及时了解用户的真实想法，消费者对产品的意见和看法随时都能展现在网络平台上。企业主要想探求目标消费者的需求，必须随时关注，随时监测各类信息。在互联网数字新媒介时代，关注用户需求，"以消费者为中心"的口号才得以真正落实。

变化三：传播主体泛化，消费者掌握主导发言权

在新媒介时代，Web 2.0技术如微博、SNS、BLOG、RSS逐渐普及，分散的用户通过网络聚合起来，通过关注和评论，他们建立起自己的关系圈子，并在圈子内通过分裂式的传播形式使信息呈几何形扩散。在这种情况下的传播类似于现实生活中的口碑传播,通过人际关系圈进行的品牌信息传播比起生硬的广告传播总是更有说服力。不同的是,网络中的信息传播更广泛、更迅速。不知不觉中,网络用户就承担起品牌传播者的角色,通过其人际关系网络传向另外一些人群,由此形成了一个个品牌传播的循环。在新媒介时代,用户是信息的接收者、传播者,更是创造者。

企业主显然应该注意到网络传播的巨大威力,在营销传播计划中应更多考虑如何让消费者一起参与到整个传播过程当中来,使消费者变成一个个品牌传播的载体。

变化四:瞬息万变的市场环境,营销策划不再是阶段性任务

Web 2.0 的出现,使原先信息由少数人控制传播的现象得到扭转,广大网络用户都可以任意发布信息,掌握主动发言权。这对企业的整合营销传播来说,既是可以利用的有利条件,又是一个巨大的挑战。对品牌有利或不利的信息或者对某产品的使用反馈随时都可能出现,企业如果还像过去那样按阶段甚至按年来制订营销计划,显然跟不上瞬息万变的市场环境。

三、新媒介时代整合营销传播的策略和发展趋势

比起传统媒体时代,当下的媒体形势发生了全方位的改变,包括传播形态和传播方式的改变。在此情势下,企业主在进行整合营销传播时也应因时制宜,调整策略性传播。

(一)引爆热点,制造话题,使消费者参与到品牌的传播和构建当中

正如前文所说,传播主体的泛化,使得人人皆是传播者,尤其是微博的出现,使得"互联网从门户网站时代进入到了个人入口时代"[1],每个人都可以拥有自己的专属发言空间,目前的传播现状已经很大程度上摆脱了受众与传播者的单纯划分,而是传播者与传播者之间的对话。品牌进行营销传播活动时,如果内容足够新奇有趣,引起消费者的注意与共鸣,消费者就会不自觉地在互联网上传播给其他人,从而成为新一轮传播的发起者。但是,消费者在互联网上面对的是海量的信息空间,如何使他们在茫茫信息海洋中发现品牌信息并产生共鸣?大众汽车公司为我们呈现了一个完美的案例:

每个人对汽车的需求都不同,大众汽车于 2011 年推出了"大众自造"项目。

---

[1] 陈刚等. 创意传播管理——数字时代的营销革命. 北京:机械工业出版社,2012:13.

这一项目是由大众汽车品牌面向中国公众打造的,其核心是一个 Web 2.0 大型网络互动社区。在 www.zaoche.cn 这一网站上,消费者可以在网络上实现汽车设计的灵感创意、造车实践、虚拟造车、创意 PK、投票评选等。

在活动中,由于符合当今个性化、绿色环保的理念,许多人都登录"大众自造"网站,即使不参加汽车创意的设计,也能给其他网友投票打分,进行交流。事实证明,网友们的想象力和设计功力的确不容小觑,经过评选然后真正投入制造的几款概念车都引起了许多话题。比如由成都的一名普通网友设计的磁悬浮车就得到了大众公司的认同,集结了许多团队,最终打造出来一台充满未来感的磁悬浮车,并拍成视频在网上传播,一时间引起许多媒体和网友们的强烈关注,可以说是通过设计出来的概念车引起话题关注,进一步扩大了"大众自造"的影响力。

除了线上活动,大众也充分利用线下资源,如在北京 798 开展"大众自造创意工坊"、亮相各地车展等线下活动,为"大众自造"加热。

(二) 传播诉求更人性化,增进与消费者的情感联系,建立品牌忠诚度

在市场竞争激烈的今天,产品同质化程度严重,一味强调好质量很难赢得消费者的特别关注和持久青睐。如果我们注意观察生活,就会发现,如果经常去某家便利店,跟那里的店主非常熟,熟到他们都知道你的消费喜好时,你就宁愿多走几步路也要到那家店去消费,因为你已经跟他们建立起了情感联系,商品还是一样的商品,但是消费时带给你的温馨和熟悉感是在别家不能获得的,这就是服务。换成品牌也是一样,如果一个品牌与消费者建立起了情感联系,在消费者心中形成值得信赖的形象,那么品牌的营销目的就基本达到了。这就要求品牌在制订整合营销传播计划时,更加人性化,更加注重服务营销,注意研究目标消费者,找到同他们的情感连接点,再通过一系列营销活动引爆这个点。让我们来看看强生在这方面是如何做的。

强生作为一家主要经营卫生护理用品的公司,它在进行营销传播时往往不是从产品出发,而是从目标消费者的关注点出发,致力于塑造"妈妈的好伙伴"这一形象。为此,强生婴儿举办了许多公益活动,比如获得 2012 年艾菲全场大奖的"母爱七平房"活动就是针对目前越来越多的上班族新妈妈而发起的。此活动关注的是一个普遍存在却很少有人关注的现象——背奶妈妈。所谓"背奶妈妈"就是指生育后不能全天照顾宝宝,只能在工作之余储存母乳,带到家里给宝宝做口粮的职业女性,而她们的工作环境往往没有一个良好私密的环境,于是强生为这一族群发起了这项公益活动。

第一步,在各大企业的大楼电梯间的电视和网络上播放"母爱七平房"视

频,通过讲述背奶妈妈的困境,引起大众的共鸣和同情。

第二步,在强生的官方微博"强生婴儿新妈帮"上开放申请免费的"临时哺乳室"告示牌,妈妈们可以把它贴在适合的地方,以防止被打扰。

第三步,在活动积攒的关注度下,倡议网友们把身边的"临时哺乳室"分享到网站地图上,这样妈妈们出门在外也可以轻松找到临时哺乳室。

活动发起后一个月,视频播放次数就达到了180多万次,支持人数达100多万,哺乳地图上涌现出2 000多个哺乳室,整个活动在社会化媒体上的影响力高达2亿多人次。此外,这次活动还引起了主流媒体和名人们的支持和转载,活动中,强生婴儿的官方微博粉丝成倍增长。在这个案例中,强生并没有强调其产品的质量或功效,却赢得了大众的支持和信赖。通过对目标消费者困境的具体帮助,引发他们的情感爆点,并与他们建立情感联系,成功地在消费者心中塑造了一个值得信赖的知心伙伴的角色。

(三)建立信息监测小组,随时监控,快速反应

新媒介时代,时间是按秒计算的,而且当进入微博时代,每个人都能随时随地发布信息时,企业就面临着一个充满变数的市场。危机随时有可能出现,当然机会也是如此。所以,企业应建立一个信息检测团队,对各类线上和线下的与企业有关的信息进行尽可能的监测,及时发现负面消息,联合公关团队,尽量减小对企业的负面影响。这就决定了企业的营销计划不可能像过去一样一个计划执行半年,要抓住每一个稍纵即逝的机会进行营销。这就是新媒介时代整合营销传播的独特之处。

在2012年的"3·15"晚会上,央视曝光了麦当劳北京三里屯店存在违规操作的现象,引起了许多人的关注,节目在晚上8点半播出后,麦当劳立刻做出反应,晚上9点50分发布一份声明,表示对该问题高度重视,将立即对其展开调查,并严肃处理。其中,声明在新浪微博上发布3个小时后,转发率过万。在这个危机事件中,麦当劳积极正面的解决态度,得到了许多消费者的理解和支持,并没有对麦当劳的声誉造成过大的影响,反倒是其解决问题的迅速为其赢得了敢于承担的美名。这就是危机的含义,危险中蕴含机遇。

在信息社会,谁拥有的信息越多,就会处于越有利的形势。由于互联网的使用人数越来越多,数据挖掘在营销中起到的作用越来越大。目前,有人提出了"大数据挖掘"的概念,也引起了一些企业主的关注。对海量信息进行分析、提炼,归结出对企业有价值的信息,这项往常不可能完成的任务由于有了技术的支撑也变成了现实。企业可以搜集大量客户群的信息,包括老客户、新客户、摇摆

客户甚至竞争对手的客户,通过对这些信息进行分析筛选,掌握消费者的消费习惯、个人信息等有价值的信息,然后有针对性地通过电子邮件、宣传单、短信、广告投放等方式提供服务和维护关系。

许多人认为,互联网即将迎来大数据时代,与此相对应的,如果企业尽早开始把数据挖掘应用到整合营销的过程中,在未来社会中将会占得先机。

第十章

广告整合策划书的撰写

内容提要:

作为整合策划的最后一项工作——策划书的撰写有着重要的意义,它是对一系列广告策划成果的提炼和综合,是广告代理公司精心提交给广告客户的一份"作战计划书",也是此后广告代理公司开展广告活动的执行"蓝本"。完整的广告整合策划应该能够比较客观地体现广告策划人员的智慧结晶,体现策划过程的科学性和准确性,同时有完备的结构和内容,有简而不繁、虚实结合的语言修辞。

广告整合策划书是广告整合策划过程的终端形式。完成了广告整合策划书,广告策划的工作就告一段落,接下去该是如何去付诸实施了。因此,可以说广告整合策划书是对一系列广告策划成果的综合和提炼,是对前期各阶段工作结果的有机融合,而不是杂乱无章的拼凑。

美国广告学专家威廉·博伦认为,广告整合策划书是广告代理公司给广告主的一份"作战计划"。既然是"作战计划",有很多从业人员误认为策划书越简单越好,从而不太注重广告整合策划书自身的规范性、科学性和严密性。我们认为,一份完整的广告策划书,至少要清晰地反映以下几方面的策划结果:① 广告目标;② 广告对象;③ 广告定位;④ 广告媒体选择和投放方式选择;⑤ 广告策略及广告推广的方法;⑥ 各媒体广告作品的创意和基本文案;⑦ 完成广告目标所需要的费用;⑧ 广告效果测定的方法;等等。

当然,广告整合策划书可以是一份独立的策划方案,也可以是几份相互彼此联系的策划方案,包括整体计划和若干个子计划,包括长期计划和短期计划,包括文字说明和公式测算、图表等。下面我们分述之。

一、纲要(前言)

这是整个广告策划书的前言部分,意在使企业管理人员一看就能了解广告策划书的主要内容。在这部分内容里,可以概括叙述本广告策划的目标以及为达到此目标而采取的一系列战略和战术;也可以简要说明本策划的缘由、企业的概况、企业的处境或面临的问题。

二、广告目标

广告目标即阐述通过本广告所要达到的目的和应当完成的任务。目标可以分为短期和长期两种。短期目标以 1 年为限,可具体定出增加销售或提高知名度的百分比。长期目标一般为 3~5 年。

三、市场分析

这一部分包括五项主要内容:

1. 企业和产品的历史

企业和产品的历史着重叙述当前产品面临的问题和有利于未来成功的因素,尤其是对过去的广告作一简述,说明它的成功或失败之处,目的是要让管理部门了解市场的变化和广告策划的建议与方法。

2. 产品评价

产品评价即指出被策划产品的优越性及不利因素,其内容可包括:① 与同类产品相比,优点、成分、用途、消费者接受程度如何。② 近年来增加了什么优点,去除了什么缺点,是否有新用途。③ 产品价值如何,是优等、中等还是劣等。④ 产品的商标是否著名并为人们所接受。

3. 消费者评价

消费者评价提出目标市场和广告对象的准确状况,越具体越好,包括人口因素的各个方面,如年龄、性别、收入、文化程度、职业等。

4. 竞争状况评价

竞争状况评价要对目前同类产品中几种主要产品进行评价,分析销售手法与策略,弄清竞争对手正在进行或可能进行的工作以及需要采用的直接的或间接的竞争策略。

5. 难点分析

根据对市场、产品、销售、竞争对手等的分析,可以很清楚地找出本企业产品在市场销售中的难点。排除这些难点是广告策划的重要目的。

四、策划建议

策划建议包括以下主要内容:

1. 目标市场

依据对市场的分析和定位,可以确定广告的对象,并计算出广告对象的人数;还可根据广告对象的人数、人口因素、心理因素等,说明为什么这是广告所面对的最好的对象。

2. 广告传播目标

在确定广告对象之后,要说明在经过多少时间之后,广告到达广告对象的百分比。

3. 创作策略

可以按照广告媒体的不同情况提出有特色的、能准确传递信息的创作意图。

4. 广告主题

确定广告整体表现的立足点和诉求点。

5. 媒体选择

根据广告的目标,选择适宜的媒体来到达广告对象,并尽可能陈述选定某媒体的理由。详细列出一定时期内采用媒体的数量及广告发布的次数、媒体策略和媒体计划,规定发布日程和预算广告费用。

6. 销售促进建议

将销售促进工作与广告工作结合起来进行效果会更好。广告策划书中要提出运用销售促进的具体方式方法,包括目标、策略、日程安排、费用等。

7. 广告预算

必须将所有的费用列入,包括材料制作费用和广告测试费用等。列出广告预算表。

五、策划评价

对整个广告策划可以达到的目标或效果如何评价以及评价、检测的方法等应予说明。

如果是由广告公司草拟的广告策划书,希望客户接受,不妨有一个结论,简单说明广告策划草拟的依据和可行性等,争取让客户把整个策划工作委托广告公司承办。

案例链接:

这是一份颇具代表性的雀巢咖啡2010年度广告策划书(部分文字有删改)。

雀巢咖啡"天天享上"2010年度广告策划书

一、前言

"NESCAFÉ"(雀巢咖啡)是全球价值最高的咖啡品牌。

"NESCAFÉ"(雀巢咖啡)是速溶咖啡的世界领导品牌。

20世纪80年代,雀巢咖啡进入中国市场,在之后短短几年时间里,雀巢咖啡开始在中国市场迅速流行起来,咖啡文化也在古老的中国"速溶",越来越多的人在茶之外,开始青睐这种风格迥异的饮品。雀巢咖啡已获得年轻、有活力的都市年轻消费者的喜爱。然而,中国茶文化的根深蒂固和中国消费者对咖啡这种舶来品的感情上的距离感很大程度上制约着雀巢咖啡在中国市场上的进一步扩大。鉴于雀巢咖啡的消费主力为具有活力的新兴消费层(如白领、大学生),加上咖啡深厚的文化底蕴,于是我们提出了"天天享上"这一充满活力和具有文化气息的概念。

二、市场环境分析

(一)宏观环境分析

在这里我们采用PEST分析法对雀巢咖啡的宏观环境进行分析,PEST分析包括:P(政治法律)、E(经济)、S(社会文化)、T(技术)。

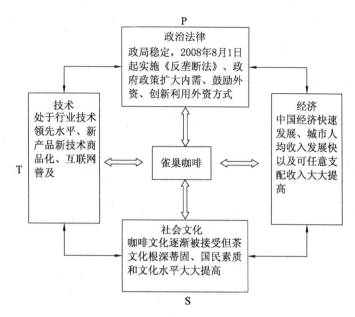

(二) 微观环境分析

1. 行业发展潜力

相关数据:(1) 中国潜在的咖啡消费者为2亿至2.5亿人。

(2) 目前中国人的咖啡消费仍然不大,但增长势头非常可观,中国咖啡消费年增长率为15%,而世界咖啡消费年增长率仅为2%。(数据来源:《调查研究》)

2. 行业发展特征

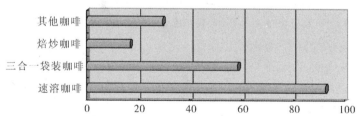

在受访者中,绝大多数的人喝过速溶咖啡,这个比例高达92.2%,过半数者(58.4%)喝过三合一袋装咖啡,16.8%的人喝过焙炒咖啡,29.4%的人喝过其他咖啡饮料。在问及被访者对于某一类咖啡的消费频率时,每天喝速溶咖啡的为6%,经常喝的为38.4%,在"偶尔喝"的咖啡种类中,三合一袋装和速溶的消费频率已很接近,而表示经常喝三合一的则只占13.1%。(数据来源:商业技能鉴定与饮食服务发展中心)

3. 消费行为特征

(1) 主要消费人群——中青年人。

非常喜欢咖啡人群占总咖啡消费人群比例

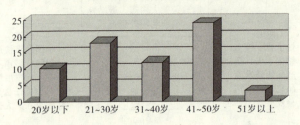

各年龄段对咖啡的喜爱程度不同,其中表示非常喜欢咖啡的人群中 41～50 岁的占了 24%,21～30 岁的占了 18%。进一步调查表明,喝咖啡的男性比例要高于女性比例。在所有受访者中,喝咖啡的男性为 55.1%,女性为 44.9%。(数据来源:商业技能鉴定与饮食服务发展中心)

(2) 消费主要诱因——味道。

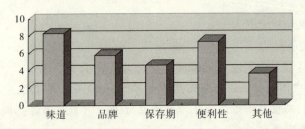

本次调查采用 10 分制让消费者对各种购买考虑因素打分,分数越高的代表其重要性越高。调查结果显示,味道以 8.3 分位居第一,其次是饮用方便性,为 7.4 分,品牌知名度等各项分值也较高。(数据来源:商业技能鉴定与饮食服务发展中心)

(三) 本品分析

1. 市场地位

★ "NESCAFÉ"(雀巢咖啡)是全球价值最高的咖啡品牌。

★ "NESCAFÉ"(雀巢咖啡)是速溶咖啡的世界领导品牌。

★ 2006—2008 年,"雀巢咖啡"连续三年被评选为中国大学生的"至爱咖啡品牌"。

★ 2008 年,"雀巢咖啡"在"30 年,谁在改变我们的生活"品牌评选中获奖。

★ 每秒钟,有 4 500 多杯雀巢咖啡被全球各地的人们享用。

2. 目前目标消费群

身份:18～35 岁的大学生和白领阶层。

特征:年轻,时尚,充满活力。

(四) 竞争对手分析

咖啡市场表面上看似稳定,极少出现大的变动,而事实上,雀巢咖啡不仅面对着其他速溶咖啡品牌的竞争,还面对着来自行业内部咖啡馆和液态灌装咖啡的竞争。另外一个强劲的竞争对手就是中国传统的饮茶文化。

1. 短兵肉搏对手

中国茶叶

军种:零售、门店

大本营:中国大陆

敌军档案:中国饮茶文化历史悠久、根深蒂固;2005 年成为第一大产茶国;茶叶品种和品牌繁多;经常举办各种茶事活动,对促进茶消费起到很大促进作用;近年来各种茶座和茶叶专卖店层出不穷。

威胁漏洞:咖啡的替代品

威胁级别:★★★★★

2. 围追堵截兵力

麦斯威尔

军种:零售速溶咖啡

大本营:美国

敌军档案:品牌具有100多年历史,凭借优良品质与卓著品牌畅销国内外;价格相对较低;在中国大陆也是大多数超市商场里唯一能够有实力与雀巢咖啡抢占货架空间的速溶咖啡品牌。

威胁漏洞:同类竞争产品

威胁级别:★★★★★

3. 侧翼交锋军团

星巴克

军种:连锁门店

大本营:美国

敌军档案:进入中国市场比较早,已在中国开设了较多分店;其在消费者心中的品牌认知度和品牌认同感在行业内都处于领先位置;在消费者心目中形成了一种高端咖啡馆的认知。

威胁漏洞:带走部分高收入目标群体

威胁级别:★★★★

雅哈咖啡

军种： 零售液态咖啡
大本营： 台湾
敌军档案： 台湾统一大品牌的支撑；生产灌装液态咖啡时间较早，有一定的市场份额；其独特的诉求——"随心雅哈，随心咖啡馆"已得到市场的一定认可。
威胁漏洞： 雀巢灌装即饮咖啡的同类竞争产品，雀巢速溶咖啡的替代品
威胁级别： ★★★

（五）SWOT分析及症状诊断

外部环境分析＼内部力量分析	机会(O) 中国已经国际化，传统的饮茶文化再也无法回避来自咖啡时尚的冲击，不管是心理上的向往还是生理上的依赖，咖啡的魅力都是其他饮品无法比拟的。	威胁(T) 传统茶饮品与茶文化在中国人心中仍然有牢固的地位；另外，其他同类竞争品也在跟进中国市场。
优势(S) "雀巢"在中国市场已经拥有极高的知名度和市场占有率；产品更新快，研发能力强。	优势机会策略(SO) 利用已有的知名度与强大的销售终端，加大产品的推广与销售。	优势威胁策略(ST) 加快培养中国消费者新的消费理念的步伐，使"咖啡文化"深入人心。
劣势(W) 高品牌知名度，低产品购买率。	劣势机会策略(WO) 强化促销力度和丰富创新促销的手段。	劣势威胁策略(WT) 利用信息化传媒的力量和营销创新手段，改变咖啡消费观念，扩大销售。

三、营销策略

（一）数据库

针对本次雀巢咖啡的策划，我们进行了一次主题为"咖啡市场"的调查。

调查方式：街头拦截问卷调查法、网络问卷调查法。

街头拦截地点：江西省南昌市中山路、胜利路（白领、工薪阶层和大学生的集中区域）。

问卷数量：发放问卷500份，收回有效问卷468份。其中问卷A 360份，问卷B 108份。另外，我们还对江西省南昌市某中学高三年级学生随机采集100个样本进行高三学生咖啡市场容量的评估。

数据一：您一般喝哪种饮料？（可多选）

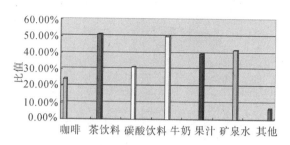

　　点石成金：雀巢咖啡真正的竞争对手不是其他品牌咖啡，而是中国根深蒂固的茶文化。既然我们不能正面撼动它的地位，那我们为什么不可以侧翼去撬动它的根基？！

　　数据二：您通常会在什么情景下饮用咖啡？（可多选）

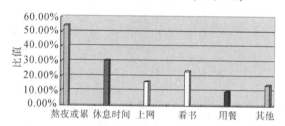

　　点石成金：塑造品牌秘诀，一是围绕产品本身效用，在人们生活中扮演一定角色；二是超越产品本身去做产品附加值。前者是基础，后者是高度。雀巢咖啡就是要做大这个产品附加值，让产品效用从"提神"的基础上升到"享受"的高度。

　　数据三：请您用一个词来形容您心目中的雀巢咖啡。

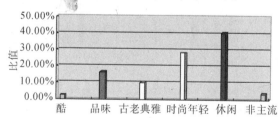

　　点石成金：休闲—随意—温馨—家，这就是雀巢咖啡，打造人本主义的"雀巢精神"。

　　数据四：请问您给雀巢咖啡的形象 Mr. Muggy 打几分（满分5分）？

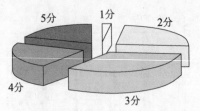

点石成金：Mr. Muggy 暴力倾向的尖角头盔、布满血丝的独眼着实让人"雷"了一把。

数据五：咖啡在高三学生中的市场地位。

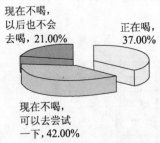

点石成金：高三学生咖啡市场的挖掘加上礼品市场的开发让雀巢咖啡现在的市场定位群体年龄从18~35岁拓展到15~45岁。

数据六：请问您平常接触最多的媒体是什么？（可多选）

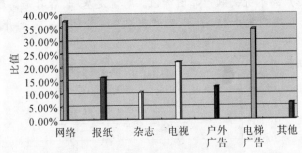

点石成金：品牌传播过程中对媒介的选择首先要考虑的是目标受众的有效到达率，雀巢咖啡在传播媒介的选择中首选的应该是网络和电梯广告。

（二）品牌形象定位

1. 品牌概念

雀巢咖啡（NESCAFÉ）这个名字在世界各国的语言中，都给人一种明朗的感觉，强化了雀巢咖啡可以在你紧张、疲劳之后，为你注入活力，让你有放松片刻的感觉。对许多消费者而言，雀巢就是速溶咖啡。在速溶咖啡市场上，雀巢无疑是领先品牌并占领了大部分市场。

2. 形象定位：天天享上

中国茶文化的根深蒂固和中国消费者对咖啡这种舶来品的感情上的距离感很大程度上制约着雀巢咖啡在中国市场上的进一步扩大。鉴于雀巢咖啡的消费主力为具有活力的新兴消费层(如白领、大学生)，加上咖啡深厚的文化底蕴，于是我们提出了"天天享上"这一充满活力和具有文化气息的大创意概念。

那么究竟什么是"天天享上"？

"天天"——"每刻""每时""每天"。

"享"——"享受""享乐""分享"。

"上"——"上升""上好""向上"。

这个大创意概念将产品利益和消费者欲望结合起来了。

从产品利益角度出发，它是一种"雀巢精神"——重视人性，不但给消费者最好的产品，还给消费者人文上的关怀，让消费者达到无论是物质上的还是精神上的享受，倡导健康与积极进取、努力拼搏，创造一个和谐的人文环境。

从消费者欲望出发，它是一种"生活态度"——健康、积极、时尚、活力、休闲，一种新享乐主义。社会的躁动似乎让高楼大厦里的人忘记了"停下脚步"。包容与忘记那些泪水和汗水，快乐地享受自己每一天的进步与一切美好的东西，宠辱不惊，一杯咖啡，向下一个目标迸发前行……

(三) 营销策略定位

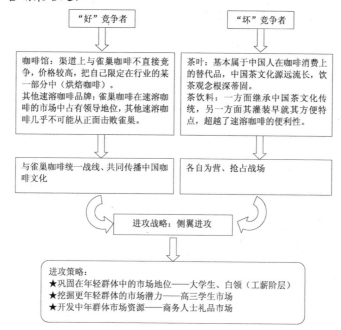

（四）市场细分

雀巢目前已有的产品系列及细分依据：

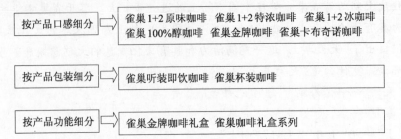

那么，我们现在做的是在雀巢咖啡已有的产品细分的基础之上，对消费者重新进行评估和定位，将整体的雀巢咖啡消费者整合细分为"高考学生市场""大学生市场""白领市场""商务礼品市场"，使雀巢咖啡产品在营销传播与推广中具有差异性的定位和精确化的受众。

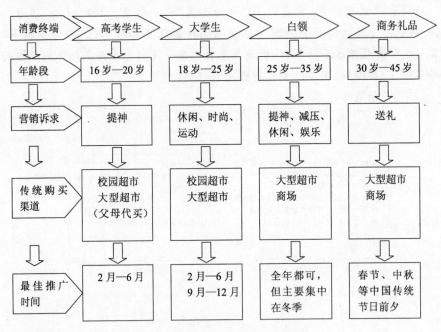

（五）4P 与 4C

P1 产品：
- ★核心层："味道好极了"，产品革新
- ★形式层：产品包装人性化，推广方便的罐装即饮咖啡和杯装咖啡，包装盒内放置卡片推广咖啡饮用情景
- ★期望层：产品沟通或广告时真实可信，产品介绍和推销辞统一而规范，给顾客一个恰当的期望
- ★附加层：人文关怀和体验式交流，宣扬咖啡文化和"雀巢精神"
- ★潜在层：创新诉求，产品"新概念"

C1 顾客：
塑造"人本主义""产品第一主义"的"雀巢精神"，细分市场，以顾客为核心生产研发推广新产品。为顾客创造更多附加值。透过产品，服务贡献社会。

P2 价格：
- ★从我们调查得到的数据可以看出雀巢咖啡的价格还是比较合理的
- ★咖啡市场对价格的弹性不是很敏感，所以单纯意义上的价格折扣对促销效果并不一定有效
- ★由于雀巢咖啡在速溶市场中的领导地位，所以不要轻易降价或者发起价格战

C2 成本：
尽量减少 SP 活动，节约的成本用于广告和公共关系，以建立长期的消费偏好，这样形成一个资本与市场的良性循环。

P2 促销：
- ★运用大量广告创造消费者强烈的品牌推广咖啡文化
- ★培养一支高水平的销售团队，能够卓有成效地争取到货架空间，并与零售业客户在现场进行展销和促销活动

C3 沟通：
体验式沟通，交互式营销。开展以年轻人为导向的市场活动，注重互动性和参与性，与年轻群体建立密切的交互联系和感情联系，打造"天天享上"雀巢咖啡屋，建立体验式沟通的渠道。

P4 渠道：
- ★巩固传统渠道——批发、各种零售商
- ★完善专业渠道——餐饮、网吧（主要为雀巢罐装即饮咖啡产品）
- ★开拓新型渠道——写字楼雀巢咖啡自动售货机、高校"天天享上"雀巢咖啡屋

C4 便利：
雀巢咖啡是一种便利性产品，这种产品必须让我们的顾客随时随地都买得到，因而必须让雀巢咖啡普及于各种便利的渠道，如超市、餐饮连锁店、校园咖啡屋、写字楼里，构建完整的通路结构。

（六）决胜终端

雀巢在不同地区与市场背景下应采用不同的终端营销规划，这样更加有利于品牌的推广与产品的销售。

雀巢咖啡终端促销规划

终端类型	促销目标	促销力度	促销频率
垄断型终端	维护客情	很小	很低
优势型终端	保持客情,增加陈列	小	低
均势终端	增加陈列、库存	大	高
弱势终端	增加终端客户利益,增加陈列品种	大	高
劣势终端	进入	很大	很高
空白终端	进入	很大	很高

（七）营销活动推广

体验式沟通，交互式营销。开展以年轻人为导向的市场活动，注重活动的互动性和参与性，与消费群体建立密切的交互联系和感情联系。并且首推礼品的

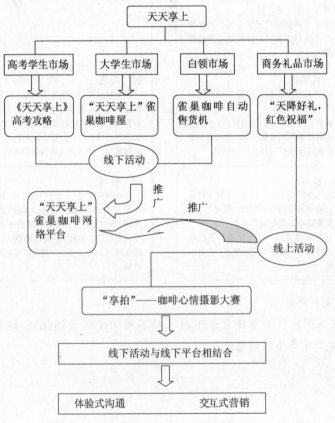

网络营销方式。另外,利用短期的体验式活动与长期性的渠道建设相结合,达到品牌传播的可持续性。

● "天天享上"雀巢咖啡网络平台

1. 目标群体:经常上网的年轻群体
2. 活动背景

已有的雀巢咖啡网站比较杂乱,并且缺乏一个互动交流性的网络平台,而另一方面针对"天天享上"这一系列活动又需要一个整体性、功能性强的网络平台。

3. 建站目的

A. 建成"天天享上"雀巢咖啡系列策划活动的宣传平台和作品上传平台;
B. 建成雀巢咖啡产品与品牌的网络宣传平台;
C. 建成雀巢咖啡消费者与消费者之间的网络交流平台;
D. 建成消费者的网络休闲娱乐平台;
E. 建成雀巢咖啡公司与消费者的关系维系平台。

4. 网络版块设计

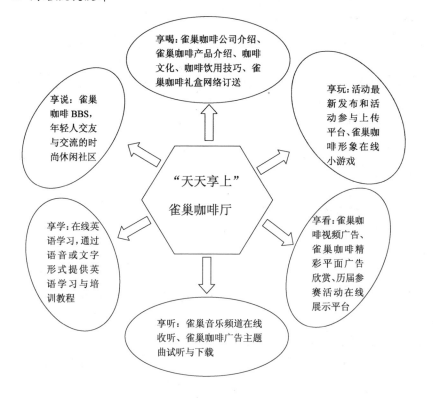

5. 站点推广

A. 在百度、Google、雅虎等主要搜索引擎注册搜索关键词:天天享上、雀巢咖啡等;

B. 在一些关键网站进行链接;

C. 在活动海报下方标注网址。

● 《天天享上》高考攻略

1. 目标群体:高考学生

2. 活动背景

紧张的高考备战工作让他们几乎与外界媒体绝缘,同时这个时候的他们急需外界的理解与支持以及心理上的人文关怀。

3. 活动目的

A. 向高考学生提供人文关怀和实在的帮助,让高考学生对雀巢咖啡品牌产生好感;

B. 通过册子形式向高考学生介绍雀巢咖啡,宣传校园咖啡文化。

4. 册子内容

A. 各科目高考复习技巧、考前温馨提示、历届本科高校录取分数线、名校风采、专业选择指南、往年高考状元复习心得、大学生活提前感受等;

B. 雀巢咖啡广告、咖啡文化、咖啡健康饮用软文广告(软文广告诉求点要健康与提神相结合)。

5. 具体操作

A. 发放时间:每年2月、5月和10月,共三期;

B. 发放形式:以小册子形式对高三学生进行免费发放;

C. 设立"天天享上"雀巢高考咨询热线,高考学生可以免费进行考前复习咨询和考前心理咨询及考后报考咨询。

6. 注意事项

A. 册子内容注意把握雀巢咖啡广告的幅度,以免造成考生的反感,要突出册子资料的实用性;

B. 由于是免费发放,《天天享上》高考攻略册子的制作在精美的同时要考虑成本;

C. 《天天享上》高考攻略册子的发放要落到实处;

D. "天天享上"雀巢高考咨询热线的接线员要注意服务态度和专业水平。

● "天天享上"雀巢咖啡屋

1. 目标群体：在线大学生
2. 活动目的

A. 对雀巢咖啡品牌与校园咖啡文化的宣传；

B. 与大学生进行体验式交流，交互式营销，与大学生建立良好的感情联系；

C. 把雀巢咖啡系列活动建设成一个宣传平台、推广平台和联络平台。

3. 店址选择标准

A. 所在高校知名度高，生源质量较好，学校形象好，全日制在校生数量多；

B. 店面人流量较大。

4. 店内风格说明

咖啡屋面积不大，能摆下几张精致的小桌子即可，装修不豪华，却简洁随意，色彩为温馨的黄绿色搭配上雀巢咖啡的 VI 识别色彩红色。每张桌子上随意摆放两本时尚娱乐杂志和一小瓶小植物，一扇完整的墙上是块"心语墙"，这里免费提供便笺和笔，可以随意贴。服务吧台是敞开式的，学生们可以与服务员交流，可以现场看到咖啡的调配，放着轻音乐，营造一种随意、自由、温馨、休闲、浪漫的感觉。学生们可以在这里约会，可以聊天，可以开小会。店门口张贴着雀巢咖啡针对大学生的最新活动。

5. 经营与管理

A. 初期阶段可以先选择几个代表性的学校进行试点，然后慢慢辐射开来，进行全国性的推广；

B. 咖啡屋主管将收支每天结算一次，将经营情况随时上报给上级主管，并对货物及时补给；

C. 对咖啡屋员工进行培训和绩效考核，员工必须维护公司形象和根本利益；

D. 员工严格执行上级的有关安排，协助雀巢咖啡高校活动的开展；

E. 适当的时候可以搞些个性活动，比如"DIY 花式咖啡节"。

● 雀巢咖啡自动售货机

1. 目标群体：白领阶层
2. 活动背景和目的

紧张的都市生活加上孤立的高楼大厦让白领们整天"宅"在办公室中，雀巢咖啡自动售货机让他们足不出户，坐享其成，紧张工作之后即刻享受放松心情。

3. 售货机说明

A. 自动售货机采取投币取货的形式；

B. 售货机统一视觉包装，上面可以张贴雀巢咖啡针对白领的最新活动宣传海报；

C. 售货机除有售货功能外还免费提供开水；

D. 售货机上醒目标注服务电话。

4. 经营与管理

A. 实地考察，选择白领集中、规模比较大的写字楼；

B. 自动售货机由当地雀巢咖啡办事处的专人负责，定期进行检查、验货和补货，及时维修，保证售货机的正常运作；

C. 自动售货机经营的产品包括小包装速溶咖啡、条形包装速溶咖啡、杯状速溶咖啡和灌装即饮咖啡；

D. 产品标明价格，采取整数定价。

● "享拍"——咖啡心情摄影大赛

1. 目标群体：在校大学生、白领

2. 活动背景

手机、数码相机这些数码摄影产品在年轻人中普及率相当高，这让生活中涌现了许多摄影发烧友。

3. 活动目的：

A. 反应咖啡文化，记录精彩瞬间；

B. 向消费者推广更多咖啡饮用情景。

4. 活动主题：享拍——分享你的咖啡心情

5. 作品要求

A. 摄影工具采用手机与数码相机不限，但照片像素必须在300万像素以上；

B. 相片必须出现人物形象和雀巢咖啡红杯。

6. 参赛办法

在"天天享上"雀巢咖啡网上注册ID用户名，将作品上传至网站"享玩"栏目中。

7. 评选办法：网络投票和专家评审

8. 奖项设置

一等奖2名、二等奖5名、三等奖10名，另外最有个性奖、最佳风采奖、最佳组合奖各1名。

9. 后续活动

获奖的优秀作品我们将制作成限量版纪念卡片放在雀巢咖啡产品盒中，让大家都来分享你的咖啡心情，让你成为大家心目中的明星。

● "天降好礼,红色祝福"——雀巢咖啡礼盒网络营销

1. 目标群体:商务人士
2. 活动背景

中国素有"礼尚往来"之说,虽然雀巢咖啡推出了礼盒系列产品,但我们在实际调查中了解到雀巢咖啡礼盒系列产品在礼品市场中的地位很有限。鉴于咖啡这种产品的特性和通过市场调查分析,我们把雀巢咖啡礼盒营销目标锁定在商务人士上,这部分人文化水平相对较高,经济收入水平高,工作忙碌,接触的媒体主要是网络与分众媒体。

3. 活动目的

推广雀巢咖啡礼盒产品,扩大知名度,树立雀巢咖啡礼盒产品在消费者心目中"商务礼品"的印象。

4. 活动内容

A. 活动主题:天降好礼,红色祝福;

B. 产品定位:采用 USP 策略,首推"商务礼品"概念;

C. 活动时间:2010 年 2 月 1 日至 2 月 28 日(春节前期至元宵);

D. 活动简介:顾客利用"天天享上"雀巢咖啡网站上的雀巢咖啡礼盒网络订送通道为亲朋好友订制雀巢咖啡礼盒,我们将礼盒直接投送至顾客想要送达的对象手中,给要送礼的对象带来一份惊喜。在投送成功之后我们会立即回复一个电话给顾客。活动开始日期选择在春节前半个月,以"天降好礼,红色祝福"为主题,掀起一股"红色惊喜"的礼品浪潮。

5. 活动具体操作

A. 活动筹划期:在"天天享上"雀巢咖啡网站上构建雀巢咖啡礼盒网络订送通道,制作好广告投放用品,筹建一批专门的雀巢咖啡礼盒网络营销团队,与快递公司合作协商礼品投递事宜;

B. 活动宣传期:在全国主要城市进行宣传,宣传主题突出"天降好礼,红色祝福",宣传目标对象为商务人士或其他有一定经济基础和知识水平的边缘人

群(如教师和政府机关人员);

C. 活动执行期:注意活动的造势,营造一种"红色惊喜"的礼品浪潮,以"红色惊喜"和礼品的网络营销这一新事件在媒体发布软文广告;

D. 活动总结期:及时总结工作教训,活动完之后,雀巢咖啡礼品的网络购买渠道继续保留。

6. 活动可行性分析

A. 技术可行性:随着电子商务的快速发展,这种网络营销技术是可以达到的,并且许多电子商务的成功案例也证明网络营销的可行性。

B. 市场可行性:a. 对于需要送礼的商务人士来说,他们工作繁忙,时间观念强,或者双方不在同一区域,而网络送礼的渠道让他们足不出户便解决了送礼这个问题,网络送礼这一新潮会让他们很乐意接受,而且网络销售成本低,礼盒的价格自然也会相对比商场中的低;b. 对于接收礼品的对象来说,这种送礼的方式让他们感觉到了惊喜。

C. 效益可行性:a. 在短时期内直接促进了雀巢咖啡礼盒的销售量;b. 可建立庞大的终端客户数据库,成倍提高销售量,例如顾客在网络购买时会留下电子邮箱和电话号码,那么在下次节假日来临之际我们可以以手机短信或电子邮件方式提醒他继续购买;c. 网络营销方式,销售成本低;d. 礼品网络订送,这种同行业首创的销售模式会带来社会效益,利于雀巢咖啡品牌的稳固。

四、创意设计

(一) 广告目的

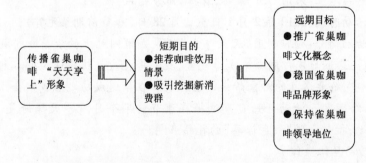

(二) 创意策略——"大同小异"

大同——依据整合营销传播理念和经典的品牌传播理论,广告的整体表现需要有一个统一的主题和形象,这会减少信息在传播过程中的流失和传播效果的减弱,以精准地达到目标消费者中。于是我们给所有广告的一个主题是:天天享上。

小异——在我们的四个细分目标市场中,群体与群体之间有很大的差异性,于是我们针对高考学生以"高考和友谊"为切入点,针对大学生以"励志"为切入点,针对白领以"成功"为切入点,针对商务人士以"人情关怀"为切入点,但是所有广告都是以"天天享上"为主题,正所谓"大同小异"。

(三)创意表现

1. 广播类广告创意

(1)"天天享上"雀巢咖啡校园广播——奋斗篇。

广播脚本:
(闹钟响起,接着是轻快钢琴曲)
男声独白:6:00,伴着闹钟起床,迎接的是新的一天的奋斗。此刻,我早已习惯。
7:00,一杯雀巢咖啡,清醒头脑,做好一天的复习计划。此刻,最好的一天开始。
14:00,一杯雀巢咖啡,午休过后,抖擞精神、理清头绪,迎接一个充实的下午。此刻,我忘记了汗水,我只享受在我自己的世界里。
19:00,一杯雀巢咖啡,为奋斗的一天做最后的冲刺。我告诉自己,此刻,没有谁能够阻挡我前进的脚步。
22:00,晚安!结束一天的奋斗,享受每一天的进步,好好学习,天天向上。此刻,虽不那么特殊,却是我最简单的小幸福。

创意策略:
情感诉求的方式暗含着理性诉求。讲述着高考奋斗与雀巢咖啡的故事,故事的背后不但传达了雀巢咖啡提神醒目功效的讯息,还传达着一个个饮用雀巢咖啡的情景和积极向上的奋斗心态。这不仅是一种奋斗精神,也是一种雀巢精神。

(2)"天天享上"雀巢咖啡校园广播——友情篇。

广告脚本:
(《同桌的你》的音乐响起)
女声独白:二月,琉璃。与你同行的日子,每天都是新的开始,阳光的味道,咖啡的香气,一切都是那么的美好。
三月,蓝羽。蓝色的天空,白色的羽毛,莺飞草长。感受阳光的温暖,倾听春天的气息。我们有幸在这里相遇、相知。
四月,燕舞。尽管沿途风雨常阻,困难时候总有你安抚。我们一路前行,坚持着脚下的路,不离不弃。
五月,旋律。作一首旋律,属于我和你,教室阳光午后操场只留下回忆;作一首旋律,闪烁这一季,一起疯狂一起努力走向下一个美丽。
六月,未央。如果可以,我情愿六月不要结束,六月的结束意味着我们的分离。你们,就像是我的雀巢咖啡,让我清醒,给我自信,伴我左右……

创意策略:
友情,是高三最美丽最幸福的话题。奋斗的季节,抒怀的文字,感情的诉求,这种感觉或许只有经历过高三的人才能体会得出。整段文字刚开始让人沉寂在友情的感动中,可是这些都是在为最后一句话做感情铺垫。最后一句"你们,就像是我的雀巢咖啡,让我清醒,给我自信,伴我左右……"把雀巢咖啡与身边的朋友联系在一起,拉近和高三学生的距离,也暗含了雀巢咖啡提神醒目的功效。

2. 平面类广告创意
(1) 产品形象广告。
①《雀巢咖啡·天天享上》系列之"股票涨了!"

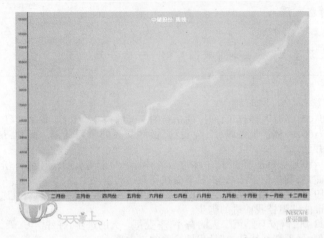

创意策略:雀巢咖啡向上升腾的香气和"中储股份周线图"进行巧妙的嫁接,组合成一幅股票持续上涨的图表,传达雀巢咖啡"天天享上"的形象,寓意着雀巢咖啡伴你成功,见证着商务人士、白领阶层每时每刻的精彩瞬间!

②《雀巢咖啡·天天享上》系列之"薪酬涨了!"

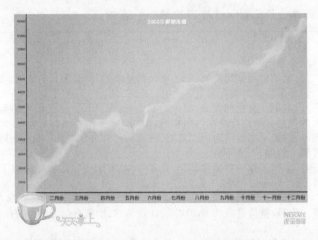

创意策略:雀巢咖啡向上升腾的香气和"2008年度薪酬涨幅表"进行巧妙的嫁接,组合成一幅薪酬持续上涨的图表,传达雀巢咖啡"天天享上"的形象,寓意着雀巢咖啡伴你成功,见证着商务人士、白领阶层每时每刻的精彩瞬间!

③《好好学习·天天向上》

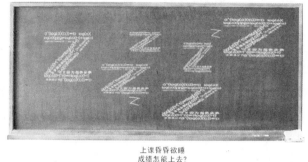

广告文案：上课昏昏欲睡，成绩怎能上去？

创意策略：看着黑板上一行行的函数公式，让人昏昏欲睡，与黑板上方的"好好学习，天天向上"形成鲜明的对比。上课昏昏欲睡，成绩怎能上去？通过一个发问，一语击中高考奋战学生的烦恼心理。

④ 雀巢咖啡礼盒报纸广告

广告文案：送最尊贵的朋友。

创意策略：采用中国古典元素与大红背景，彰显尊贵与大气，充满着人情味。这也与雀巢咖啡礼盒的高品位礼品定位相符合。

（2）活动宣传创意。

① "天天享上"雀巢咖啡屋宣传海报

海报文案：

　　　　约会咖啡屋

　　一场沉默对白/诠释不了你对我的期待/眼神优雅约会/填补了我们所有的阻碍/你短暂地到来/是我一份久久的愉快/雨后咖啡屋外/你走后我还是不忍离开

　　你是我路途中最精彩的意外/没有你的我总是很难以释怀/总在咖啡漫雾的窗外/虚幻你——的到来

　　我给你的爱/就在那片香浓的所在/不需要过多搅拌就自然晕开

　　你给我的爱/带有我太多的承载/厚重着我们那份绚烂的未来

　　……

② "享拍"——咖啡心情摄影大赛宣传海报

3. 影视类广告创意

(1) 雀巢咖啡毕业大学生励志广告片——《在路上》。

广告脚本：每天早上7点，花上半个小时，挤着公交去上班，窗外掠过视线的各种汽车像是道流动的风景，一种汽车，一种生活。/今天路过超市，淘到了一套西服，虽是折扣处理品，却很合身。/上班回来，很晚了，吃着泡面，浏览着美食网页，谁说这不也是一种享受？/经常会一杯咖啡，站在300元一个月的廉租房的小楼顶上，四周高楼耸起/我知道，我还在路上，但我相信，他们的今天，就是我的明天！

创意策略：当今大学生，就业压力前所未有的大，以毕业大学生励志为主题，从一名刚参加工作的大学生的衣食住行四个角度出发，虽然有点"落魄"，却抱着一种很积极的心态去坦然面对。当然，这种坦然面对并不是甘于现状，"他们的今天，就是我的明天！"

(2) 雀巢咖啡礼盒广告片——《无尽关怀》。

广告脚本：女员工Ａ低头一语不发，经理怒批她刚交上去的方案："你看你，最近怎么搞的？做的方案怎么老是出问题？"/员工Ａ一脸沮丧，出经理办公室的时候，刚好碰到同事Ｂ。/在工作中，员工Ａ也经常被同事误会，在后面议论纷纷,让她很尴尬。/工作的不顺,同事关系的不合,想到这些委屈,她于是趴在办公桌上哭了起来。/这一切,被同事B看在了眼里,第二天,给她递上了一盒雀巢咖啡礼盒,向她微笑,鼓励她,那种来自朋友的真诚,让她感动。

创意策略:40岁左右的商务人士比较注重人情味,工作中,让人烦恼的事很多,所以,这是来自工作中真实的场景,让那些商务人士看到之后能够产生共鸣,主要就是向他们传达雀巢咖啡礼盒充满人情味这一形象。

4. 网络类广告创意

(1) 网站——"天天享上"雀巢咖啡厅。

(2) 网络旗帜广告。

① 雀巢 1+2 冰咖啡——《把你冰 FUN》

② 雀巢罐装即饮咖啡——《随时随地,活力速递》

5. VI 应用要素——吉祥物

姓名：享享
家庭成员：雀巢咖啡伴侣、雀巢咖啡金勺
生日：2009 年 5 月 31 日
性格：活泼、热情、开朗、积极进取,具有绅士风度、有强烈的成功欲望
特长：冲调各种咖啡
口头禅：味道好极了!
最喜欢的颜色：红色
最喜欢的饮料：雀巢咖啡
最喜欢的歌曲：《OPEN UP》

五、媒介计划

(一) 媒介目标

1. 预热传播期

吸引消费者对雀巢咖啡品牌和咖啡文化的注意,初步树立"天天享上"的一种健康、积极、时尚、活力、休闲的新享乐主义形象,达到意识的朦胧回忆状态。

2. 体验活动期

通过持续的品牌形象广告和活动海报或广告及渠道建设的广告效应来达到目标受众的全新认知,吸引受众群体对体验活动的参与,从而提升雀巢咖啡的品牌知名度和消费者对雀巢咖啡品牌的好感度。

3. 深度传播期

定期的体验式交流活动和持续性的品牌形象广告及渠道品牌效应,线下活动和线上网络平台的结合,让目标受众得到一种冲击性和持续性的影响,建立起雀巢咖啡品牌在目标受众心目中的品牌精神内涵,形成长久记忆。

(二) 媒介策略

通过调查我们发现雀巢咖啡的目标消费者日常生活中接触最多的媒体是网络,结合目标消费者的共性和目标消费者再细分的特性,我们计划以网络新媒介为主,结合传统媒体——电视,加上新型分众媒体——写字楼电梯广告和公交移动传媒,配以最新兴起的第五媒体——无线广告,实现媒体组合传播的创新模式。

(三) 媒体选择与组合

1. 校园媒体

受众目标:高考学生

广告内容:雀巢咖啡的提神功效广告和雀巢咖啡产品形象广告

具体媒介:校园广播、《天天享上》高考攻略、提示牌

2. 移动传媒

受众目标:毕业大学生

广告内容:雀巢咖啡毕业大学生励志广告片——《在路上》

具体媒介:各大城市公交电视

3. 网络媒体

受众目标:在校大学生、白领及其他商务人士

广告内容:雀巢咖啡产品形象广告、雀巢罐装即饮咖啡广告、雀巢冰咖啡广告、"天降好礼,红色祝福"——雀巢咖啡礼盒网络营销活动电子邮件广告

具体媒介:腾讯QQ、163网易邮箱

4. 第五媒体

受众目标:在校大学生、白领及其他商务人士

广告内容:雀巢咖啡广告主题曲"open up"手机铃声、雀巢咖啡品牌形象手机桌面、"天天享上"雀巢咖啡无线周刊

具体媒介：手机彩信

5. 分众媒体

受众目标：白领

广告内容：雀巢咖啡产品形象广告

具体媒介：写字楼电梯

6. 电视媒体

受众目标：商务人士

广告内容：雀巢咖啡礼盒影视广告

具体媒介：中央电视台经济频道

7. POP 媒体

受众目标：总体目标消费者

广告内容：销售点装饰设计、雀巢咖啡产品形象宣传或新产品介绍

具体媒介：海报、易拉宝、超市媒体等

（四）媒介排期

媒介类别	广告类别	具体媒介	1月	2月	3月	4月	5月	6月	7月	8月	9月	10月	11月	12月	备注
校园媒体	广播	广播站			★	★	★				★	★	★	★	
	平面	高考攻略		★			★					★			
		提示牌				★					★				
移动传媒	影视	各大城市公交电视						★							广告具体播放时段为中午和上下班高峰期
网络媒体	网络	腾讯QQ	★			★		★						★	4月份为罐装即饮咖啡广告 6月为雀巢冰咖啡广告
		163网易邮箱			★										
第五媒体	平面	手机彩信	★	★	★	★	★	★	★	★	★	★	★	★	通过手机彩信方式发送"天天享上"雀巢咖啡无线月刊
分众媒体	平面	写字楼电梯	★	★								★	★		
电视媒体	影视	中央电视台经济频道	★								★		★		广告具体播放时段为21:25的《经济半小时:观经济大势》
POP媒体	平面	卖场媒介	★	★	★	★	★	★	★	★	★	★	★	★	

六、广告费用预算

（一）营销活动费用

活　动	用　途	费用价目（元）	备　注
"天天享上"雀巢咖啡厅	网站建设与维护	5 000	
校园提示牌	提示牌的制作	10 000	
《天天享上》高考攻略	攻略手册制作	1 200 000/年	每期印80万册，每册平均0.5元，每年3期
	运输发放及其他	85 000	
"天天享上"雀巢咖啡屋	咖啡屋的运营	1 000 000	平均每个店面10万元，前期选择10个大学进行试点
	宣传海报制作	10 000	
雀巢咖啡自动售货机	自动售货机的订制	100 000	
"享拍"咖啡心情摄影大赛	大赛组织与宣传	30 000	
	奖品与证书	10 000	
	限量版纪念卡制作	150 000	
合计		2 600 000	

（二）媒介投放费用

媒体类别	具体媒介	广告形式	单价（元）	费用价目（元）
广播媒体	校园广播站	广播	约50/次	78 000
移动传媒	公交电视	影视	37 100（元×16次/天）	742 000
网络媒体	腾讯QQ	Rich Button	65 000/条/天	1 300 000
	163网易邮箱	电子邮件	0.2/人＋0.03/目标群	230 000
第五媒体	手机彩信	彩信杂志	0.15/条	100 000
分众媒体	写字楼电梯	平面看板	全国平均720（元×块·屏/半月）	432 000

续表

媒体类别	具体媒介	广告形式	单价(元)	费用价目(元)
电视媒体	央视经济频道	影视	65 000/15 秒	3 300 000
POP	卖场媒介	卖场装饰、易拉宝等	0.8/张	400 000
合计				6 582 000

预算总计：9 182 000 元

七、效益评估与执行控制

(一) 效益评估

1. 经济效益

（1）直接经济效益：虽然前期投入很大，但是后期的收益是很明显的。首先，高考学生市场中，有79%的潜在市场，以2009年全国高考总数的1020万人为例，雀巢咖啡在高考学生中有805.8万的市场。其次，在大学生市场中，全国共有2300万以上的大学生，他们的消费水平比较高，平均每学期支出4819元（数据来源：新生代市场监测机构），所以校园"天天享上"雀巢咖啡屋很快可以收回成本。然后，在白领市场中，雀巢咖啡自动售货机无疑是一种成本低见效快的销售方式。最后，"天降好礼，红色祝福"——雀巢咖啡礼盒网络营销这一活动也是个低成本、综合效益高的活动。然而，这些还不包括我们其他的营销推广活动和广告宣传所产生的直接经济效益，所以，这一策划的实施将会带来一系列的创收点，极具前瞻性。

（2）间接经济效益：我们一系列的营销推广活动和广告宣传其实也是稳固雀巢咖啡品牌的一个过程，在这个过程中可以进一步稳固雀巢咖啡品牌的知名度，这样就增加了其品牌忠诚度。而在活动过程中推广咖啡饮用情景，又促进了消费者对雀巢咖啡的购买量，从而促进了雀巢咖啡的销售量。

2. 社会效益

整个策划从策划主题"天天享上"的确定到一系列营销活动和广告活动的开展，都是一个传播咖啡文化的过程，这是一种"健康、积极"的咖啡文化，对于中国的咖啡文化发展是有很大意义的。而对于我们的目标群体来说，给他们带来的社会影响是一种生活方式的形成。

(二) 执行控制

本次系列策划的营销活动和广告宣传事务繁多，涉及面广，一方面必须要保证策划中的各项活动按预期安排顺利进行,另一方面要随时做好准备以应对很多不可预测因素对本策划实施的干扰,于是活动的执行与控制、突发事件的处理、效果的评估与总结在实际操作中就显得尤为重要了,正所谓居安思危、未雨绸缪。

1. 执行与控制过程

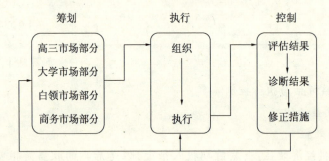

2. 危机处理程序

● 危机发生前

(1) 危机预测分析。

A 类:发生概率最大→产品质量、客观营销环境变化;

B 类:发生概率一般→盗窃、违约、自然因素;

C 类:发生概率最小→政治动乱。

(2) 根据危机分析预测制订应对计划。

(3) 成立危机管理委员会:分为高考学生、大学生、白领、商务人士等四个部分小组,做到分工明确,奖惩分明。

(4) 在各项营销推广活动前协调关系网。

(5) 制定危机管理手册,加强活动现场工作人员的培训管理。

● 危机发生时

(1) 第一时间通知关键人物和企业决策层。

(2) 尽快调查真相,澄清事实。

(3) 慎重处理与人有关的事宜。

● 危机发生后

(1) 对内部公众如实说明,树立团队信心,稳定军心,共渡难关。

(2) 对受害者慎重处理,危机管理负责人不可随意更换,保持稳定性。

(3) 与新闻媒介和政府管理部门坦诚沟通。

(4) 向所在社区居民主动表达歉意与善意,争取他们的理解与支持,把负面影响力降到最低,重塑形象。

3. 员工观念创新手册

在整个策划案的执行过程中,执行力很关键,但更为重要的是员工思想观念的改变与创新,只有这样,"天天享上"的策划主题才可以完美而具有创造性地被诠释。

● 产品创新思维

(1) 传统思维:咖啡产品开发是研发部门的责任。

新思维:咖啡产品开发首先是营销部门的责任,其次才是技术部门的责任。

(2) 传统思维:新咖啡产品推广失败的主要原因是产品不符合消费者的需求。

新思维:咖啡产品推广失败的主要原因有可能是新产品不符合业务员和通路各级经销商的需求或利益。

● 价格创新思维

(1) 传统思维:消费者想买"便宜"咖啡产品。

新思维:消费者想买"占便宜"的咖啡产品。

(2) 传统思维:产品的品质决定咖啡产品价格。

新思维:当消费者不具备对咖啡商品的鉴别能力时,价格决定品质。

● 营销创新思维

(1) 传统思维:卖场最畅销的产品是价格最低的产品或者知名度最高的产品。

新思维:卖场最畅销的产品是表现最活跃的产品。

(2) 传统思维:促销效果主要取决于促销力度。

新思维:促销要重视"价值"而不是重视"价格"。

4. 效果评估方法

活动策划方案实施之后,管理者和策划者要对方案的实施效果进行评估。评估的对象是实施方案后实际产生的绩效效果。

由于效果评估法和主观评估法之间的优缺点相互弥补,所以在这里我们采用了效果评估法和主观评估法相结合的方案。

(1) 效果评估法。

以实际指标反映方案的实施效果,在这里采用最常用的销售指标进行分析。

分别记录活动之前、之中、之后雀巢咖啡产品的销售量(额)变化数据,在其他条件不变的情况下,可能出现的情况有:

A. 初期奏效,但时效短;

B. 活动影响不大，且有后遗症；
C. 没有影响，活动费用浪费；
D. 活动效果明显，且对今后有积极影响。

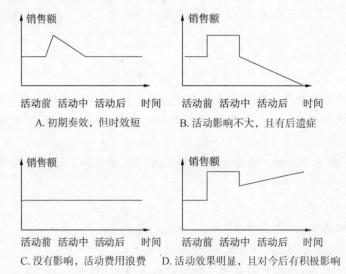

(2) 主观评估法。

通过对消费者的调查，考查消费者对推广活动的直接和间接反应。可采用的主观评估法有：

① 直接观察消费者（或活动参与者）对活动的反应，如对参加"享拍"咖啡心情摄影大赛的参与人数进行统计与分析或者对"天降好礼，红色祝福"活动的偿付情况加以统计，从而得出结论。

② 对消费者进行抽样调查。寻找一组消费者样本，和他们面谈，了解多少消费者还记得我们的活动，活动对他们的影响程度如何，有多少人从中获益，对他们今后的品牌选择有何影响等，通过分析这些问题的答案，就可以了解到活动的效果。

主要参考文献

唐仁承.广告策划.北京:中国轻工业出版社,1989.
舒尔茨.广告运动策略新论(上、下).北京:中国友谊出版公司,1991.
颜伯勤.成功广告80例.北京:中国友谊出版公司,1995.
陈培爱.广告策划与策划书撰写.厦门:厦门大学出版社,2001.
张金海.20世纪广告传播理论研究.武汉:武汉大学出版社,2002.
余明阳,陈先红.广告策划创意学.上海:复旦大学出版社,2003.
卫军英.现代广告策划.北京:首都经济贸易大学出版社,2004.
张惠辛.价值过亿——人性策划的故事.北京:华夏出版社,2004.
钟以谦.媒体与广告.北京:中国人民大学出版社,2001.
陈刚等.新媒介与广告.北京:中国轻工业出版社,2002.
阿诺德·M·巴尔班等.国际4A广告公司媒介计划精要.广州:广东经济出版社,2005.
何佳讯,卢宏泰.中国营销25年.北京:华夏出版社,2004.
陆学艺.当代中国社会阶层研究报告.北京:社会科学文献出版社,2002.
阿伦斯等.当代广告学(第11版).丁俊杰等,译.北京:人民邮电出版社,2010.
克洛等.广告、促销与整合营销传播(第5版).应斌等,译.北京:清华大学出版社,2012.
贝尔奇等.广告与促销:整合营销传播视角.郑苏晖等,译.北京:中国人民大学出版社,2009.
许正林,张惠辛主编.中国广告学研究30年.上海:上海交通大学出版社,2009.
里斯.公关第一 广告第二.罗汉等,译.上海:上海人民出版社,2004.
普莱希斯.广告新思维.李子等,译.北京:中国人民大学出版社,2007.

后 记

根据苏州大学出版社的要求,对 2007 年 1 月版的《广告整体策划概论》进行修订,这令我想起五年前身处韩国时写作这部书稿的时光。同样也是初冬时节,窗外朔风呼啸,空气凛冽清新,在一个韩语化的环境中,我唯有通过互联网络、MSN 提供的在线聊天工具和电子邮件与国内的朋友、同事、学生进行沟通和交流,以获得写作所需要的中文资料和案例。几年间,以互联网络为代表的新媒介已经动摇了我们原先的生存方式、工作行为、思维习惯、审美观和价值观,我们越来越离不开新的媒介,越来越依赖新的媒介。现在的我们,可以足不出户,通过电子商务采购日常所需的所有东西;我们经由微博、微信、人人网等社会化媒体与从未谋面的网友们聊天交流,分享即刻的所见所闻所思;我们习惯了在线听音乐、看电影、玩游戏;我们甚至不甘寂寞直接参与到网络小说、新闻、广告、音乐、视频、微电影等作品的创作和传播中。是新媒介绑架了我们,还是我们驾驭了新媒介?

前不久,某大学的七位同学进行了"断网七日"的实验,在这规定的时间内不上网,不使用智能手机,让生活回归到没有互联网络之前。结果有四位同学坚持不下去而中途放弃了。在他们看来,没有网络的世界漆黑一片,待久了会令人发疯。但还有三位同学克服了种种诱惑和困难,坚持完成了这个实验。这个实验的意义对我来说,预示着一个朴素的真理,即苏轼所云"自其变者而观之,则天地曾不能以一瞬",万物瞬息万变,但其又曰"自其不变者而观之,则物与我皆无尽也",万物绵长永恒。变与不变是事物的两面性,新媒介很彻底地颠覆了四位同学的生活方式,但依然有三位同学可以坚守故往。这犹如此刻我坐在寓所的窗前向外看,跟五年前比,尽管风物相异,但草丛一岁一枯荣,树木凋零又新长的规律却没有什么两样。

新媒介来势汹涌的现实环境和变与不变的哲理成为我这次修订的现实背景和指导思想。由指导思想出发,作为一部教材,我更多地侧重在对基础理论和基本方法的梳理上,包括保留了一部分堪称经典的案例,也积极地介绍了那些具有科学性、可行性的前沿观点和方法。也就是说,既注意守成,汲取已有研究成果中达成共识且又适用于改变之后的广告策划环境的基础理论和方法,同时也注意创新,尽可能追踪学科发展最前沿的东西并将其反映出来。在每一章节中,我刻意加入了新媒介传播语境对广告策划带来的思维变革和方法创新,比如新的媒介平台诸如微博、人人等社会化媒体以及网络新族群广告信息接收方式的改变,大数据挖掘等新的技术手段为广告业带来的全新境界等。全书结构的框架依然是根据广告整合策划项目实施的基本程序来安排的,从市场调查入手,到调查数据的整理分析、广告目标和广告主题的确定、广告传播策略的选择、广告媒介的投放以及泛广告促销方案的推进等,直至撰写出完整的广告策划书。

特别鸣谢《中国广告》杂志和《国际广告》杂志提供的有关案例。案例的创作公司和撰稿人不再一一罗列,在此一并表示感谢。修订此书的过程中,征鹏、韦婧、赵媛、曹冉、周静雅、齐晶晶、周璇等研究生协助我查阅了大量的文献资料,收集了最新的统计数据和案例,在此表示我诚挚的谢意。本书首版时的总策划吴培华先生虽已转战清华大学出版社,但依然关怀本书稿的修订,执行策划李寿春女士温婉而执着的催稿,责任编辑刘一霖女士耐心细致的审阅,这些都是看不见的正能量,促使书稿修订顺利进行,在此一并感谢了。

马中红

2013 年春于独墅湖畔